化学工业出版社"十四五"普通高等教育规划教材

分析化学实验

Analytical Chemistry Experiment

第二版

赵红艳 主编
缪应纯 史俊友 张水花 副主编

化学工业出版社
·北京·

内容简介

《分析化学实验》（第二版）是在第一版的基础上修订而成的，包括化学分析实验和仪器分析实验两部分。化学分析实验部分包括 7 章，第一～三章主要是基础知识，第四～七章是具体实验项目；仪器分析实验部分包括 8 章，包括光谱分析、色谱分析、电分析等内容。全书内容理论与实践相结合，全面系统涵盖实验基本原理、方法、技术和操作等多方面，从基本概念到技能，从单一实验到综合实验都有详细阐述，对深入理解理论和掌握技能有重要意义。

本书可作为化学、应用化学、化工、生物、环境、材料、食品等专业分析化学、仪器分析化学的实验课教材，也可供相关人员参考使用。

图书在版编目（CIP）数据

分析化学实验 / 赵红艳主编；缪应纯，史俊友，张水花副主编. — 2 版. — 北京：化学工业出版社，2025. 9. —（化学工业出版社"十四五"普通高等教育规划教材）. — ISBN 978-7-122-48622-6

Ⅰ. O652.1

中国国家版本馆 CIP 数据核字第 2025PG0396 号

责任编辑：汪　靓　　　装帧设计：史利平
责任校对：李　爽

出版发行：化学工业出版社
　　　　　（北京市东城区青年湖南街 13 号　邮政编码 100011）
印　　装：北京云浩印刷有限责任公司
787mm×1092mm　1/16　印张 14¼　字数 352 千字
2025 年 8 月北京第 2 版第 1 次印刷

购书咨询：010-64518888　　　售后服务：010-64518899
网　　址：http://www.cip.com.cn
凡购买本书，如有缺损质量问题，本社销售中心负责调换。

定　　价：38.00 元

第二版前言

《分析化学实验》是理论课"分析化学"和"仪器分析化学"的配套实验教材，自2014年4月出版以来，一直作为我校化学专业、应用化学专业和制药工程等专业的必修课教材。

自第一版教材正式出版至今已有十余年，随着学科的发展及检测技术的不断提高，本书的第一版教材已经不能适应新的教学形势的发展需要。因此，我们计划编写第二版，第二版教材在保留第一版教材的编写体系和特点的基础上，参照各兄弟院校提出的建议及在使用过程中发现的问题，对实验内容进行完善，同时对一些实验项目进行了拓展，以满足不同专业不同学科的实验需求。本次修订做了如下工作。

① 对化学分析实验部分内容进行分类编写，把化学分析分成四个模块：酸碱滴定实验、配位滴定分析实验、氧化还原滴定分析实验、沉淀滴定和重量分析实验。

② 在原有实验基础上对部分实验进行了整合，如盐酸和氢氧化钠溶液浓度的标定、铵盐中氮含量的测定和混合碱组成分析及各组分含量的测定这三个实验，进行整合后成为两个实验，实验内容没有变化但是更方便实验操作；其他滴定分析实验也相应进行了整合。

③ 为了适应学科发展要求，教材增加了部分内容，如实验室安全教育和实验报告的撰写，四大滴定分析实验后面增加了综合实验，使教材更加完善。

④ 根据近几年新兴仪器及检测方法的改变，仪器分析部分个别实验也做了调整，增加了移液器及个别大型仪器的介绍。

参加本次修订的人员有曲靖师范学院的赵红艳、缪应纯、史俊友、张水花、刘里、董建伟、杨海征、刘书剑、李雪娇、李娟。全书由赵红艳整理定稿。

限于编者水平和经验，本次修订后仍可能存在不足，望读者批评指正。

编　者
2025年1月

目录

第一篇

化学分析实验

第一章
化学分析实验的基本知识

第一节　化学分析实验的目的和要求

分析化学是关于研究物质的组成、含量、结构和形态等化学信息的分析方法及理论的一门科学，是一门实践性很强的学科。"分析化学实验"是分析化学课程的重要组成部分，它与分析化学理论课密切配合，是化学、化工、生物、环境、医药等专业的基础性课程之一。

学生通过本课程的学习，加深对分析化学基础理论、基本知识的理解，正确和较熟练地掌握分析化学实验技能和基本操作技能；学习分析化学实验的基本知识，掌握典型的化学分析方法；树立"量"的概念，运用误差理论和分析化学理论知识，找出实验中影响分析结果的关键环节，在实验中做到心中有数、统筹安排，学会正确合理地选择实验条件和实验仪器，正确处理实验数据，以保证实验结果准确可靠；养成严格、认真和实事求是的科学态度，提高观察、分析和解决问题的能力，为学习后继课程和将来从事实际工作打下良好的基础。

为了达到上述目的，对化学分析实验课提出以下基本要求：

1. 认真预习

每次实验前必须明确实验目的和要求，领会实验原理，了解实验步骤和注意事项，写好预习报告，做到心中有数，实验开始前要按要求登记信息。

2. 仔细实验，如实记录，积极思考

实验过程中，要认真学习有关分析方法的基本操作技术，在教师的指导下正确使用仪器，要严格按照规范进行操作。细心观察实验现象，及时将实验条件和现象以及分析测试的原始数据记录在实验记录本上，不得随意涂改；同时要勤于思考和分析问题，注意手脑并用，善于发现和解决实验过程中出现的问题，培养良好的实验习惯和科学作风。

3. 认真写好实验报告

根据实验记录进行认真整理、分析、归纳、计算，并及时写好实验报告。实验报告一般包括实验名称、实验日期、实验目的、实验原理、主要试剂和仪器及工作条件、实验步骤、实验数据及其分析处理、实验结果和讨论。实验报告应简明扼要，图表清晰。

4. 严格遵守实验室规则

保持实验室安静、整洁。实验台面保持清洁，仪器和试剂按照规定整齐有序摆放。实验时应着装规范，不穿拖鞋、不披头散发，指甲不应过长。要爱护实验仪器设备，实验中如发现仪器工作不正常，应及时报告教师处理。实验中要注意节约。安全使用电、水和有毒或腐蚀性的试剂，树立安全、环保、节约意识，按规定取用药品，尽量减少化学试剂对环境的污染，将实验过程中产生的固体废弃物（废纸、碎玻璃器皿等）丢入废物桶，废液收集在废液

桶，统一处理。每次实验结束后，应将所用的试剂及仪器复原，清洗好用过的器皿，收拾好实验台面，整理实验室，实验教师允许后方可离开实验室。严禁在实验室吸烟、饮食。

第二节 化学分析实验的一般知识

一、分析用纯水

1. 纯水的规格

在化学分析实验中，应根据所做实验对水质的要求，合理选用不同规格的纯水。

随着制备纯水的方法不同，带来的杂质情况也不同。我国已建立了实验室用水规格的国家标准 GB/T 6682—2008，其中规定了实验室用水的技术指标、制备方法和检验方法等。表 1-1 为实验室用水的级别及主要指标。

表 1-1 实验室用水的级别及主要指标

指标名称	一级	二级	三级
pH 值范围(25℃)	—	—	5.0~7.5
电导率(25℃)/(mS·m^{-1})	≤0.01	≤0.10	≤0.50
吸光度(254nm,1cm 光程)	≤0.001	≤0.01	
可溶性硅(以 SiO$_2$ 计)/(mg·L^{-1})	≤0.01	≤0.02	—

在实际工作中，有些实验对水还有特殊的要求，可根据需要检验有关项目，如检验氧、铁、氨含量等。实验室常用的蒸馏水、去离子水和电导水，它们在 298K 时的电导率分别为 $1mS·m^{-1}$、$0.1mS·m^{-1}$、$0.1mS·m^{-1}$，与三级水的指标相近。

2. 纯水的制备

（1）蒸馏法

将自来水在蒸馏器中加热汽化，水蒸气冷凝即得蒸馏水。蒸馏法能除去水中非挥发性的杂质，比较纯净，但不能完全除去水中溶解的气体杂质。此外，一般蒸馏器所用的材料是不锈钢、玻璃、石英等。蒸馏法的设备成本低，操作简单，但消耗能量大。

（2）离子交换法

应用离子交换树脂分离水中杂质的方法，制得的水称为去离子水，目前多采用阴阳离子交换树脂的混合床装置来制备。其去离子效果好，制备水量大，成本低，但设备及操作较复杂，不能除去水中非离子型杂质，因而去离子水中常含有微量有机物。

（3）电渗析法

它是在离子交换技术的基础上发展起来的，在外电场的作用下，利用阴阳离子交换膜对溶液中离子的选择性透过而去除离子型杂质。此法也不能除去非离子型杂质，而且去离子能力不如离子交换法，仅适用于要求不高的分析工作。但离子交换树脂的再生比离子交换柱简单，电渗析器的使用周期也比离子交换柱的长。好的电渗析器制备的纯水可达到三级水的水平。

3. 纯水的检验及合理选用

纯水的检验方法有物理方法和化学方法两类。检验的项目一般包括：电导率或电阻率、

pH 值、硅酸盐、氯化物及某些金属离子。

① 电导率　水的电导率越低（电阻率越高），表示水中的离子越少，水的纯度越高。如表 1-1 所示。

② pH 值　用酸度计测定纯水的 pH 值在 6 左右。

③ 氯化物　取 20mL 水于试管中，加入 1 滴 $4mol \cdot L^{-1}$ HNO_3 溶液酸化，再加入 1~2 滴 $0.1mol \cdot L^{-1}$ $AgNO_3$ 溶液，如有白色乳状物，则不合格。

④ 硅酸盐　取 20mL 水于小烧杯中，加入 5mL $4mol \cdot L^{-1}$ HNO_3 溶液，5mL $50g \cdot L^{-1}$ 钼酸铵溶液，室温下放置 5min 后，加入 5mL $100g \cdot L^{-1}$ Na_2SO_3 溶液，观察是否出现蓝色。如呈现蓝色，则不合格。

⑤ Cu^{2+}、Ca^{2+}、Fe^{3+}、Ca^{2+} 等金属离子　取 20mL 水于小烧杯中，加入 1 滴 $2g \cdot L^{-1}$ 铬黑 T 溶液，5mL pH＝10 的氨性缓冲溶液，若呈现蓝色，说明上述离子含量甚微，水合格；若呈现红色，则说明水不合格。

实验中应合理选用纯水，三级水是最常用的纯水，三级水可由蒸馏法、离子交换法及电渗析法制取。这三种方法除用于一般的化学分析实验外，还可用于制取二级水、一级水。

二级水可用多次蒸馏或离子交换法制取，主要用于仪器分析实验或无机痕量分析。

一级水可用二级水经石英蒸馏器蒸馏或离子交换处理后，再经 $0.2\mu m$ 微孔滤膜过滤制取。主要用于超痕量分析及对微粒有要求的实验，如高效液相色谱分析用水。一级水应存放于聚乙烯瓶中，临用前制备。

二、玻璃器皿的洗涤

化学分析实验中使用的玻璃器皿应洁净透明，其内外壁应能被水均匀地润湿，且不挂水珠。

1. 洗涤方法

洗涤化学分析实验用的玻璃器皿时，要先用相应的洗涤剂洗去污物，用自来水冲净洗涤液，至内壁不挂水珠后，再用纯水（蒸馏水或去离子水）淋洗三次。去除油污的方法视器皿而异，烧杯、锥形瓶、量筒和离心管等可用毛刷蘸取合成洗涤剂刷洗。滴定管、移液管、吸量管和容量瓶等具有精密刻度的玻璃量器，不宜用刷子刷洗，可以用合成洗涤剂浸泡一段时间，若仍不能洗净，用铬酸洗液洗涤。洗涤时先尽量将水沥干，再倒入适量铬酸洗液洗涤，注意用完的洗液要倒回原瓶，切勿倒入水池。光学玻璃制成的比色皿可用热的合成洗涤剂或盐酸-乙醇混合液浸泡内外壁数分钟（时间不宜过长），然后依次用自来水及纯水洗净。

2. 常用的洗涤剂

（1）铬酸洗液

是含有饱和 $K_2Cr_2O_7$ 的浓 H_2SO_4 溶液。其配制方法是：称取 10g $K_2Cr_2O_7$（工业级即可）于烧杯中，加入约 20mL 热水溶解后，在不断搅拌下，缓慢加入 200mL 浓 H_2SO_4 冷却后，转入玻璃瓶中，备用。铬酸洗液具有很强的氧化性，能除去无机物、油污和部分有机物。铬酸洗液可反复使用，其溶液呈暗红色，当溶液呈绿色时，表示已经失效，须重新配制。铬酸洗液腐蚀性很强，且对人体有害，使用时应特别注意安全，也不可将其倒入水池。

（2）合成洗涤剂

主要是洗衣粉、洗洁精等，适用于去除油污和某些有机物。

（3）酸性草酸和盐酸羟胺洗涤液

其配制方法是：称取 10g 草酸或 1g 盐酸羟胺溶于 100mL 1：1 的 HCl 溶液中即可，适用于洗涤氧化性物质。

（4）碱性高锰酸钾洗涤液

其配制方法是：称取 4g 高锰酸钾溶于少量水中，慢慢加入 100mL 100g·L^{-1} 的 NaOH 溶液中即可，适用于洗涤油污和某些有机物。

（5）盐酸-乙醇洗涤液

是化学纯盐酸和乙醇（1：2）的混合溶液，用于洗涤被有色物污染的比色皿、容量瓶和移液管等。

（6）有机溶剂洗涤液

主要是丙酮、乙醚、苯或 NaOH 的饱和乙醇溶液，用于洗去聚合物、油脂及其他有机物。

三、化学试剂

1. 常用试剂的规格

化学试剂种类繁多，分类的标准不尽相同。下面重点介绍一般试剂、标准试剂、高纯试剂和专用试剂。

一般试剂是实验室中普遍使用的试剂，其规格是以其中所含杂质的多少来划分，一般可分为四个等级，其规格和适用范围见表 1-2。

表 1-2 一般试剂的规格和适用范围

试剂级别	名称	英文符号	标签颜色	适用范围
一级	优级纯（保证试剂）	GR	绿	精密分析实验
二级	分析纯（分析试剂）	AR	红	一般分析实验
三级	化学纯	CP	蓝	一般化学实验
生化试剂	生化试剂	BR 或 CR	咖啡色等	生物化学实验

标准试剂是指具有已知准确浓度、高纯度、高稳定性和可靠化学计量关系的化学物质，用于定量分析，校准仪器或标定滴定溶液，我国习惯称其为基准试剂。标准试剂的特点是主体含量高而且准确可靠。我国规定容量分析第一基准和容量分析工作基准其主体含量分别为 100%±0.02% 和 100%±0.05%。

高纯试剂中的杂质含量低于优级纯或基准试剂，其主体含量与优级纯试剂相当，而且规定检测的杂质项目要多于同种的优级纯或基准试剂。它主要用于痕量分析中试样的分解及试液的制备，如测定试样中的超痕量铅，就必须用高纯盐酸溶液，因为优级纯盐酸所引入的铅可能比试样中的铅还多。

专用试剂是指具有专门用途的试剂，例如仪器分析专用试剂中有光谱纯试剂、色谱分析标准试剂、核磁共振分析试剂等。专用试剂主体含量较高，如光谱纯试剂的杂质含量用光谱分析法测不出或者杂质的含量低于某一限度，主要作为光谱分析中的标准物质。但光谱纯试剂不能用作化学分析中的基准试剂。

2. 化学试剂的合理使用

在化学分析工作中所选用试剂的纯度、级别要与所用的分析方法相当，要结合具体实验情况，根据分析对象的组成、含量，对分析结果的要求和分析方法的灵敏度、选择性，合理地选择相应级别的试剂。在满足实验要求的前提下，要注意节约的原则，就低不就高。

化学分析实验通常使用分析纯试剂；仪器分析实验一般用优级纯、分析纯或专用试剂。

试剂在存放和使用过程中要保持清洁。瓶塞不许任意放置，取用后应立即盖好，防止污染和变质。

固体试剂应用洁净、干燥的小勺取用，多取的试剂不许倒回原瓶中。取用强碱性试剂后的小勺应立即洗净，以免腐蚀。氧化剂、还原剂必须密封，避光保存。易挥发试剂应低温存放；易燃易爆试剂应贮存于避光、阴凉通风的地方，并要有安全措施；剧毒试剂要专门妥善保管。所有试剂瓶上应保证标签完好。

四、标准物质和溶液的配制

为了保证分析、测试结果有一定的准确性，并具有公认的可比性，必须使用标准物质校准仪器、标定溶液浓度和评价分析方法。可见，标准物质是物质组成、结构测定中不可缺少的一种计量标准。目前我国已有一千多种标准物质，例如化学分析中标定溶液浓度的基准试剂，冶金、机械部门研制并得到广泛应用的矿物、纯金属、合金、钢铁等标准试样。

1. 标准物质

（1）标准物质的定义和特征

参照国际标准化组织的标准物质委员会提出的标准物质的定义，国家计量局颁布了标准物质的定义：已确定其一种或几种特性，用于校准测量器皿、评价测量方法或确定材料特性量值的物质。即标准物质是由国家最高计量行政部门颁布的一种计量标准，起到统一全国量值的作用。因此，它必须具备以下特征：材质均匀、性能稳定、批量生产、准确定值，有标明标准值及定值的准确度等多项内容的标准物质证书。此外，某些标准物质还应具有与待测物质相近似的组成与特性，以消除待测试样与标准试样间因主体成分的差异给测定结果带来的系统误差。

（2）标准物质的分级

标准物质分为两个级别。一级标准物质采用绝对测量法定值，定值的准确度具有国内最高水平。一级标准物质主要用于研究与评价标准方法、二级标准物质的定级等。二级标准物质采用准确可靠的方法或直接与一级标准物质比较的方法定值，定值的准确度一般要高于现场（实际工作）测量准确度的 3 倍。二级标准物质主要用于评价现场分析方法、现场实验室的质量保证和不同实验室之间的质量保证。二级标准物质常被称为工作标准物质，通常分析实验所用的标准试样为二级标准物质。

（3）化学试剂中的标准物质

化学试剂中仅有容量分析基准试剂和 pH 基准试剂属于标准物质。容量第一基准试剂（一级标准物质）的主体含量为 $99.98\%\sim100.02\%$。工作基准试剂（二级标准物质）的主体含量为 $99.95\%\sim100.05\%$，这是滴定分析工作中常用的计量标准，可使滴定分析的不确定度在 0.2% 以内。

一级 pH 基准试剂（一级标准物质）的 pH（S）总不确定度为 ±0.005，用这种试剂按规定方法配制的溶液称为一级 pH 标准缓冲溶液，用于 pH 基准试剂的定值和高精密度 pH 计的校准。pH 基准试剂（二级标准物质）的 pH（S）总不确定度为 ±0.01，用这种试剂按规定方法配制的溶液称为 pH 标准缓冲溶液，主要用于 pH 计的校准（定位）。

2. 标准溶液

标准溶液是已确定其主体物质浓度或其他特性量值的溶液。化学实验室中常用的标准溶液有滴定分析用标准溶液、仪器分析用标准溶液和 pH 测量用标准缓冲溶液。

（1）滴定分析用标准溶液

滴定分析标准溶液用于测定试样中的常量组分，其浓度值保留四位有效数字，其不确定度为 $\pm 0.2\%$ 左右。

配制方法有：

① 直接法 用工作基准试剂或纯度相当的其他物质直接配制。此法比较简单，但成本高，不宜大批量使用，而且很多标准溶液无合适的物质可以直接配制（如 HCl、NaOH、$KMnO_4$ 等）。

② 间接配制法（标定法） 选用分析纯试剂配成接近所需浓度的溶液，再用适当的工作基准试剂或其他标准物质进行标定。

我国习惯上将滴定分析用的工作基准试剂和某些纯金属这两类标准物质称为基准物质。基准物质具有确定的化学组成，其组成与化学式相符，纯度高（含量 $>99.9\%$），在空气中稳定等特点。滴定分析常用基准物质见附录 1。

配制时，所用工作基准试剂要按规定预先进行干燥。此外，还应根据实验要求选用适当级别的纯水来配制，一般选用不低于三级水的规格。

标准溶液应密闭保存，避免阳光直射甚至完全避光，见光易分解的标准溶液用棕色瓶贮存。贮存的标准溶液，由于水分蒸发，水珠凝于瓶壁，使用前应将溶液摇匀。溶液的标定周期长短，除与溶质本身性质有关外，还与配制方法、保存方法及实验室气氛有关。较稳定的标准溶液的标定周期为 $1 \sim 2$ 个月。

当对实验结果的精确度要求不是很高时，可用优级纯或分析纯试剂代替同种的工作基准试剂进行标定。本书定量化学分析实验中的标准溶液标定，一般以优级纯或分析纯（主体含量同优级纯）试剂代替工作基准试剂。

（2）仪器分析用标准溶液

仪器分析种类繁多，不同的仪器分析实验对试剂的要求也不同。配制仪器分析中的标准溶液可能用到专门试剂、高纯试剂、纯金属及其他标准物质、优级纯试剂及分析纯试剂等。同种仪器分析方法，当分析对象不同时，所用试剂的级别也可能不同。配制仪器分析用标准溶液的纯水应使用二级水。

仪器分析标准溶液的浓度都比较低，除用物质的量浓度表示外，常用质量浓度 $\mu g \cdot mL^{-1}$ 或 $g \cdot L^{-1}$ 表示。稀溶液的保质期较短，通常配成比使用液（操作液）浓度高 $1 \sim 3$ 个数量级的浓溶液作为储备液，临用前进行稀释。当稀释倍数较高时，应采用梯度稀释的方法。

为防止溶液在存放过程中，容器对标准溶液的污染和吸附，有些金属离子的标准溶液宜贮存于聚乙烯瓶中。

（3）pH 测量用标准缓冲溶液

用酸度计测量溶液 pH 时，必须选用 pH 基准试剂配制的 pH 标准缓冲溶液对仪器进行校准（定位）。

配制方法：

① 用袋装 pH 基准试剂配制　将塑料袋内的试剂全部溶解并稀释至规定的体积即可使用。

② 用 pH 基准试剂配制　将 pH 基准试剂事先经干燥处理后，再配成规定的浓度。缓冲溶液可保存 2~3 个月，若发现有浑浊、沉淀或发霉时，则不能再用。

3. 一般溶液的配制及保存方法

配制及保存原则：配制溶液时，要牢固树立"量"的概念，根据溶液浓度准确度的要求，合理选用称量用的天平及量取溶液的量器，记录数据应保留相应有效数字位数，配好的溶液应根据溶液性质合理贮存。

第三节　实验数据的记录、处理和实验报告

一、实验数据的记录

数据记录是书写实验报告的原始依据，也是科研和撰写论文的原始资料。为保证实验结果的准确性，实验记录必须真实、完整、规范、清晰。

① 使用装订完整的实验记录本或者专门的数据记录纸张、表格，不得将数据记录于私人笔记本、散页纸张或其他地方。

② 原始数据记录应及时而准确，所有的原始数据都应及时而清晰地记录下来。数据记录用笔通常为黑色或蓝黑色墨水笔，不允许使用铅笔等字迹可被抹擦掉的笔，或随着时间的推移字迹会褪色的墨水笔或圆珠笔等。不得移动粘贴于笔记本上的数据。

③ 如果同一页上的数据由多人记录，每位记录者均须署名并标明日期。所有的原始数据均须经指导老师复核并签名认可。

④ 所有的记录数字应明晰并且附有相应的计量单位。

⑤ 实验室要规定统一的温度记录单位，如所有的实验温度均以摄氏度为单位。根据相应温度控制设备的管理要求按时记录温度。此外，还要定期对温度记录进行审核和趋势分析等。

⑥ 原始数据记录中如果出现错误须用单线划除，更正人要在更正记录处签上名字和日期并解释原因。任何影响到实验结果的变更记录都应当由指导老师复核。更改原始文件的理由解释必须明晰而具体。有些更改理由是可接受的，有些是不可接受的，例如，以下列出的解释被认为是可接受的：计算错误、书写错误、日期错误、仪器故障、玻璃仪器被打碎、样品喷溅出来、操作失误和为使记录更清楚而重写等理由。

二、分析数据的处理

在定量分析实验中，一般需要平行测定 3~5 次，为了衡量分析结果的精密度，通常要求计算算术平均值、平均偏差和相对平均偏差，即分析结果应以 $\bar{x}$、$\bar{d}$、$d_r(\%)$ 表示。

算术平均值

$$\bar{x} = \frac{x_1 + x_2 + \cdots + x_n}{n} = \frac{1}{n}\sum_{i=1}^{n} x_i$$

平均偏差

$$\bar{d} = \frac{|d_1| + |d_2| + \cdots + |d_n|}{n} = \frac{\sum |d_i|}{n}$$

相对平均偏差

$$d_r(\%) = \frac{\bar{d}}{\bar{x}} \times 100\%$$

标准偏差

$$s = \sqrt{\frac{\sum(x_i - \bar{x})^2}{n-1}} = \sqrt{\frac{\sum\limits_{i=1}^{n} d_i^2}{n-1}}$$

相对标准偏差

$$s_r(\%) = \frac{s}{\bar{x}} \times 100\%$$

三、实验报告

实验完毕，应用专门的实验报告本，根据预习和实验中的现象及数据记录等，及时而认真地书写实验报告。分析化学实验报告一般包括以下内容：

① 实验编号、实验名称。

② 实验目的。

③ 实验原理。简要用文字和化学反应方程式说明。例如对滴定分析，通常应包括基准物质，标定和滴定基本反应方程式，指示剂选择及其终点时的颜色变化，标定和滴定计算公式等。对特殊仪器的实验装置，应画出实验装置图。

④ 主要仪器和试剂。列出实验中所要使用的主要仪器和试剂。

⑤ 实验步骤。应简明扼要地写出实验步骤流程。

⑥ 实验数据及结果处理。应用文字、表格、图形将数据表示出来。根据实验要求及计算公式计算出分析结果并进行有关数据和误差处理，尽可能地使记录、结果表格化。

⑦ 问题讨论。对教材中的思考题及实验现象、产生的误差等进行讨论和分析，尽可能结合分析化学有关理论，提高分析问题、解决问题的能力，为以后的科学研究及论文撰写打好基础。

第四节　实验室安全知识

分析化学实验中，经常使用水、电、大量易破损的玻璃仪器和一些具有腐蚀性甚至易燃、易爆或有毒的化学试剂以及大型精密仪器。为确保人身和实验室的安全而且不污染环境，实验中须严格遵守实验室的安全规则。主要包括：

一、实验室安全

① 实验室内严禁吸烟，不用湿手、物品接触电源，实验过程中药品及仪器摆放井然有序，避免倾倒、掉落。水、电、气瓶等使用完毕后应立即关闭开关，加热、过滤、冷却等过程中不可离开，防止出现意外事故。

② 使用浓酸、浓碱及其他有腐蚀性的试剂时应谨慎操作，以防溅出腐蚀衣服及身体。使用浓氨水、HNO_3、HCl、H_2SO_4 以及 $HClO_4$ 等试剂时必须在通风橱中进行。夏季使用浓氨水、HCl 时必须用自来水将其冷却后再开启瓶盖。

③ 使用易燃有机溶剂（甲醇、乙醇、乙醚、氯仿、丙酮等）时，应远离火源和热源，用完立即盖紧瓶盖，放在阴凉通风处保存。低沸点的有机试剂不能直接在明火或电炉上加热，而应在水浴上加热。

④ 使用高压气体钢瓶（乙炔、氢气等）时，要严格按照操作规程规范操作，钢瓶应放置在远离火源、热源且通风良好的位置，钢瓶在更换前仍应保持一部分压力。

⑤ 使用各种仪器设备时，应提前了解操作规程，教师讲解后再动手操作。

⑥ 实验室药品应在实验教师指导下使用，不可私自带出实验室。使用有毒试剂时需佩戴口罩、手套以及护目镜；使用汞、汞盐、砷化物、氰化物等剧毒品时，要实行登记制度，取用时要特别小心，切勿泼洒在实验台面和地面上。实验过程中产生碎玻璃等锋利物品时需谨慎彻底清理，防止二次伤害。

⑦ 实验着装要符合规范，必须穿实验服，不可过度装扮影响实验进度及实验安全。倾注试液或加热液体时，不要俯视容器，以防溅入眼内，加热操作时不要将容器口朝向自己或别人。

⑧ 实验完毕时，应将使用过的器皿全部清洗干净，规范放置。药品及试剂台整理整齐，摆好复原，将实验室打扫干净，水、电、气、门、窗关好并检查，经老师同意方可离开。

二、实验室意外事故处理

（1）割伤

化学实验中经常使用玻璃仪器，若不小心被碎玻璃割伤或划伤，应首先取出伤口处的玻璃碎屑，然后用生理盐水或硼酸溶液清洗伤口，并用3％的医用双氧水消毒，再涂碘酒或撒消炎粉，用纱布包扎好，止血的同时避免伤口污染。碎玻璃如进入眼内，千万不可转动眼球或用手揉搓，应迅速送往医院。

（2）烧烫伤

若不小心被烧到、烫到，应将烧烫伤部位放置在冷水中或流水下半小时以上，或用冰块冷敷患处，然后涂抹药膏（清凉油、氧化锌药膏等）。发生大面积的烧烫伤时应立即送往医院治疗。

（3）酸灼伤

先在流水下长时间冲洗，再用饱和碳酸氢钠溶液或肥皂水、稀氨水洗，最后用清水冲洗。若酸溅入眼内，应立即用大量水冲洗，然后用1％的碳酸氢钠溶液洗，最后用洗瓶装去离子水或蒸馏水洗并立即送往医院治疗。

（4）碱灼伤

先用大量水长时间冲洗，再用 2％乙酸溶液或饱和硼酸溶液洗，最后用洗瓶装去离子水或蒸馏水洗并立即送往医院治疗。

（5）有毒药品致伤

使用有毒药品（如苯、甲苯等）或有腐蚀性药品时，要戴橡胶手套和防护眼镜。使用挥发性有毒药品时，一定要在通风橱内操作。任何药物都不能用口尝，如若不慎毒物进入口内，可将手指伸入到咽喉部，促使呕吐排出毒物，然后立即送往医院。吸入少量刺激性或有毒气体感到不适时，应立即到室外呼吸新鲜空气。

（6）触电

触电急救的要点是抢救迅速与救护得法。一旦遇到有人触电，应立即切断电源，尽快用绝缘物（如竹竿、干木棍或戴上橡胶手套）将触电者与电源分隔开，切不可用手去拉触电者，然后根据触电者的具体情况，迅速对症救护。现场常用的主要救护方法是心肺复苏法，它包括口对口人工呼吸法和胸外心脏按压法。同时应根据伤情需要，迅速联系医疗部门救治。

（7）火灾

实验室万一发生火灾，要保持镇静，立即切断电源或燃气源，防止火势蔓延，并根据起火原因立即灭火。一般的小火可用湿布、灭火毯、沙土覆盖燃烧物灭火；电器设备所引起的火灾，应使用二氧化碳或四氯化碳灭火器灭火，切忌使用泡沫灭火器，以免触电，紧急情况应及时拨打 119 报警。

为了对实验室意外事故进行紧急处理，实验室应配备急救药箱。若发生大的伤害事故，除做紧急处理外，应立即将伤者送往医院救治。

三、实验室环保（三废处理）规则

化学实验中产生的某些有毒气体、液体和固体，若不经过处理直接排放，则有可能造成周围的空气和水源等环境污染。因此废液、废气和废渣一定要经过处理后才能排放。

① 应在通风橱内进行产生少量有毒气体的实验，通过排风设备将少量毒气排出，以免污染室内空气。

② 实验中产生的废液不可随便倒入下水道，必须倒入指定的废液装置。一般的酸碱废液可中和后排放。含重金属离子或汞盐的废液可加碱调 pH 值至 8～10 后再加入硫化钠处理，使其毒害成分转变成硫化物而沉淀分离，上层清液达到环保排放标准后方可排放。

③ 实验产生的废渣、废药品应存放于指定地点，由专业环保机构做回收处理。

第一节　分析天平

　　分析天平是定量分析实验中使用率最高的基本设备之一，属于精密贵重的仪器，通常要求能准确称量至 0.0001g，其最大载量一般为 100～200g。为了能得到准确的称量结果，我们必须了解分析天平的构造并掌握正确的使用方法，避免因天平的使用或保管不当影响称量的准确度，从而不能获得准确的称量结果。常用的分析天平有等臂双盘天平（包括半自动电光天平和全自动电光天平）和单盘天平，这些天平在构造上虽然有些不同，但其都是根据杠杆原理设计制造的。

一、称量原理

　　天平是根据杠杆原理制成的，如下图所示，它用已知质量的砝码来衡量被称物体的质量。

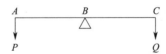

　　设杠杆 ABC 的支点为 B（如上图），AB 和 BC 的长度相等，A、C 两点是力点，A 点悬挂的被称物体的质量为 P，C 点悬挂的砝码的质量为 Q。当杠杆处于平衡状态时，力矩相等，即：$P \times AB = Q \times BC$。

　　因为 $AB = BC$，所以 $P = Q$，即天平称量的结果是物体的质量。

　　目前国内使用最为广泛的是半自动电光天平和电子天平，本节对其作简单介绍。

二、分析天平的使用规则

　　① 称量前先将天平罩取下叠好，放在天平箱上面，检查天平是否处于水平状态，用软毛刷清刷天平，检查和调整天平的零点。

　　② 旋转升降旋钮时必须缓慢，轻开轻关。取放称量物、加减砝码和圈码时，都必须关闭天平，以免损坏玛瑙刀口。

　　③ 天平的前门不得随意打开，它主要供安装、调试和维修天平时使用。称量时应关好侧门。化学试剂和试样都不得直接放在秤盘上，应放在干净的表面皿、称量瓶或坩埚内；具有腐蚀性的气体或吸湿性物质，必须放在称量瓶或在其他适当的密闭容器中称量。

　　④ 取放砝码时必须用镊子夹取、严禁手拿。加减砝码和圈码均应遵循"由大到小，折半加入，逐级试验"的原则。旋转指数盘时，应一挡一挡地慢慢转动，防止圈码跳落互撞。

试加减砝码和圈码时应慢慢半开天平试验。

⑤ 天平的载重不能超过天平的最大负载。在同一次实验中，应尽量使用同一台天平和同一组砝码，以减少称量误差。

⑥ 称量的物体必须与天平箱内的温度保持一致，不得把热的或冷的物体放进天平箱称量。为了防潮，在天平箱内应放置有吸湿作用的干燥剂。

⑦ 称量完毕，关闭天平，取出称量物和砝码，将指数盘拨回零位。检查砝码是否全部放回盒内原来的位置和天平内外的清洁状况，关好侧门。然后检查零点，将使用情况登记在天平使用登记簿上，再切断电源，最后罩上天平罩，将座凳放回原处。

三、分析天平的称量方法

1. 直接称量法

用于直接称量固体样品的质量，如可用小烧杯进行直接称量。要求：所称样品洁净、干燥，不易潮解、升华，无腐蚀性。

方法：天平零点调好以后，关闭天平，把被称样品用一干净的纸条套住（也可戴专用手套），放在天平左盘中央。调整砝码使天平平衡，所得读数即为被称样品的质量。

2. 固定质量称量法

用于称量指定质量的试样。如称量基准物质，来配制一定浓度和体积的标准溶液。

要求：试样不吸水，在空气中性质稳定，颗粒细小（粉末）。

方法：先称出容器的质量，关闭天平。然后加入固定质量的砝码于右盘中，再用牛角匙将试样慢慢加入盛放试样的容器中，半开天平进行称重。当所加试样与指定质量相差不到10mg时，完全打开天平，小心地将盛有试样的牛角匙伸向左边称量盘的容器上方约 2～3cm 处，匙的另一端顶在掌心上，用拇指、中指及掌心拿稳牛角匙，并用食指轻弹匙柄，将试样慢慢抖入容器中，直至天平平衡。此操作必须十分仔细。

3. 递减称量法

用于称量一定质量范围的试样。适合称取多份在空气中不稳定的（易吸水、易氧化或易于和 CO_2 反应）物质。

方法：

① 用小纸条夹住已干燥好的称量瓶，在台秤上粗称其质量；

② 将稍多于需要量的试样用牛角匙加入称量瓶，在台秤上粗称；

③ 将称量瓶放到天平左盘的中央，在右盘上加适量的砝码或圈码使之平衡，称出称量瓶及试样的准确质量（准确到 0.1mg），记下读数，设为 m_1g。关闭天平，将右盘砝码或圈码减去需称量的最小值。将称量瓶拿到接收器上方，右手用纸片夹住瓶盖柄，打开瓶盖，将瓶身慢慢向下倾斜，并用瓶盖轻轻敲击瓶口，使试样慢慢落入容器内（不要把试样撒在容器外）。如估计倾出的试样已接近所要求的质量时（可从体积上估计），慢慢将称量瓶竖起，并用盖轻轻敲瓶口，使黏附在瓶口上部的试样落入瓶内，盖好瓶盖，将称量瓶放回天平左盘上称量。若左边重，则需重新敲击，若左边轻，则不能再敲。准确称取其质量，设此时质量为 m_2g，则倒入接收器中的试样质量为 (m_1-m_2)g。重复以上操作，可称取多份试样。

四、电子天平

最新一代的天平是电子天平，它利用电子装置完成电磁力补偿的调节，使物体在重力场中实现力的平衡；或通过电磁力矩的调节，使物体在重力场中实现力矩的平衡。常见电子天平的结构都是机电结合式的，由载荷接受与传递装置、测量与补偿装置等部件组成，可分为顶部承载式和底部承载式两类，目前常见的大多数是顶部承载式的上皿天平。从天平的校准方法来分，则有内校式和外校式两种。前者是标准砝码预装在天平内，启动校准键后，可自动加码进行校准；后者则需人工取拿标准砝码放到天平盘上进行校准。

由于电子天平是利用电磁力平衡的原理，没有机械天平的横梁，没有升降枢装置，全量程不用砝码，直接在显示屏上读数，所以具有操作简单、性能稳定、称量速度快、灵敏度高等特点。目前一般的电子天平还具有去皮（净重）称量、累加称量、计件称量等功能，并配有对外接口。可连接打印机、计算机、记录仪等，实现了称量、记录、计算自动化。其构造如图 2-1 所示。

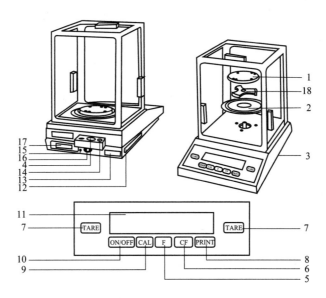

图 2-1 电子天平构造

1—秤盘；2—屏蔽环；3—地脚螺旋；4—水平仪；5—功能键；6—CF 清除键；7—除皮键；
8—打印键；9—调校键；10—开/关；11—显示器；12—CMC 标签；13—具有 CE 标记的型号牌；
14—防盗装置；15—菜单-去联锁开关；16—电源接口；17—数据接口；18—秤盘支架

1. 电子天平的操作规程

电子天平采用轻触按键，能实行多功能键盘操作，操作灵活方便，各功能的转换和选择，只需按相应按键即可。以 FA1104 型电子天平为例：

（1）调水平

在使用前检查天平是否处于水平状态，如水平仪水泡偏移，需调整水平调节脚，使水泡位于水平仪中心。

（2）开机

选择 220V，50Hz 电压，天平接通电源，就开始通电工作，通常需预热 1h 后开启显示器，使用键盘的操作功能。

（3）键盘的操作功能

① ON 开机显示器键　只要轻按一下 ON 键，显示器全亮，对显示的功能进行检查，约过 2s 后，显示天平的型号，然后是称量模式：$\boxed{0.0000g}$ 或 $\boxed{0.000g}$。

② OFF 关机与复位键　轻按 OFF 键，显示器熄灭即可。该天平电源插上即已通电，面板开关只对显示起作用，如天平长期（指五天以上）不用应关断电源。每天连续使用时，可不关电源，只关闭显示屏。

③ TARE 清零、去皮键　置容器于秤盘上，显示出容器质量：$\boxed{+17.8627g}$，然后轻按 TARE 键，显示消稳，随即出现全零状态：$\boxed{0.0000g}$。容器质量显示值已去除，即已去皮重。当取出容器，显示器显示容器质量的负值：$\boxed{-17.8627g}$，再轻按 TARE 键，显示器为全零，即天平清零。

④ CAL 校准键　轻按 CAL 键，当显示器出现"CAL-"时，即松手，显示器出现 CAL-100，其中"100"为闪烁码，表示校准砝码用 100g 的标准砝码，此时就把"100g"校准砝码放上秤盘，显示器出现"— — — — —"等待状态，经较长时间后显示器出现 100.000g，拿开校准砝码，显示器应出现 0.0000g，若出现不是零，则再清零，再重复以上校准操作。校准显示顺序为 0.0000g → CAL-100 → ------ → 100.000g → 0.0000g，此时校准结束。

⑤ PRT 显示输出与输出模式设置键。

2. 电子天平的使用及称量方法

（1）电子天平的使用

① 端坐在天平前，放置干燥器、烧杯等物的搪瓷盘放在天平的左边，实验报告本等放在天平的右边；

② 用软毛刷清刷天平，查看天平水平仪，气泡是否在黑圈内，如不在黑圈内表示天平不水平，要通过水平调节脚调至水平；

③ 接通电源，预热 60min 后方可开启显示器进行操作使用；

④ 称量前要用标准砝码校正天平；

⑤ 轻按 ON 显示器键，等出现 0.0000g 称量模式后方可称量；

⑥ 将称量物轻放在称盘上，关严天平门，这时显示器上数字不断变化，待数字稳定并出现质量单位 g 后，即可读数，并记录称量结果；

⑦ 称量结束后，取出称量物，按关闭键 OFF。检查天平内清洁与否，如有试样洒落，一定要打扫干净。关上天平门，罩好布罩，填写登记卡。

（2）称量方法

① 直接称量法　先称出干燥洁净的表面皿或油光纸的质量，按去皮键 TARE，显示"0.0000"后，打开天平门，缓缓往表面皿中加入试样，当达到所需质量时停止加样，关上天平门，显示平衡后即可记录所称试样的净质量。

② 固定质量称量法　称量时，将自备的称量容器（如小烧杯）置于天平盘上，左手持牛角匙盛取试样后小心地伸向小烧杯的近上方，以手指轻击匙柄，将试样弹入，直到所加试样质量与预定质量之差相近时，极其小心地以左手拇指、中指及掌心拿稳牛角匙，以食指摩

擦匙柄，让匙里的试样以尽可能少的量慢慢抖入表面皿中。这时，既要注意试样抖入量，同时也要注意显示屏的读数，当读数正好等于所需要的量时，立即停止抖入试样。

在进行以上操作时，应特别注意：试样决不能失落在秤盘上和天平箱内；称量完毕后要仔细检查是否有试样失落在天平箱内外，必要时加以清除。

③ 差减称量法   此方法一般用于称量质量在一定范围的试样或试剂。由于称取试样的质量是由两次称量之差求得，故此法也称差减称量法。

用此法称量时，先借助小纸片从干燥器（或烘箱）中取出称量瓶（注意，手指不要接触称量瓶和瓶盖，称量瓶应冷至室温），用小纸片夹住称量瓶和盖柄，打开瓶盖，用药匙加入适量试样，盖上瓶盖。将称量瓶置于称量盘上，关好天平门，称出称量瓶及试样的准确质量（也可按清零键，使其显示"0.0000"）。再将称量瓶取出，在接收容器的上方，倾斜瓶身，用称量瓶盖轻敲瓶口上部使试样慢慢落入容器中。当敲落的试样接近所需量时（一般称量第2份时可根据第1份的量估计），用称量瓶盖轻敲瓶口上部，逐渐将瓶身竖直，使黏附在瓶口上的试样落下，然后盖好瓶盖，将称量瓶放回天平称量盘，关好天平门，准确称出其质量。两次质量之差，即为试样的质量（若先清了零，则显示值即为试样质量）。若一次差减出的试样量未达到要求的质量范围，可重复相同的操作，直至合乎要求。按此方法连续递减，可称取多份试样。

④ 递减称量法   称出称量瓶（装有试样）的质量后，按去皮键 TARE，取出称量瓶向容器中倒出一定量的试样，再将称量瓶放在天平上称量（倒出试样的方法见上述称量方法中的差减称量法），如果所示质量（是"—"号）达到要求范围，即可记录数据。再按去皮键 TARE，称取第二份试样。

3. 天平的维护和保养

天平必须小心使用，称盘与外壳须经常用软布和牙膏轻轻擦洗，切不可用强溶介质擦洗。

第二节   滴定分析的仪器和基本操作

在滴定分析中，滴定管、容量瓶、移液管及移液器是准确测量溶液体积的量器。通常体积测量相对误差比称量要大，而分析结果的准确度由误差最大的那项因素决定。因此，必须准确测量溶液的体积以得到正确的分析结果。溶液体积测量的准确度不仅取决于所用量器是否准确，更重要的是取决于准备工作和使用量器是否正确。现将滴定分析常用器皿及其基本操作分述如下：

一、滴定管

滴定管是滴定时用来准确测量流出标准溶液体积的量器。它的主要部分管身是用细长而且内径均匀的玻璃管制成，上面刻有均匀的分度线，下端的流液口为一尖嘴，中间通过玻璃旋塞或乳胶管连接以控制滴定速度。常量分析用的滴定管标称容量为 50mL 和 25mL，最小刻度为 0.1mL，读数可估计到 0.01mL。

滴定管一般分为两种：一种是酸式滴定管，另一种是碱式滴定管（见图 2-2）。酸式滴定管的下端有玻璃活塞，可盛放酸液及氧化剂溶液，不宜盛放碱液；碱式滴定管的下端连接一橡胶管，内放一玻璃珠，以控制溶液的流出，下面再连一尖嘴玻璃管，这种滴定管可盛放碱液，而不能盛放酸液或氧化剂等腐蚀橡胶的溶液。

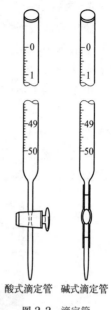

酸式滴定管　碱式滴定管

图 2-2　滴定管

1. 滴定管使用前的准备

酸式滴定管使用前应检查旋塞转动是否灵活，然后检查是否漏水。试漏的方法是先将旋塞关闭，在滴定管内装满水，将滴定管固定在滴定管夹上，放置 2min，观察管口及旋塞两端是否有水渗出；将旋塞转动 180°，再放置 2min，看是否有水渗出。若前后两次均无水渗出，旋塞转动也灵活，即可使用。否则将旋塞取出，重新涂上凡士林（起密封和润滑作用）后再使用。

涂凡士林的做法是：将滴定管清洗干净，平放在实验台上，取出旋塞，用吸水纸将旋塞及旋塞槽内的水擦干，用手指沾少许凡士林在旋塞的两头均匀地涂上，避开旋塞孔，以免凡士林堵住旋塞孔。涂好凡士林后，将旋塞直插入旋塞槽中，另一端套好橡胶圈，防止旋塞脱落打碎。然后向同一方向转动旋塞，直至旋塞中油膜均匀透明。

碱式滴定管在使用前需先装满水，观察尖嘴处是否有水滴渗出。若有，则需要更换合适的玻璃珠或乳胶管。玻璃珠过小会导致漏液或操作时上下滑动，过大则在放出液体时手指过于吃力，且操作很不方便。

2. 洗涤

使用滴定管前先用自来水洗，再用少量蒸馏水淋洗 2～3 次，每次 5～6mL，洗净后，管壁上不应附着液滴。

3. 装液

用待装溶液洗涤 2～3 次，每次 10～15mL 溶液，以免加入滴定管的待装溶液被蒸馏水稀释。然后将待装溶液直接倒入滴定管中，不得借用其他任何器皿（如烧杯、漏斗等）来转移，以免带来误差。将待装溶液加入滴定管中到刻度"0"以上，开启旋塞或挤压玻璃球，把滴定管下端的气泡逐出，然后把管内液面的位置调节到刻度"0"。排气的方法如下：如果是酸式滴定管，可使溶液急速下流驱除气泡；如为碱式滴定管，则可将橡皮管向上弯曲，并在稍高于玻璃珠所在处用两手指挤压，使溶液从尖嘴口喷出，气泡即可除尽（见图 2-3）。

图 2-3　碱式滴定管排气

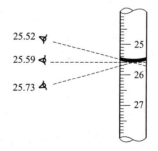

图 2-4　目光在不同位置得到的滴定管读数

4. 读数

滴定管读数前要确保尖嘴上没有挂液珠，否则读数不准确。读数时，应将滴定管从滴定管架上取下来，用拇指和食指捏住管上端无刻度处，使滴定管保持垂直状态，不能在滴定管架上直接读数。

由于水的表面张力作用滴定管内液面呈弯月形，对于无色和浅色溶液的弯月面比较清晰，读数时，应读视线与弯月面下缘最低点相切处的刻度（见图 2-4）；对于有色溶液（如 $KMnO_4$，I_2 等），其弯月面不够清晰，读数时，视线应与液面两侧的最高点相切（见图 2-5）。使用"蓝带"滴定管时，当蓝带滴定管装满溶液时，液面与蓝线有一个交叉点，此时应读取交叉点处的刻度（见图 2-6）。

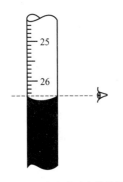

图 2-5　深色溶液滴定管读数

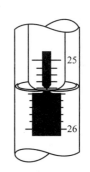

图 2-6　"蓝带"滴定管读数

常用滴定管的容量为 50mL，每一大格为 1mL，每一小格为 0.1mL，读数必须读至 0.01mL。滴定管上两个小刻度之间为 0.1mL，要正确估读其十分之一的值，需经严格训练方能做到。一般可以这样来估计：当液面在此两小刻度线中间时，最后一位即为 0.05mL；若液面在两小刻度的三分之一处，即为 0.03mL 或 0.07mL；当液面在两小刻度的五分之一处时，即为 0.02mL 或 0.08mL。

5. 滴定操作

使用酸式滴定管时，最好每次从 0.00mL 开始，或从接近零刻度线的某一刻度开始，这样可以减少滴定误差。

滴定时，左手握滴定管，其无名指和小指向手心弯曲，轻轻地贴着出口部分，用其余三指控制旋塞的转动。注意，不要向外用力，以免推出旋塞造成漏液，而应使旋塞稍有向手心的回力。若使用碱式滴定管，用左手握滴定管，拇指在前，食指在后，其他三个手指辅助夹住出口管，用拇指和食指捏住玻璃珠所在部位，向右边挤橡胶管，使玻璃珠移至手心一侧，这样溶液就可从玻璃珠旁边的空隙流出。不要用力捏玻璃珠；不要使玻璃珠上下移动；也不要捏玻璃珠下部的橡胶管，以免空气进入而产生气泡。滴定时要边滴边摇瓶，使滴定剂与被滴定物质迅速反应。若在锥形瓶中进行滴定，用右手的拇指、食指和中指握住锥形瓶颈部，使瓶底离滴定台面 2～3cm，滴定管的尖嘴深入瓶中 1～2cm，左手控制滴液，右手按顺（或反）时针方向摇动锥形瓶，如图 2-7 所示。在烧杯中滴定时，将烧杯放在滴定台上，调节滴定管的高度，使其下端伸入烧杯内 1cm 左右。滴定管下端应在烧杯中心的左后方处，左手控制滴定管滴加溶液，右手用玻璃棒搅拌溶液。

滴定开始前，先把悬挂在滴定管尖端的液滴除去，临近终点时，滴定速度要慢，最后应一滴或半滴地滴加，防止过量，并且要用洗瓶吹入少量水淋洗瓶壁，以免有残留的液滴未起反应，直到溶液颜色发生明显变化，关闭旋塞，停止滴定。

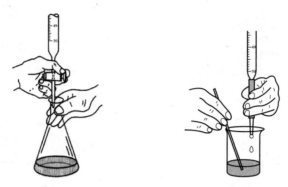

图 2-7 滴定操作

滴定结束后，滴定管中剩余的溶液应弃去，不得将其倒回原瓶，以免玷污整瓶溶液。用自来水和蒸馏水依次洗净滴定管，倒置在滴定管架上。

二、容量瓶

容量瓶是一种细颈梨形的平底玻璃瓶，具有磨口玻璃塞或塑料塞。主要用来精确地配制一定体积和一定浓度溶液的量器，常用的容量瓶有 5mL、10mL、25mL、50mL、100mL、250mL、500mL、1000mL 等不同规格，其使用方法及注意事项如下：

1. 检查容量瓶

检查容量瓶是否漏水的方法如下：加自来水至刻度线附近，盖好瓶塞后，左手用食指按住塞子，其余手指拿住瓶颈，右手用指尖托住瓶底边缘，将瓶倒立 2min，如不漏水，将瓶直立，转动瓶塞 180°后，再倒立 2min，如不漏水，便可使用。使用容量瓶时，不要将塞子随便取下放在台面上，以免玷污，可将瓶塞用绳子系在瓶颈上。若瓶塞为平头的塑料塞子，可将塞子倒置在实验台面上。

2. 配制溶液

使用容量瓶时，如用固体物质配制溶液，应先将固体物质在烧杯中溶解后，再将溶液转移至容量瓶中。转移时，玻璃棒悬空伸入容量瓶口中，而玻璃棒的下端靠在瓶颈内壁，烧杯嘴紧靠玻璃棒，使溶液沿玻璃棒缓缓流入瓶中，再从洗瓶中挤出少量水淋洗烧杯及玻璃棒 2~3 次，并将其转移到容量瓶中。然后加蒸馏水至容量瓶体积的四分之三时，旋摇容量瓶使溶液混合均匀，但此时勿倒转容量瓶。继续加蒸馏水至刻度线以下约 1cm，再用滴定管加蒸馏水至弯月面下缘与标刻度线相切为止（见图 2-8）。塞紧瓶塞，用左手食指按住塞子，将容量瓶倒转几次，直到溶液混匀为止（见图 2-9）。

容量瓶不能久贮溶液，尤其是碱性溶液，它会侵蚀瓶塞使其无法打开，也不能用火直接加热及烘烤。使用完毕后应立即洗净。如长时间不用，磨口处应洗净擦干，并用纸片将磨口隔开。

三、移液管

移液管用于准确移取一定体积的溶液。通常有两种形状，一种移液管中间有膨大部分，称为胖肚移液管；另一种是直形的，管上有分刻度，称为刻度移液管。

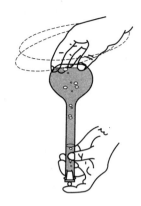

图 2-8   转移溶液入容量瓶   图 2-9   混匀操作

1. 胖肚移液管

胖肚移液管在使用前应洗净，并用蒸馏水淋洗 3 遍。移取溶液前，应用滤纸将管尖的水吸干。使用时，洗净的移液管要用被吸取的溶液润洗 3 次，以除去管内残留的水分。吸取溶液时，一般左手持洗耳球，右手持移液管，把移液管插入溶液液面下 1～2cm 处吸取溶液（见图 2-10）。当溶液吸至标线以上时，马上用右手食指按住管口，取出，微微移动食指或用大拇指和中指轻轻转动，使液体的凹液面慢慢下降到标线处，立即压紧管口；把移液管移入另一容器（如锥形瓶）中，并使管尖与容器壁接触，放开食指让液体自由流出，流完后再等 15s 左右。管上未标有"吹"字的，残留于管尖内的液体不必吹出，因为在校正移液管时，未把这部分液体体积计算在内。

2. 刻度移液管

又称分度吸量管（见图 2-11），使用方法与胖肚移液管类似，管身没有突出的"肚"，为长条形。用吸量管吸取溶液时，与上述操作基本相同，但其移取溶液的准确度不如胖肚移液管。若管上标有"吹""快"等字样，在使用它的全量程时，应将管尖残留的液滴立即吹入承接容器中并移开管子。这类吸量管的精确度低些，但流速快，适用于仪器分析实验中滴加试剂，最好不要用于移取标准溶液。在平行试验中，应尽量使用同一支吸量管的同一段，并尽量避免使用管尖收缩部分，以免带来误差。为了减小测量误差，每次都应从 0 刻度处为起始点，往下放出所需体积的溶液，而不是需要多少体积就吸取多少体积。

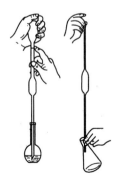

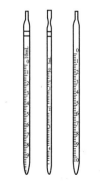

图 2-10   移液管的使用   图 2-11   分度吸量管

移液管、吸量管、容量瓶都是有刻度的精确玻璃量器，不得放在烘箱中烘烤。

四、移液器

移液器（见图 2-12）是一种取液量连续可调的精密计量器具，是实验室作生化分析、仪器分析及微量化学分析时进行定量取样和加液操作时必不可少的工具，具有使用稳定、操作简便、快速、精确度高、重复性好等特点。移液器一般有 $1000\sim5000\mu L$、$100\sim1000\mu L$、$10\sim200\mu L$、$1\sim20\mu L$、$0.1\sim2\mu L$ 等多种规格。

移液器的使用方法：将吸液嘴套在移液器上，以右手拇指轻按其按钮使其达第一阻力位，将吸嘴插入液面下 $2\sim3mm$，放松拇指，被吸液体即进入吸嘴，将吸液嘴放置于另一容器中，轻按按钮使其达第二阻力位，放掉液体，停留数秒。使用完毕后卸掉吸液嘴放于存放杯内。

图 2-12　可调微量移液器

第三节　重量分析的基本操作

重量分析法是通过称量物质的质量来确定被测物质组分含量的一种分析方法。分析时，一般是先采用适当方法将被测组分从试样中分离出来，转化为一定的称量形式并称重，由所称得的质量计算被测组分的含量。重量分析法包括挥发法、萃取法、沉淀法，其中以沉淀法的应用最为广泛，在此仅介绍沉淀法的基本操作。沉淀法的基本操作包括：沉淀的进行、沉淀的过滤和洗涤、烘干或灼烧、称重等。为使沉淀完全、纯净，应根据沉淀的类型选择适宜的操作条件，对于每步操作都要细心地进行，以得到准确的分析结果。下面主要介绍沉淀的过滤、洗涤、转移、烘干及灼烧的基础知识和基本操作。

一、沉淀的过滤

根据沉淀在灼烧中是否会被纸灰还原及称量形式的性质，选择滤纸或玻璃滤器过滤。

1. 滤纸的选择

定量滤纸又称无灰滤纸（每张灰分在 0.1mg 以下或灰分准确已知），由沉淀量和沉淀的性质决定选用大小和致密程度不同的快速、中速和慢速滤纸。晶形沉淀多用致密滤纸过滤，蓬松的无定形沉淀要用较大的疏松的滤纸过滤。由滤纸的大小选择合适的漏斗，放入的滤纸应比漏斗沿低 0.5~1cm。

2. 滤纸的折叠和安放

如图 2-13 所示：先将滤纸沿直径对折成半圆（1），再根据漏斗角度的大小折叠（可以大于90°，见2）。折好的滤纸，一个半边为三层，另一个半边为单层，为使滤纸三层部分紧贴漏斗内壁，可将滤纸的上角撕下（3），并留作擦拭沉淀用。将折叠好的滤纸放在洁净的漏斗中，用手指按住滤纸，加蒸馏水至满，必要时用手指小心轻压滤纸，把留在滤纸与漏斗壁之间的气泡赶走，使滤纸紧贴漏斗并使水充满漏斗颈，形成水柱，以加快过滤速度。

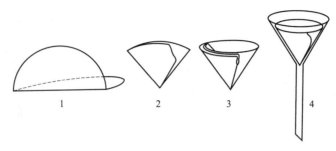

图 2-13　滤纸的折叠和安放

3. 过滤

一般多采用"倾泻法"过滤。操作如图 2-14 所示，将漏斗置于漏斗架之上，接收滤液的洁净烧杯放在漏斗下面，使漏斗颈下端在烧杯边沿以下 3～4cm 处，并与烧杯内壁靠紧。先将沉淀倾斜静置，然后将上层清液小心倾入漏斗滤纸中，使清液先通过滤纸，而沉淀尽可能地留在烧杯中，尽量不搅动沉淀，操作时一手拿住玻璃棒，使与滤纸近于垂直，玻璃棒位于三层滤纸上方，但不和滤纸接触。另一只手拿住盛沉淀的烧杯，烧杯嘴靠住玻璃棒，慢慢将烧杯倾斜，使上层清液沿着玻璃棒流入滤纸中，随着滤液的流注，漏斗中液体的体积增加，至滤纸高度的 2/3 处，停止倾注（切勿注满）。停止倾注时，可沿玻璃棒将烧杯嘴往上提一小段，扶正烧杯；在扶正烧杯以前不可将烧杯嘴离开玻璃棒，并注意不让沾在

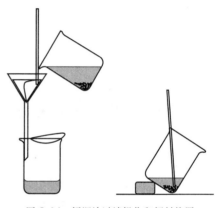

图 2-14　倾泻法过滤操作和倾斜静置

玻璃棒上的液滴或沉淀损失，把玻璃棒放在烧杯内，但勿把玻璃棒靠在烧杯嘴部。

二、沉淀的洗涤和转移

1. 洗涤沉淀

一般也采用倾泻法，为提高洗涤效率，按"少量多次"的原则进行，即加入少量洗涤液，充分搅拌后静置，待沉淀下沉后，倾泻上层清液，再重复操作数次后，将沉淀转移到滤纸上。

2. 转移沉淀

在烧杯中加入少量洗涤液，将沉淀充分搅起，立即将悬浊液一次转移到滤纸中。然后用洗瓶吹洗烧杯内壁、玻璃棒，再重复以上操作数次；这时在烧杯内壁和玻璃棒上可能仍残留少量沉淀，这时可用撕下的滤纸角擦拭，放入漏斗中，然后如图 2-15 所示进行最后冲洗。

沉淀全部转移完后，再在滤纸上进行洗涤，以除尽全部杂质。注意在用洗瓶冲洗时是自上而下螺旋式冲洗（见图 2-16），以使沉淀集中在滤纸锥体最下部，重复多次，直至检查无杂质为止。

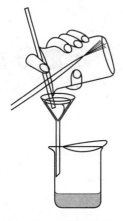

图 2-15　沉淀转移操作

图 2-16　在滤纸上洗涤沉淀

三、沉淀的烘干、炭化、灰化和灼烧

滤纸和沉淀的烘干通常在煤气灯或电炉上进行。操作步骤是用扁头玻璃棒将滤纸三层部分掀起两处，再用洁净的手指从翘起的滤纸下面将其取出，打开呈半圆形，自右端 1/3 半径处向左折叠一次，再自上而下折一次，然后从右向左卷成小卷（见图 2-17），最后将其放入已恒重的坩埚内，包裹层数较多的一面朝上，以便炭化和灰化。

图 2-17　晶形沉淀的包裹

若包裹胶体呈蓬松的沉淀，可在漏斗中用扁头玻棒将滤纸周边挑起并向内折，把锥体的敞口封住（见图 2-18），然后倒过来尖朝上放入坩埚中，以利烘烤。坩埚的外壁和盖先用蓝黑墨水或 $K_4[Fe(CN)_6]$ 溶液编号。将装有沉淀的坩埚置于低温电炉上加热，把坩埚半掩着倚于电炉口，将沉淀和滤纸烘干至滤纸全部炭化（滤纸变黑），注意只能冒烟，不能冒火，以免沉淀颗粒随火焰飞散而损失。炭化后可逐渐提高温度，使滤纸灰化。待滤纸全部呈白色后，移至高温炉中灼烧至恒重。沉淀在坩埚内灼烧的条件及恒重要求，与空坩埚一致。

图 2-18　胶状沉淀的包裹

实验 3-1　分析天平称量练习

一、实验目的

1. 了解分析天平的构造及其使用方法。
2. 掌握分析天平称量试样的两种方法——增量法、减量法。
3. 学会正确使用称量瓶。
4. 掌握试样转移的基本操作。

二、实验原理

分析天平是利用电子装置完成电磁力补偿的调节，使物体在重力场中实现力的平衡，或通过电磁力矩的调节，使物体在重力场中实现力矩的平衡。常见分析天平的结构都是机电结合式的，由载荷接受与传递装置、测量与补偿装置等部件组成。电子天平的构造及使用方法，试样称重的方法等，具体可参阅第二章。

三、仪器和试剂

仪器：电子天平；称量瓶；小烧杯；表面皿；牛角匙。

试剂：粗食盐（NaCl）。

四、实验步骤

1. 熟悉分析天平的构造

2. 称量瓶、小烧杯的准备

小烧杯、称量瓶依次用洗液、自来水、蒸馏水洗干净后放入洁净的表面皿中，称量瓶盖斜放在称量瓶口上，置于烘箱中，升温至 105℃后保持 30min 取出，稍冷片刻，将其置于干燥器中，冷却至室温后即可使用。

3. 增量法称量

准确称取 NaCl（s）0.4635g：检查分析天平正常，开启天平，稳定平衡，按"TARE"键自动调零。取一清洁干燥的小烧杯放置于天平盘中央，待显示平衡后，按"TARE"键，扣除小烧杯质量（屏幕显示 0.0000g），打开天平门用小匙将待称试样逐步加到小烧杯中直到天平屏幕显示 0.4635g。

4. 减量法称量

准确称取 NaCl（s）试样约 0.3g 三份。

5. 称量练习

① 准确称取 NaCl（s）试样约 1g：称量瓶＋NaCl 质量——m_1；

② 小烧杯质量——m_2，将称量瓶中的 NaCl 转移至小烧杯；

③ 称量瓶＋剩余 NaCl 质量——m_3；

④ 小烧杯＋NaCl 质量——m_4。

五、数据记录及结果处理

1. 增量法称量——准确称取 NaCl（s）0.4635g。

2. 减量法称量 NaCl 三份为_____；_____；_____。

3. 结果应为：$m_1-m_3=m_4-m_2$。

六、思考题

1. 用分析天平称量的方法有哪几种？

2. 固定称量法和递减称量法各有何优缺点？在什么情况下选用这两种方法？若使用电子天平，如何进行这两种方法的称量？

3. 称量时，应尽量将物体放在天平称量盘的中央，为什么？

4. 使用称量瓶时，如何操作才能保证不损失试样？

5. 本实验中要求称量试样量偏差小于 0.4mg，为什么？

 实验 3-2　滴定分析基本操作练习

一、实验目的

1. 掌握滴定管的洗涤和使用方法。

2. 熟练掌握滴定操作。

3. 掌握酸碱标准溶液的配制方法、酸碱溶液相互滴定比较。

4. 熟悉甲基橙、酚酞指示剂的使用和滴定终点的正确判断，初步掌握酸碱指示剂的选择方法。

二、实验原理

实验前预习第二章的内容并观看滴定分析基本操作录像。主要内容为：滴定管的使用与滴定分析基本操作；容量瓶和移液管（吸量管）的使用。

滴定分析法是将滴定剂（已知准确浓度的标准溶液）滴加到含有被测组分的试液中，直到化学反应完全为止，然后根据滴定剂的浓度和消耗的体积计算被测组分含量的一种方法。

因此，在滴定分析实验中，必须学会标准溶液的配制、标定，滴定管的正确使用和滴定终点的正确判断。

浓 HCl 浓度不确定、易挥发，NaOH 不易制纯，在空气中易吸收 CO_2 和水分。因此，酸碱标准溶液要采用间接配制法配制，即先配制近似浓度的溶液，再用基准物质标定。

$0.1mol \cdot L^{-1}$ NaOH 溶液滴定等浓度的 HCl 溶液，滴定的突跃范围为 pH=4.3～9.7，可选用酚酞（变色范围 pH=8.0～9.6）和甲基橙（变色范围 pH=3.1～4.4）作指示剂。甲基橙和酚酞变色的可逆性好，当浓度一定的 NaOH 和 HCl 相互滴定时，所消耗的体积比 V_{HCl}/V_{NaOH} 应该是固定的。在使用同一指示剂的情况下，改变被滴溶液的体积，此体积比应基本不变，借此，可训练学生滴定基本操作技术和正确判断滴定终点的能力。通过观察滴定剂落点处周围颜色改变的快慢判断滴定终点是否临近；临近滴定终点时，要能控制滴定剂一滴一滴地或半滴半滴地加入，至最后一滴或半滴引起溶液颜色的明显变化，立即停止滴定，即为滴定终点，要做到这些，必须反复练习。

三、仪器和试剂

仪器：台秤；量筒（10mL）；烧杯；试剂瓶；酸式滴定管（50mL）；碱式滴定管（50mL）；锥形瓶（250mL）；移液管（25mL）。

试剂：NaOH (s)；浓盐酸（ρ=1.18g·mL^{-1}）；酚酞 2g·L^{-1} 乙醇溶液；甲基橙 1g·L^{-1} 水溶液。

四、实验步骤

1. 酸碱标准溶液的配制

（1）$0.1mol \cdot L^{-1}$ NaOH 溶液的配制

用台秤迅速称取 2g NaOH 固体（为什么？）于 100mL 小烧杯中，加约 50mL 无 CO_2 的去离子水溶解，然后转移至试剂瓶中，用去离子水稀释至 500mL，摇匀后，用橡皮塞塞紧。贴好标签，写好试剂名称、浓度（空一格，留待填写准确浓度）、配制日期、班级、姓名等项。

（2）$0.1mol \cdot L^{-1}$ HCl 溶液的配制

用洁净量筒量取浓 HCl 约 4.5mL（为什么？）倒入 500mL 试剂瓶中，用去离子水稀释至 500mL，盖上玻璃塞，充分摇匀，贴好标签，备用。

2. 滴定操作练习

（1）酸式滴定管和碱式滴定管的准备

准备好酸式滴定管和碱式滴定管各一支，分别用 5～10mL HCl 和 NaOH 溶液润洗酸式滴定管和碱式滴定管 2～3 次。再分别装入 HCl 和 NaOH 溶液，排除气泡，调节液面至零刻度或稍下一点的位置，静置 1min 后，记下初读数。

（2）以酚酞作指示剂，用 NaOH 溶液滴定 HCl

从酸式滴定管中放出约 10mL HCl 于锥形瓶中，加入 10mL 纯水，加入 1～2 滴酚酞，在不断摇动下，用 NaOH 溶液滴定，注意控制滴定速度，当滴加的 NaOH 落点处周围红色褪去较慢时，表明临近终点，用洗瓶洗涤锥形瓶内壁，控制 NaOH 溶液一滴一滴地或半滴半滴地滴出。滴定至溶液呈微红色，且半分钟不褪色即为滴定终点，记下读数。又由酸式滴定管放入 1～2mL HCl，再用 NaOH 溶液滴定至终点，如此反复练习滴定、终点判断及读数若干次。

（3）以甲基橙作指示剂，用 HCl 溶液滴定 NaOH

从碱式滴定管中放出约 10mL NaOH 于锥形瓶中，加入 10mL 纯水，加入 1～2 滴甲基橙，在不断摇动下，用 HCl 溶液滴定至溶液由黄色恰呈橙色为滴定终点。再由碱式滴定管中放入 1～2mL NaOH，继续用 HCl 溶液滴定至终点，如此反复练习滴定、终点判断及读数若干次。

3. HCl 和 NaOH 溶液体积比 V_{HCl}/V_{NaOH} 的测定

从酸式滴定管以每分钟 10mL 的流速放出 20mL HCl 于锥形瓶中，加 1～2 滴酚酞，用 NaOH 溶液滴定至溶液呈微红色，且半分钟不褪色即为滴定终点，读取并准确记录 HCl 和 NaOH 的体积，平行测定 3 次。计算 V_{HCl}/V_{NaOH}，要求相对平均偏差不大于 0.3%。

体积比的测定也可以采用甲基橙作指示剂，以 HCl 溶液滴定 NaOH 溶液，平行测定 3 次。如果时间允许，这两个相互滴定均可进行，将所得结果进行比较，并讨论之。

五、数据记录及结果处理

项目	序号		
	I	II	III
V_{HCl} 终读数/mL			
V_{HCl} 初读数/mL			
V_{HCl}/mL			
V_{NaOH} 终读数/mL			
V_{NaOH} 初读数/mL			
V_{NaOH}/mL			
V_{HCl}/V_{NaOH}			
V_{HCl}/V_{NaOH} 的平均值			
$|d_i|$			
相对平均偏差 $\bar{d}$/%			

六、思考题

1. 进行滴定时，滴定管读数为什么应从"0.00"开始？

2. 滴定管有气泡存在时对滴定有何影响？应如何除去滴定管中的气泡？

3. 标准溶液装入滴定管之前，为什么要用该溶液润洗滴定管 2～3 次？而锥形瓶是否也需用该溶液润洗或烘干？为什么？

4. 滴定至临近终点时，加入半滴的操作是怎样进行的？

5. 配制酸碱标准溶液时，为什么用量筒量取 HCl，用台秤称取 NaOH（s），而不用吸量管和分析天平？

6. HCl 和 NaOH 溶液定量反应完后，生成 NaCl 和水，为什么用 HCl 滴定 NaOH 时，使用甲基橙指示剂，而用 NaOH 滴定 HCl 时，使用酚酞或其他合适的指示剂？

实验 3-3 容量仪器的校准

一、实验目的

1. 了解容量仪器校准的意义。
2. 学习滴定管、容量瓶的校准方法及移液管和容量瓶的相对校准方法。

二、实验原理

滴定管、移液管和容量瓶等玻璃仪器，其刻度和标示容量与实际值并不完全相符（存在允差等），因此，对于准确度要求较高的分析测试，有必要对所使用的容量仪器进行校准。

容量仪器的校准方法有称量法和相对校准法。称量法是指用分析天平称量被校容量仪器量入或量出的纯水质量 m，再根据纯水的密度 ρ 计算出被校容量仪器实际容量的方法。

各种容量仪器上标示的刻度和容量，一般为20℃时的数值。但在实际校准时，温度不一定是20℃，且容量仪器中纯水的质量是在空气中称量的。因此，用称量法校准时须考虑三种因素的影响，即空气浮力所致的称量质量的改变、纯水的密度随温度的变化和玻璃容器本身容积随温度的变化，并加以校正。由于玻璃的膨胀系数极小，在温度相差不太大时，其容量变化可以忽略。

表 3-1 给出了20℃时容量为1L的玻璃容量仪器在不同温度时所盛纯水的质量。据此可计算其他玻璃容量仪器的校正值。如某支 25mL 移液管在 25℃ 时放出的纯水质量为 24.921g，纯水的密度为 0.99617g·mL^{-1}，则该移液管在20℃时的实际容量为

$$V_{20} = 24.921g/(0.99617g \cdot mL^{-1}) = 25.02mL$$

这支移液管的校正值为 25.02mL－25.00mL＝＋0.02mL。

需要指出的是，校准不当和使用不当都会产生容量误差，其误差甚至可能超过允差或容量仪器本身的误差。因此，在校准时必须正确、仔细地进行操作。凡要使用校正值的，校准次数不应少于两次，且两次校正数据的偏差应不超过该容量仪器容量允许偏差的1/4，并取其平均值作为校正值。

表 3-1 20℃时容量为 1L 的玻璃容量仪器在不同温度时所盛纯水的质量（在空气中用黄铜砝码称量）

温度/℃	质量/g	温度/℃	质量/g	温度/℃	质量/g
10	998.39	19	997.34	28	995.44
11	998.33	20	997.18	29	995.18
12	998.24	21	997.00	30	994.91
13	998.15	22	996.80	31	994.64
14	998.04	23	996.60	32	994.34
15	997.92	24	996.38	33	994.06
16	997.78	25	996.17	34	993.75
17	997.64	26	995.93	35	993.45
18	997.51	27	995.69		

有时，只要求两种容量仪器之间有一定的比例关系，而无须知道它们各自的准确容量，这时可用相对校准法。对于经常配套使用的移液管和容量瓶，采用相对校准法更为合适。例

如，用 25mL 移液管移取纯水于干净且倒立晾干的 100mL 容量瓶中，重复操作 4 次后，观察瓶颈处纯水的弯月面下缘是否刚好与标度刻线上缘相切，若不相切，应重新做一记号为标度刻线，以后此移液管和容量瓶配套使用时就用校准的标度刻线。若想更全面、详细了解容量仪器的校准，可参考相关手册。

三、仪器和试剂

仪器：分析天平；滴定管（50.00mL）；容量瓶（100mL）；移液管（25.00mL）；锥形瓶（50mL，带磨口玻璃塞）。

四、实验步骤

1. 滴定管的校准

取一洗净、外表干燥且带磨口玻璃塞的锥形瓶，用分析天平称出空瓶质量，可只记录至 0.001g。再向已洗净的滴定管中加纯水，并将液面调至 0.00mL 刻度或稍低处，然后从滴定管中放出一定体积（如 10mL）的纯水于已称量的锥形瓶中，盖紧玻璃塞，称出其质量，两次质量之差即为放出纯水的质量。放水时滴定管滴嘴应与锥形瓶内壁接触，以便收集管尖余液，放完等待 1min 后再准确读数。用此法称量每次从滴定管中放出的约 5mL 或 10mL 纯水（记为 V_0）的质量，直到放至 50mL，用每次称得的纯水的质量除以实验水温时纯水的密度，即可得到滴定管各部分的实际容量 V_{20}。重复校准一次，两次相应区间纯水的质量相差应小于 0.02g，求出平均值，并计算校正值 $\Delta(V_{20}-V_0)$。

表 3-2 为 50mL 滴定管校正表，给出了在水温为 21℃时校准一支 50mL 滴定管的部分实验数据。最后一项为总校正值，等于前面几次校正值的代数和。校准时也可每次从滴定管的 0.00mL 刻度或稍低处开始分别放出不同体积（如 10mL，20mL，30mL）的纯水后称量，求得总校正值。

表 3-2　50mL 滴定管校正表（水温 21℃，纯水的密度为 0.99700g·mL^{-1}）

滴定管读数/mL	读数的体积/mL	$m_{瓶+纯水}$/g	$m_{纯水}$/g	V_{20}/mL	ΔV 校正值/mL	总校正值/mL
0.03		29.200(空瓶)				
10.13	10.10	39.280	10.080	10.12	+0.02	+0.02
20.10	9.97	49.190	9.910	9.95	-0.02	0.00
30.17	10.07	59.270	10.080	10.12	+0.05	+0.05
40.20	10.03	69.240	9.970	10.01	-0.02	+0.03
49.99	9.79	79.070	9.830	9.87	+0.08	+0.11

移液管和吸量管也可采用上述称量法进行校准。用称量法校准容量瓶时不必用锥形瓶称量，且称准至 0.01g 即可。

① 拿取锥形瓶时，可像拿取称量瓶那样用纸条（三层以上）套取。

② 锥形瓶磨口部位不要沾到水。

③ 测量实验水温时，须将温度计插入水中 5～10min 后再读数，读数时温度计球部仍应浸在水中。严格地说，必须使用分度值为 0.1℃的温度计。

2. 移液管和容量瓶的相对校准

用洗净的 25mL 移液管移取纯水于干净且倒立晾干的 100mL 容量瓶中，重复操作 4 次后，观察液面的弯月面下缘是否刚好与标度刻线上缘相切，若不相切，则用胶布在瓶颈上另做标记，在以后的实验中，若此移液管和容量瓶配套使用，则以新标记为准。

五、数据记录及结果处理

滴定管读数/mL	读数的体积/mL	$m_{瓶+纯水}$/g	$m_{纯水}$/g	V_{20}/mL	ΔV 校正值/mL	总校正值/mL

六、思考题

1. 校准滴定管时，锥形瓶和纯水的质量只需称准到 0.001g，为什么？

2. 容量瓶校准时为什么需要晾干？在用容量瓶配制标准溶液时是否也要晾干？

3. 在实际分析工作中如何应用滴定管的校正值？

4. 怎样用称量法校准移液管（单标度刻线吸量管）？

第四章

酸碱滴定实验

实验 4-1 氢氧化钠溶液浓度的标定及铵盐中氮含量的测定（甲醛法）

一、实验目的

1. 掌握 NaOH 标准溶液的配制、标定及保存要点。
2. 掌握酸碱滴定过程、突跃范围及指示剂的选择原理。
3. 了解弱酸强化的基本原理。
4. 掌握用甲醛法测定铵态氮的原理和方法。
5. 掌握定量转移操作的基本要点。

二、实验原理

NaOH 标准溶液是采用间接配制法配制的，因此必须用基准物质标定其准确浓度。标定 NaOH 常用的基准物质有邻苯二甲酸氢钾、草酸等。

1. 标定碱的基准物质

（1）邻苯二甲酸氢钾（$KHC_8H_4O_4$）

它易制得纯品，在空气中不吸水，容易保存，摩尔质量较大，是一种较好的基准物质，标定反应如下：

$$\begin{array}{c}\text{COOH}\\\text{COOK}\end{array} + NaOH = \begin{array}{c}\text{COONa}\\\text{COOK}\end{array} + H_2O$$

反应产物为二元弱碱，在水溶液中显微碱性，可选酚酞作指示剂。

邻苯二甲酸氢钾通常在 105~110℃下干燥 2h 后备用，干燥温度过高，则脱水成为邻苯二甲酸酐。

（2）草酸（$H_2C_2O_4 \cdot 2H_2O$）

它在相对湿度为 5%~95% 时不会风化失水，故将其保存在磨口玻璃瓶中即可。草酸固体状态比较稳定，但溶液状态的稳定性较差，空气能使 $H_2C_2O_4$ 慢慢氧化，光和 Mn^{2+} 能催化其氧化，因此草酸溶液应置于暗处存放。

草酸是二元酸，K_{a1} 和 K_{a2} 相差不大，不能分步滴定，但两级解离的 H^+ 一次被滴定。标定反应如下：

$$H_2C_2O_4 + 2NaOH = Na_2C_2O_4 + 2H_2O$$

反应产物为 $Na_2C_2O_4$，在水溶液中显碱性，可选用酚酞作指示剂。

2. 铵盐中氮含量的测定（甲醛法）

常见的铵盐如硫酸铵、氯化铵、硝酸铵是强酸弱碱盐，虽然 NH_4^+ 具有酸性，但由于 $K_a < 10^{-8}$，所以，不能直接用 NaOH 标准溶液准确滴定。生产和实验室中广泛采用甲醛法进行测定。将甲醛与一定量的铵盐作用，生成相当量的酸（H^+）和质子化的六亚甲基四胺盐（$(CH_2)_6N_4H^+$）（$K_a = 7.1 \times 10^{-6}$），其反应式为：

$$4NH_4^+ + 6HCHO \Longrightarrow (CH_2)_6N_4H^+ + 3H^+ + 6H_2O$$

生成的 H^+ 和质子化的六亚甲基四胺盐，均可被 NaOH 标准溶液准确滴定（弱酸 NH_4^+ 被强化）。

$$(CH_2)_6N_4H^+ + 3H^+ + 4OH^- \Longrightarrow (CH_2)_6N_4 + 4H_2O$$

化学计量点时，溶液呈弱碱性，可选用酚酞作指示剂，终点由无色变为微红色。

三、仪器和试剂

仪器：分析天平；台秤；碱式滴定管；锥形瓶；洗瓶；容量瓶；吸移管；洗耳球；烧杯；试剂瓶；称量瓶。

试剂：邻苯二甲酸氢钾（KHP）基准试剂或分析纯，在 105～110℃下干燥 2h 后，置于干燥器中备用；0.10mol·L⁻¹ NaOH 溶液；酚酞 2g·L⁻¹ 乙醇溶液；中性甲醛溶液（1：1），取市售 40% 甲醛的上层清液于烧杯中，用水稀释一倍，加入 1～2 滴酚酞指示剂，用 0.1mol·L⁻¹ NaOH 标准溶液滴定至溶液呈浅粉色，再用未中和的甲醛滴至刚好无色。

四、实验步骤

1. 0.1mol·L⁻¹ NaOH 溶液浓度的标定

准确称取邻苯二甲酸氢钾 0.4～0.6g 于 250mL 锥形瓶中，加 20～30mL 水，温热使之溶解，冷却后加入 1～2 滴酚酞，用 0.1mol·L⁻¹ NaOH 溶液滴定至溶液呈微红色，半分钟不褪色，即为滴定终点。平行标定三份，计算 NaOH 标准溶液的浓度，其相对平均偏差不大于 0.2%。

2. 铵盐中氮含量的测定

准确称取硝酸铵样品 2.0～3.0g（若是硫酸铵，称样量应先估算），放入 100mL 烧杯中，加 30mL 水溶解。将溶液定量转移至 250mL 容量瓶中，用水稀释至刻度线，摇匀。

用移液管吸取上述试液 25.00mL 至锥形瓶中，加 5mL 中性甲醛溶液，摇匀，放置 1min。在溶液中加 2 滴酚酞指示剂，用 0.1mol·L⁻¹ NaOH 标准溶液滴定至溶液呈浅粉色，30s 不褪色即为滴定终点，平行测定三次，计算试样中的含氮量 $[w(N)]$ 及相对平均偏差。

$$w(N) = \frac{(CV)_{NaOH} M_N / 1000}{m} \times 100\%$$

五、数据记录及结果处理

1. NaOH 溶液浓度的标定

项目	序号		
	I	II	III
$m[(KHC_8H_4O_4)+称量瓶]/g$			
$m(KHC_8H_4O_4)/g$			
所耗 $V(NaOH)/mL$			
$C(NaOH)/(mol \cdot L^{-1})$			
$\bar{C}(NaOH)/(mol \cdot L^{-1})$			
$|d_i|$			
相对平均偏差 $d_r/\%$			

2. 铵盐中氮含量的测定

项目	序号		
	I	II	III
$m[(NH_4NO_3)+称量瓶]/g$			
$m(NH_4NO_3)/g$			
所耗 $V(NaOH)/mL$			
$w(N)/\%$			
$\bar{w}(N)/\%$			
$|d_i|$			
相对平均偏差 $d_r/\%$			

六、注意事项

1. 滴定时每次要从零刻度开始，以消除滴定管刻度不均匀所产生的系统误差。

2. 若甲醛中含有游离酸（甲醛受空气氧化所致，应除去，否则产生正误差），应事先以酚酞为指示剂，用 NaOH 溶液中和至溶液呈微红色（pH≈8）。

3. 若试样中含有游离酸（应除去，否则产生正误差），应事先以甲基红为指示剂，用 NaOH 溶液中和至溶液呈黄色（pH≈6）（能否用酚酞指示剂?）。

七、思考题

1. 用邻苯二甲酸氢钾标定 NaOH 时，为什么选用酚酞作指示剂？用甲基橙或甲基红作指示剂是否可行？

2. 实验中称取 NH_4NO_3 试样质量为 2.0～3.0g，是如何确定的?

3. 铵盐中氮的测定为何不采用 NaOH 直接滴定法?

4. 为什么中和甲醛试剂中的甲酸以酚酞作指示剂；而中和铵盐试样中的游离酸则以甲基红作指示剂？

5. NH_4HCO_3 中含氮量的测定能否用甲醛法?

实验 4-2   盐酸溶液浓度的标定及混合碱中各组分含量的测定（双指示剂法）

一、实验目的

1. 掌握 HCl 标准溶液的配制、标定及保存要点。
2. 掌握酸碱滴定过程、突跃范围及指示剂的选择原理。
3. 掌握混合碱组分分析的步骤和确定的方法。
4. 掌握强酸测定混合碱的原理、方法和操作技术。

二、实验原理

HCl 标准溶液是采用间接配制法配制的，因此必须用基准物质标定其准确浓度。标定 HCl 常用的基准物质是无水碳酸钠和硼砂等。

1. 标定盐酸的基准物质

（1）无水碳酸钠（Na_2CO_3）

它易吸收空气中的水分，先将其置于 270～300℃ 干燥 1h，然后保存于干燥器中备用。其标定反应为：

$$Na_2CO_3 + 2HCl =\!=\!= 2NaCl + H_2O + CO_2$$

化学计量点时，H_2CO_3 为饱和溶液，pH 值为 3.9，以甲基橙作指示剂滴定至溶液呈橙色时为滴定终点，为使 H_2CO_3 的过饱和部分不断分解逸出，临近滴定终点时应将溶液剧烈摇动或加热。

（2）硼砂（$Na_2B_4O_7 \cdot 10H_2O$）

它易制得纯品，吸湿性小，摩尔质量大，但由于含有结晶水，当空气中的相对湿度小于 39% 时，有明显的风化而失水的现象，常保存在相对湿度为 60% 的恒温器（下置饱和的蔗糖和食盐溶液）中。其标定反应为：

$$Na_2B_4O_7 + 2HCl + 5H_2O =\!=\!= 2NaCl + 4H_3BO_3$$

产物为 H_3BO_3，其水溶液 pH 值约为 5.1，可用甲基红作指示剂。

2. 混合碱中各组分含量的测定

混合碱是指 NaOH 和 Na_2CO_3 或 Na_2CO_3 和 $NaHCO_3$ 等类似的混合物，可采用双指示剂法进行分析，并测定各组分的含量。

若混合碱是由 NaOH 和 Na_2CO_3 组成的，先以酚酞作指示剂，用 HCl 标准溶液滴定至溶液略带粉色，这时 NaOH 全部被滴定，而 Na_2CO_3 只被滴定到 $NaHCO_3$，此时为第一滴定终点，记下用去 HCl 溶液的体积 V_1，发生的反应如下：

酚酞变色时 $OH^- + H^+ =\!=\!= H_2O$

$$CO_3^{2-} + H^+ =\!=\!= HCO_3^-$$

然后加入甲基橙指示剂，用 HCl 继续滴定至溶液由黄色变为橙色，此时 $NaHCO_3$ 被滴定到 H_2CO_3，记下用去 HCl 溶液的体积 V_2，此时为第二滴定终点。显然 V_2 是滴定 $NaHCO_3$ 所消耗的 HCl 溶液体积，而 Na_2CO_3 被滴定到 $NaHCO_3$ 和 $NaHCO_3$ 被滴定到 H_2CO_3 所消耗的 HCl 体积是相等的。

甲基橙变色时 $\qquad HCO_3^- + H^+ \rightleftharpoons H_2CO_3(CO_2 + H_2O)$

由反应式可知：$V_1 > V_2$，且 Na_2CO_3 消耗标准溶液的体积为 $2V_2$，NaOH 消耗标准溶液的体积为 $V_1 - V_2$，据此可求得混合碱中 NaOH 和 Na_2CO_3 的含量（以质量浓度 $\rho/g \cdot L^{-1}$ 表示），可由下式计算。

$$\rho(NaOH)(g \cdot L^{-1}) = \frac{(V_1 - V_2)C(HCl)M(NaOH)}{V}$$

$$\rho(Na_2CO_3)(g \cdot L^{-1}) = \frac{2V_2 C(HCl)M(Na_2CO_3)}{2V}$$

若混合碱是 Na_2CO_3 和 $NaHCO_3$ 的混合物，以上述同样方法进行测定，则 $V_2 > V_1$，且 Na_2CO_3 消耗标准溶液的体积为 $2V_1$，$NaHCO_3$ 消耗 HCl 标准溶液的体积为 $V_2 - V_1$，据此可求得混合碱中 Na_2CO_3 和 $NaHCO_3$ 的含量（以质量浓度 $\rho/g \cdot L^{-1}$ 表示），可由下式计算。

$$\rho(Na_2CO_3)(g \cdot L^{-1}) = \frac{2V_1 C(HCl)M(Na_2CO_3)}{2V}$$

$$\rho(NaHCO_3)(g \cdot L^{-1}) = \frac{(V_2 - V_1)C(HCl)M(NaHCO_3)}{V}$$

由以上讨论可知，若混合碱是由未知试样组成的，则可根据 V_1 与 V_2 的数据，确定混合碱的组成，并计算出各组分的含量。

三、仪器和试剂

仪器：分析天平；台秤；酸式滴定管；移液管。

试剂：无水碳酸钠优级纯，在 270~300℃下干燥 1h 后，置于干燥器中备用；0.1mol·L⁻¹ HCl 溶液；酚酞 2g·L⁻¹ 乙醇溶液；甲基橙 1g·L⁻¹ 水溶液。

四、实验步骤

1. 0.1mol·L⁻¹ HCl 溶液浓度的标定

准确称取 0.10~0.12g 无水 Na_2CO_3（或准确称取 1.0~1.2g 无水 Na_2CO_3，溶解后，在容量瓶中配制成 250mL，用移液管移取 25mL）置于 250mL 锥形瓶中，用 20~30mL 水溶解后，加入 1~2 滴甲基橙，用 HCl 溶液滴定至溶液由黄色变为橙色，即为滴定终点。平行标定三份，计算 HCl 标准溶液的浓度，其相对平均偏差不得大于 0.3%。

2. 混合碱中各组分含量的测定

准确移取 25.00mL 试液于 250mL 锥形瓶中，加 2~3 滴酚酞指示剂，用 0.1mol·L⁻¹ HCl 标准溶液滴定至溶液由红色变为微红色，为第一滴定终点，记下用去 HCl 溶液的体积 V_1；再加入 2 滴甲基橙指示剂，继续用 HCl 标准溶液滴定至溶液由黄色恰变为橙色，为第二滴定终点，用去 HCl 溶液的体积为 V_2。重复测定 3 次，其相对偏差应在 0.5% 以内。

根据消耗 HCl 标准溶液的体积 V_1 与 V_2 的关系，确定混合碱的组成，并计算出各组分的含量。再根据消耗 HCl 标准溶液的总体积（$V_1 + V_2$）计算混合碱的总碱度（以 Na_2O 的含量表示），分别计算它们的精密度，其中总碱度的相对平均偏差不大于 0.3%。

五、数据记录及结果处理

1. HCl 溶液浓度的标定

项目	序号		
	I	II	III
$m[(Na_2CO_3)+称量瓶]/g$			
$m(Na_2CO_3)/g$			
所耗 $V(HCl)/mL$			
$C(HCl)/(mol \cdot L^{-1})$			
$\overline{C}(HCl)/(mol \cdot L^{-1})$			
$|d_i|$			
相对平均偏差 $d_r/\%$			

2. 混合碱各组分含量的测定

项目	序号		
	I	II	III
$C(HCl 标准溶液)/(mol \cdot L^{-1})$			
$V(混合碱)/mL$		25.00	
$V_1(HCl)/mL$			
$V_2(HCl)/mL$			
$\rho(NaOH)/(g \cdot L^{-1})$			
$\overline{\rho}(NaOH)/(g \cdot L^{-1})$			
$|d_i|$			
相对平均偏差 $d_r/\%$			
$\rho(Na_2CO_3)/(g \cdot L^{-1})$			
$\overline{\rho}(Na_2CO_3)/(g \cdot L^{-1})$			
$|d_i|$			
相对平均偏差 $d_r/\%$			
$\rho(Na_2O)/(g \cdot L^{-1})$			
$\overline{\rho}(Na_2O)/(g \cdot L^{-1})$			
$|d_i|$			
相对平均偏差 $d_r/\%$			

六、注意事项

1. 混合碱由 NaOH 和 Na_2CO_3 组成时，酚酞指示剂可适量多加几滴，否则常因滴定不完全而使 NaOH 的测定结果偏低，Na_2CO_3 的测定结果偏高。

2. 用酚酞作指示剂时，摇动要均匀，滴定要慢些，否则溶液中 HCl 局部过量，会与溶液中的 $NaHCO_3$ 发生反应，产生 CO_2，带来滴定误差。但滴定也不能太慢，以免溶液吸收空气中的 CO_2。

3. 用甲基橙作指示剂时，因 CO_2 易形成过饱和溶液，酸度增大，使滴定终点过早出现，所以在滴定接近终点时，应剧烈地摇动溶液或加热，以除去过量的 CO_2，待冷却后再滴定。

七、思考题

1. 标定 HCl 的两种基准物质 Na_2CO_3 和 $Na_2B_4O_7 \cdot 10H_2O$ 各有哪些优缺点？

2. 此实验中，第一个化学计量点时溶液的 pH 值如何计算？用酚酞作指示剂变色不敏锐，为避免这个问题，还可选用什么指示剂？

3. 测定混合碱（可能有 NaOH、Na_2CO_3、$NaHCO_3$），判断下列情况下，混合碱中存在的成分是什么。

(1) $V_1 = 0$，$V_2 \neq 0$；(2) $V_2 = 0$，$V_1 \neq 0$；(3) $V_2 \neq 0$，$V_1 > V_2$；(4) $V_1 \neq 0$，$V_1 < V_2$；(5) $V_1 = V_2 \neq 0$。

4. $NaHCO_3$ 溶液的 pH 值与其浓度有无关系？

5. 此实验滴定到第二个滴定终点时应注意什么问题？

实验 4-3 工业纯碱总碱度的测定

一、实验目的

1. 掌握用硼砂标定 HCl 溶液的原理和方法。
2. 掌握强酸滴定二元弱碱的滴定过程、突跃范围及指示剂的选择。
3. 掌握定量转移操作的基本要点。

二、实验原理

工业纯碱的主要成分为碳酸钠，商品名为苏打，其中可能还含有少量 NaCl、Na_2SO_4、NaOH 及 $NaHCO_3$ 等成分。常以 HCl 标准溶液为滴定剂测定总碱度，来衡量产品的质量。滴定反应如下：

$$Na_2CO_3 + 2HCl = 2NaCl + H_2CO_3$$
$$H_2CO_3 = CO_2 \uparrow + H_2O$$

反应产物 H_2CO_3 易形成过饱和溶液并分解为 CO_2 逸出。化学计量点时溶液 $pH = 3.8 \sim 3.9$，可选用甲基橙作为指示剂，用 HCl 标准溶液滴定，溶液由黄色转变为橙色即为滴定终点。试样中 $NaHCO_3$ 同时被中和。

由于试样易吸收水分和 CO_2，所以应在 $270\sim300℃$ 将试样烘干 2h，以除去吸附水并使 $NaHCO_3$ 全部转化为 Na_2CO_3。工业纯碱的总碱度通常以 $w(Na_2CO_3)$ 或 $w(Na_2O)$ 表示，由于试样的均匀性较差，应称取较多试样，使其更具有代表性，测定的允许误差可适当放宽一点。

三、仪器和试剂

仪器：酸式滴定管；容量瓶；移液管；洗耳球；分析天平；称量瓶。

试剂：$0.1mol \cdot L^{-1}$ HCl 溶液；无水 Na_2CO_3 优级纯，在 $270\sim300℃$ 下干燥 1h 后，置于干燥器中备用；硼砂（$Na_2B_4O_7 \cdot 10H_2O$）基准试剂，应在置有 NaCl 和蔗糖的饱和溶液的干燥器内保存，以使相对湿度为 60%，防止结晶水失去；甲基橙 $1g \cdot L^{-1}$ 水溶液；甲基红 $2g \cdot L^{-1}$ 60%的乙醇溶液；甲基红-溴甲酚绿混合指示剂：将 $2g \cdot L^{-1}$ 甲基红的乙醇溶液与 $1g \cdot L^{-1}$ 溴甲酚绿的乙醇溶液以 1+3 体积相混合。

四、实验步骤

1. $0.1mol \cdot L^{-1}$ HCl 溶液的标定

（1）用无水 Na_2CO_3 基准物质标定

用称量瓶准确称取 $0.15\sim0.20g$ 无水 Na_2CO_3 3 份，分别倒入 250mL 锥形瓶中。称量瓶称样时一定要带盖，以免吸湿。然后加入 $20\sim30mL$ 水使之溶解，再加入 $1\sim2$ 滴甲基橙指示剂，用待标定的 HCl 溶液滴定至溶液的黄色恰变为橙色即为滴定终点，计算 HCl 溶液的浓度。

（2）用硼砂 $Na_2B_4O_7 \cdot 10H_2O$ 标定

准确称取硼砂 $0.4\sim0.6g$ 3 份，分别倒入 250mL 锥形瓶中，加水 50mL 使之溶解，加入 2 滴甲基红指示剂，用待标定的 HCl 溶液滴定至溶液由黄色恰变为浅红色即为滴定终点。根据硼砂的质量和滴定时所消耗的 HCl 溶液的体积，计算 HCl 溶液的浓度。

2. 总碱度的测定

准确称取试样约 2g 倒入烧杯中，加少量水使其溶解，必要时可稍加热促进溶解。冷却后，将溶液定量转入 250mL 容量瓶中，加水稀释至刻度，充分摇匀。平行移取试液 25.00mL 三份于锥形瓶中，加入 $1\sim2$ 滴甲基橙指示剂，用 HCl 标准溶液滴定，溶液由黄色恰好变为橙色即为滴定终点。计算试样中 Na_2O 的含量，即为总碱度，测定的相对平均偏差应在 0.5% 以内。

五、数据记录及结果处理

项目	序号		
	I	II	III
$m[(Na_2B_4O_7 \cdot 10H_2O)+称量瓶]/g$			
$m(Na_2B_4O_7 \cdot 10H_2O)/g$			
所耗 $V(HCl)/mL$			
$C(HCl)/(mol \cdot L^{-1})$			
$\bar{C}(HCl)/(mol \cdot L^{-1})$			
$|d_i|$			

续表

项目	序号		
	I	II	III
相对平均偏差d_r/%			
m[(工业纯碱试样)＋称量瓶]/g			
m(工业纯碱试样)/g			
所耗 V(HCl)/mL			
w(Na$_2$O)/%			
$\bar{w}$(Na$_2$O)/%			
$\lvert d_i \rvert$			
相对平均偏差d_r/%			

六、思考题

1. 由 HCl 标准溶液滴定碳酸钠溶液时，有几个化学计量点？根据碳酸的 K_{a1}、K_{a2} 值，计算各化学计量点时溶液的 pH 值。

2. 无水 Na$_2$CO$_3$ 保存不当，吸收了 1% 的水分，用此基准物质标定 HCl 溶液的浓度时，对其结果产生何种影响？

3. 甲基橙、甲基红及甲基红-溴甲酚绿混合指示剂的变色范围各为多少？混合指示剂的优点是什么？

4. 标定 HCl 的两种基准物质 Na$_2$CO$_3$ 和 Na$_2$B$_4$O$_7 \cdot 10$H$_2$O 各有哪些优缺点？

 实验 4-4　有机酸摩尔质量的测定

一、实验目的

1. 掌握用滴定分析法测定有机酸摩尔质量的原理和方法。
2. 巩固用误差理论来处理分析结果的理论知识。

二、实验原理

当多元有机弱酸的逐级解离常数均符合准确滴定的要求，即 $CK_{ai} > 10^{-8}$ 时，可用 NaOH 标准溶液准确滴定。反应式为：

$$n\text{NaOH} + \text{H}_n\text{A} = \text{Na}_n\text{A} + n\text{H}_2\text{O}$$

化学计量点时，溶液呈弱碱性，可选用酚酞作指示剂。溶液由无色变为微红色，30s 内不褪即为滴定终点。

根据下述公式计算其摩尔质量：

$$M(\text{H}_n\text{A}) = \frac{m(\text{H}_n\text{A})n \times 10^3}{C(\text{NaOH})V(\text{NaOH})}$$

三、仪器和试剂

仪器：碱式滴定管；锥形瓶；容量瓶；移液管；分析天平；称量瓶。

试剂：$0.1mol \cdot L^{-1}$ NaOH 溶液（同实验 4-1）；酚酞 $2g \cdot L^{-1}$ 乙醇溶液；有机酸（草酸）试样。

四、实验步骤

用指定质量称量法，准确称取草酸试样 0.5000g 于小烧杯中，用适量蒸馏水溶解，定量转移至 100mL 容量瓶中，用水稀释至刻度线，摇匀。用移液管移取试液 25mL 于锥形瓶中，加 2 滴酚酞指示剂，用 $0.1mol \cdot L^{-1}$ 的 NaOH 标准溶液滴定至溶液由无色变为微红色，半分钟不褪色，即为滴定终点。记录滴定所消耗的 NaOH 溶液的体积，平行做 3 次，计算草酸的摩尔质量和测定结果的相对偏差。

五、数据记录及结果处理

项目	序号		
	I	II	III
$m[(KHC_8H_4O_4)+称量瓶]/g$			
$m(KHC_8H_4O_4)/g$			
所耗 $V(NaOH)/mL$			
$C(NaOH)/(mol \cdot L^{-1})$			
$\bar{C}(NaOH)/(mol \cdot L^{-1})$			
$|d_i|$			
相对平均偏差 $d_r/\%$			
$m(有机酸)/g$			
所耗 $V(NaOH)/mL$			
$M(H_2A)$			
$\bar{M}(H_2A)$			
$|d_i|$			
相对平均偏差 $d_r/\%$			

六、注意事项

测定时，n 须为已知量。

七、思考题

用 NaOH 滴定有机酸时，能否用甲基橙作指示剂？为什么？

 ## 实验 4-5　食醋中醋酸含量的测定

一、实验目的

1. 了解基准物质邻苯二甲酸氢钾（$KHC_8H_4O_4$）的性质及其应用。
2. 掌握 NaOH 标准溶液的配制、标定及保存要点。

3. 掌握强碱滴定弱酸的滴定过程、突跃范围及指示剂的选择原理。

二、实验原理

食醋中的主要成分是醋酸（CH_3COOH，$K_a=1.76\times10^{-5}$），同时还有少量乳酸等有机弱酸。凡是 $CK_a>10^{-8}$ 的一元弱酸，均可被强碱准确滴定。用 NaOH 溶液滴定时，实际测出的是总酸量，即食醋中所有酸性成分的总量，它包括未离解的酸和已离解的酸，而分析结果通常用含量最多的醋酸来表示，它们与 NaOH 溶液的反应为：

$$CH_3COOH+NaOH =\!\!=\!\!= CH_3COONa+H_2O$$
$$H_nA(\text{有机酸})+n NaOH =\!\!=\!\!= Na_nA+nH_2O$$

化学计量点时反应产物是 CH_3COONa，是一种强碱弱酸盐，其溶液 pH 值在 8.7 左右，酚酞的颜色变化范围是 pH=8~10，滴定终点时溶液的 pH 值正处于其范围内，因此采用酚酞作指示剂。实际测出的是总酸量，表示为：

$$\rho(HAc)(g\cdot L^{-1})=\frac{C(NaOH)V(NaOH)M(HAc)}{V(HAc)}\times\text{稀释倍数}$$

三、仪器和试剂

仪器：碱式滴定管；移液管；容量瓶；锥形瓶。

试剂：$0.1mol\cdot L^{-1}$ NaOH 溶液（同实验 4-1）；酚酞 $2g\cdot L^{-1}$ 乙醇溶液。

四、实验步骤

用 25.00mL 移液管吸取食用醋试液一份，置于 250mL 容量瓶中，用水稀释至刻度线，摇匀。用移液管吸取 25.00mL 稀释后的试液，置于 250mL 锥形瓶中，加入 $2g\cdot L^{-1}$ 酚酞指示剂 1~2 滴，用 NaOH 标准溶液滴定，直到加入半滴 NaOH 标准溶液使试液呈现微红色，并保持半分钟内不褪色即为滴定终点。重复操作，测定另两份试样，记录滴定前后滴定管中 NaOH 溶液的体积。测定结果的相对平均偏差应小于 0.2%，根据测定结果计算试样中醋酸的含量，以 $g\cdot L^{-1}$ 表示。

五、数据记录及结果处理

项目	序号		
	I	II	III
$V_{\text{食醋}}$/mL			
$C(NaOH)/(mol\cdot L^{-1})$			
$V(NaOH)$/mL			
$C(HAc)/(g\cdot L^{-1})$			
$\bar{C}(HAc)/(g\cdot L^{-1})$			
$|d_i|$			
相对平均偏差 d_r/%			

六、注意事项

食用醋中约含 3%~5% 的醋酸，可适当稀释后再进行滴定。白醋可以直接滴定。一般的食醋由于颜色较深,可用中性活性炭脱色后再进行滴定。

七、思考题

1. 标定的 NaOH 标准溶液在保存时若吸收了空气中的 CO_2,以它测定食醋中醋酸的含量时,用酚酞作为指示剂,对测定结果有何影响?

2. 盛放 $KMnO_4$ 溶液的烧杯或锥形瓶等容器放置较久后,其壁上常有棕色沉淀物,是什么?此棕色沉淀物用通常方法不容易洗净,应怎样洗涤才能除去此沉淀物?

 实验 4-6 滴定分析综合实验——酸碱滴定法测定食品中的总酸度

一、实验目的

1. 了解食品中总酸度测定的意义。
2. 掌握用酸碱滴定法测定食品中总酸度的原理和方法。

二、实验原理

食品中的酸主要是溶于水的一些有机酸和无机酸。食品中酸的量用酸度表示,酸度又分为总酸度(滴定酸度)和有效酸度(pH)。总酸度是指食品中所有酸性物质的总量,包括已离解的酸的浓度和未离解的酸的浓度。有效酸度是指食品中呈游离状态的氢离子的浓度(严格来说应该是活度),用 pH 表示。

食品中的酒石酸、苹果酸、柠檬酸、草酸、乙酸等有机酸的电离常数 K_a 均大于 10^{-8},用标准强碱溶液滴定时,可被中和成盐类:

$$RCOOH + NaOH \Longrightarrow RCOONa + H_2O$$

用酚酞作指示剂,滴定至溶液呈淡红色(pH=8.2)且 30s 不褪色为滴定终点。根据所消耗的标准碱溶液的体积,即可计算出样品中总酸的含量。

样品总酸度以某种酸的质量分数表示:

$$固体样品总酸度\ w(\%) = \frac{CVK \times 250}{m \times 50} \times 100\%$$

式中,C 为氢氧化钠标准溶液的浓度,mol·L^{-1};V 为氢氧化钠标准溶液的用量,mL;m 为样品质量,g;K 为换算为适当酸的系数(苹果酸 0.067,乙酸 0.060,酒石酸 0.075,乳酸 0.090,含 2 分子的柠檬酸 0.070)。

$$液体样品总酸度\ w(g/100mL) = \frac{CVK}{V_{样}} \times 100$$

式中,C 为氢氧化钠标准溶液的浓度,mol·L^{-1};V 为氢氧化钠标准溶液的用量,mL;$V_{样}$ 为样品体积,mL;K 为换算为适当酸的系数。

三、仪器和试剂

仪器：数字酸度计；磁力搅拌器；酸式、碱式滴定管；锥形瓶；移液管；量筒；烧杯；容量瓶；胶头滴管；研钵；铁架台；电子天平；玻璃棒；滤纸；水浴锅等。

试剂：$0.10 \text{mol} \cdot \text{L}^{-1}$ NaOH 标准溶液（每次使用前均需标定）；$2\text{g} \cdot \text{L}^{-1}$ 酚酞指示剂溶液；pH＝4.00 和 pH＝9.23 标准缓冲溶液；各种水果、蔬菜等食品样品。

四、实验步骤

1. 样品处理

固体样品：如果蔬原料及其制品，需去皮、去柄、去核，捣碎均匀后备用。

液体样品：如牛乳、果汁等，需经正确采样，混合均匀后备用。

2. 试样测定

（1）指示剂滴定法

固体样品：准确称取捣碎均匀的样品 10～20g（根据含酸量而增减）于小烧杯中，用水转移至 250mL 容量瓶中，充分振摇后加水至刻度线，摇匀，用干燥滤纸过滤。用移液管移取滤液 50mL 于锥形瓶中，加酚酞指示剂 2～3 滴，用 $0.10 \text{mol} \cdot \text{L}^{-1}$ NaOH 标准溶液滴定至溶液呈淡红色且 30s 不褪色为滴定终点。

液体样品：准确移取样品溶液 2.0mL 于 250mL 锥形瓶中，加水 50mL，然后加酚酞指示剂 2～3 滴，其余步骤同固体样品。

（2）电位滴定法

酸度计的校正：用 pH＝4.00 的标准缓冲溶液和 pH＝9.23、pH＝9.18 的标准缓冲溶液反复调节校正旋钮和斜率旋钮至两 pH 值相符。

用移液管移取 50mL 样品浸出液放入适当大小的烧杯中，并将烧杯置于磁力搅拌器上，放入搅拌子，插入玻璃电极和饱和甘汞电极，在不断搅拌下用 $0.10 \text{mol} \cdot \text{L}^{-1}$ NaOH 标准溶液迅速滴定至 pH＝6，而后减慢滴定速度。当 pH 值接近 7 时，每次加入 $0.1～0.2\text{mL}$ NaOH 标准溶液，继续滴定至 pH＝8.2，记录所消耗的 NaOH 标准溶液的体积。再重复滴定，取多次体积的平均值。

五、数据记录及结果处理

1. 固体样品总酸度的测定

项目	序号		
	I	II	III
m（固体样品）/g			
所耗 V(NaOH)/mL			
$w/\%$			
$\bar{w}$（固体样品总酸度）/%			
$\lvert d_i \rvert$			
相对平均偏差 $d_r/\%$			

2. 液体样品总酸度的测定

项目	序号		
	I	II	III
m（液体样品）/mL			
所耗 $V(NaOH)$/mL			
w/(g·100mL^{-1})			
$\bar{w}$（液体样品总酸度）/(g·100mL^{-1})			
$\|d_i\|$			
相对平均偏差 d_r/%			

六、注意事项

1. 如果样品的颜色过深，滴定终点颜色变化不明显，可加入等量蒸馏水稀释再测定，也可以用活性炭脱色或用酸度计指示滴定终点。

2. 一般葡萄的总酸度用酒石酸表示，柑橘用柠檬酸表示，核仁、核果及浆果类用苹果酸表示，牛乳用乳酸表示。

七、思考题

对于颜色过深的样品，如何进行预处理？

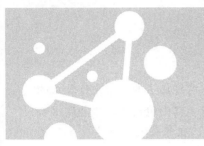

第五章

配位滴定分析实验

实验 5-1　水硬度的测定

一、实验目的

1. 掌握配位滴定法基本原理，学会 EDTA 标准溶液的配制和标定。
2. 了解水硬度的概念，测定水硬度的意义，以及水硬度的表示方法。
3. 理解 EDTA 测定水中钙、镁含量的原理和方法，包括酸度控制和指示剂的选择。

二、实验原理

1. EDTA 溶液浓度的标定

乙二胺四乙酸（简称 EDTA，常用 H_4Y 表示）难溶于水，常温下其溶解度为 $0.2g \cdot L^{-1}$，在分析中不适用，通常使用其二钠盐配制标准溶液。乙二胺四乙酸二钠盐的溶解度为 $120g \cdot L^{-1}$，可配制成浓度 $0.3mol \cdot L^{-1}$ 以上的溶液，其水溶液 pH＝4.8。市售 EDTA 二钠盐中含有 EDTA 酸和水分，再加上实验用水和其他试剂中也常含有金属离子，因此其标准溶液通常采用间接法配制。通常先将其配制成接近所需浓度的溶液，然后用基准物质进行标定。

标定 EDTA 溶液常用的基准物质有 Zn、Bi、Cu、Ni、Pb、ZnO、$CaCO_3$、$MgSO_4 \cdot 7H_2O$ 等。标定 EDTA 时，应根据测定的对象不同，选择不同的基准物质来标定 EDTA 溶液的浓度，应尽可能选择与被测组分相同的基准物质，使标定和测定时的条件一致，减小测定误差。

EDTA 溶液若用于测定石灰石或白云石中 CaO、MgO 的含量，则宜用 $CaCO_3$ 作为基准物。首先可加 HCl 溶液与之作用，其反应式如下：

$$CaCO_3 + 2HCl \Longrightarrow CaCl_2 + H_2O + CO_2 \uparrow$$

然后把溶液转移到容量瓶中并加蒸馏水稀释至刻度线，制成钙标准溶液。吸取一定量的钙标准溶液，调节酸度至 pH≥12，用钙指示剂作指示剂，用 EDTA 溶液滴定至溶液从酒红色变为蓝色，即为滴定终点，其变色原理如下：

滴定前：　　　In（蓝色）＋Ca^{2+} ＝＝＝Ca^{2+}-In（酒红色）

滴定中：　　　H_2Y^{2-}＋Ca^{2+} ＝＝＝CaY^{2-}＋$2H^+$

滴定终点时：H_2Y^{2-}＋Ca^{2+}-In（酒红色）＝＝＝CaY^{2-}＋In（蓝色）＋$2H^+$

所以，当在钙标准溶液中加入钙指示剂后，溶液呈酒红色，当用 EDTA 溶液滴定时，由于 EDTA 与 Ca^{2+} 形成的配离子更稳定，因此在滴定终点附近，Ca^{2+}-In 配离子不断转化为较稳定的 CaY^{2-} 配离子，而钙指示剂则被游离了出来，由于 CaY^{2-} 无色，所以到达滴定终点时溶液由酒红色变成蓝色。

2. 水的硬度测定

由于钙、镁离子是天然水中的主要离子，因此一般以水中这两种离子的含量来计算水的硬度。所谓水的总硬度是指单位体积水样中钙、镁离子的总含量，其中包括碳酸盐硬度（暂时硬度，即通过加热后能以碳酸盐形式沉淀下来的钙、镁离子）和非碳酸盐硬度（永久硬度，即加热后不能沉淀下来的那部分钙、镁离子）。硬度是衡量水质的一项重要指标，按照阳离子的不同还可以分为钙硬度和镁硬度，即分别指单位体积水样中钙、镁离子的含量。水的硬度是水质的一项重要指标，测定水的硬度有很重要的意义。

在国际和国内有关部门测定水的总硬度的行业标准中，指定方法是以铬黑 T 为指示剂的络合滴定法，并将水中钙、镁离子的总量折算成 $CaCO_3$ 的含量来表示总硬度，单位是 $mg \cdot L^{-1}$。这一方法适用于生活饮用水、工业锅炉用水、冷却水、地下水和未被严重污染的地表水。例如，我国《生活饮用水卫生标准》（GB 5749—2022）中规定水硬度不得超过 $450mg \cdot L^{-1}$。

测定水的总硬度就是测定水中 Ca^{2+}、Mg^{2+} 的总含量。用 EDTA 配位滴定法测定水的总硬度，测定时，用缓冲溶液调节溶液的 pH 值为 10。以铬黑 T（EBT）为指示剂，用 EDTA 标准溶液直接滴定水中 Ca^{2+}、Mg^{2+} 至溶液由紫红色转变为蓝色，其反应式为：

滴定前： EBT（蓝色）＋Me（Ca^{2+}、Mg^{2+}）=== Me-EBT（紫红色）

滴定中： $H_2Y^{2-}+Ca^{2+}$=== $CaY^{2-}+2H^+$

$H_2Y^{2-}+Mg^{2+}$=== $MgY^{2-}+2H^+$

滴定终点时： $H_2Y^{2-}+Mg^{2+}$-EBT（紫红色）=== $MgY^{2-}+$ EBT（蓝色）$+2H^+$

在滴定水中的 Ca^{2+}、Mg^{2+} 总含量时，由于铬黑 T 与 Mg^{2+} 形成的络合物较其与 Ca^{2+} 形成的络合物更为稳定，因此，当水样中 Mg^{2+} 的含量很小时，指示剂在滴定终点的变色就很不敏锐。为了解决这一问题，可在水样中加入少量 MgY^{2-} 溶液，以提高滴定终点颜色变化的灵敏度。

本方法的主要干扰离子有 Fe^{3+}、Al^{3+}、Mn^{2+}、Cu^{2+}、Pb^{2+} 和 Zn^{2+} 等。水样中，包括络合滴定所用的水和试剂中如有上述金属离子存在时，将会影响对滴定终点的观察，甚至使滴定不能进行。此时可用三乙醇胺掩蔽 Fe^{3+} 和 Al^{3+}；用 Na_2S、KCN 掩蔽 Cu^{2+}、Pb^{2+}、Zn^{2+} 等；Mn^{2+} 的干扰可用盐酸羟胺消除，同时对蒸馏水进行精制。

如需分别测定水的钙硬度和镁硬度，在测定水中钙硬度时，另取等量水样，加入 NaOH 调节溶液 pH 值为 12~13，使 Mg^{2+} 生成 $Mg(OH)_2$ 沉淀，加入钙指示剂，用 EDTA 溶液滴定至溶液由酒红色转变为蓝色，测定水中 Ca^{2+} 的含量，已知 Ca^{2+}、Mg^{2+} 总含量及 Ca^{2+} 的含量，即可计算出水中 Mg^{2+} 的含量。

三、仪器和试剂

仪器：酸式滴定管；移液管；容量瓶；锥形瓶；烧杯；表面皿；玻璃棒；电子天平；托盘天平；称量瓶。

试剂：乙二胺四乙酸二钠（$Na_2H_2Y \cdot 2H_2O$）；$CaCO_3$ 基准物；ZnO 基准物；$6mol \cdot L^{-1}$ HCl 溶液；1:1 氨水；镁溶液（溶解 1g $MgSO_4 \cdot 7H_2O$ 于水中，稀释至 200mL）；$40g \cdot L^{-1}$

NaOH 溶液；钙指示剂（固体指示剂，1g 钙指示剂＋100g NaCl 混合磨匀）；2g·L^{-1} 二甲酚橙溶液；200g·L^{-1} 六亚甲基四胺溶液；NH$_3$-NH$_4$Cl 缓冲溶液（pH≈10，称取 20g NH$_4$Cl 加少量水溶解，再加 100mL 浓氨水，用水稀释至 1L）；铬黑 T 指示剂（先将 100g NaCl 在 105～106℃下烘干，磨细后加入 1g 铬黑 T 指示剂，再研磨混合均匀，保存在棕色广口瓶中备用）；1∶2 三乙醇胺溶液。

四、实验步骤

1. 配制 500mL 0.01mol·L^{-1}EDTA 溶液

在台秤上称取乙二胺四乙酸二钠 2.0g 左右于 250mL 烧杯中，加蒸馏水 100mL 左右微热使其完全溶解后，冷却，转入试剂瓶（如需保存，则用聚乙烯瓶）中，加蒸馏水稀释至 500mL，摇匀，贴上标签。

2. 以 CaCO$_3$ 为基准物标定 EDTA 溶液

（1）配制 250.0mL 0.01mol·L^{-1} 钙标准溶液

置 CaCO$_3$ 基准物于称量瓶中，在 110℃干燥 2h，冷却后，准确称取 0.2～0.25g CaCO$_3$ 于 100mL 烧杯中，加少量蒸馏水润湿 CaCO$_3$，盖上表面皿，从杯嘴处往烧杯中逐滴加入 5mL 6mol·L^{-1}HCl 溶液，使 CaCO$_3$ 全部溶解。用蒸馏水冲洗表面皿和烧杯内壁，洗涤液应全部流入烧杯内，不得损失。然后，按定量转移溶液的方法操作，将钙溶液全部转入 250mL 容量瓶中，加蒸馏水稀释至刻度线，摇匀，做上记号，计算钙标准溶液的准确浓度。

（2）标定 EDTA 溶液的浓度

用移液管准确移取 25.00mL 钙标准溶液于 250mL 锥形瓶中，加入 5mL 40g·L^{-1} NaOH 溶液及适量钙指示剂，摇匀后，用待标定的 EDTA 溶液滴定至溶液从酒红色变为蓝色，即为滴定终点。平行测定 3 次，计算 EDTA 的准确浓度。

3. 水的总硬度的测定

用移液管移取 100.00mL 自来水水样于 250mL 锥形瓶中，加入 5mL NH$_3$·H$_2$O-NH$_4$Cl 缓冲溶液和适量的铬黑 T 指示剂，摇匀，此时溶液呈紫红色，用 EDTA 标准溶液滴定至溶液由紫红色变为纯蓝色为滴定终点，记录所耗 EDTA 的体积为 V_1(mL)。平行测定 3 次，计算水的总硬度。计算式为：

$$\rho(CaO)(mg·L^{-1})=\frac{C(EDTA)V_1M(CaO)}{V(H_2O)}\times1000$$

4. 钙硬度的测定

用移液管移取 100.00mL 自来水于 250mL 锥形瓶中，加入 40g·L^{-1} 的 NaOH 溶液 5mL，再加适量钙指示剂，摇匀。用 EDTA 标准溶液滴定至溶液由酒红色变为蓝色，记录所耗 EDTA 的体积为 V_2（mL）。平行测定 3 次，按下式分别计算水中 Ca^{2+}、Mg^{2+} 的含量。

$$\rho(Ca)(mg·L^{-1})=\frac{C(EDTA)V_2M(Ca)}{V(H_2O)}\times1000$$

$$\rho(Mg)(mg·L^{-1})=\frac{C(EDTA)(V_1-V_2)M(Mg)}{V(H_2O)}\times1000$$

五、数据记录及结果处理

1. EDTA 溶液的标定

项目	序号		
	I	II	III
$m(CaCO_3)/g$			
$C(Ca^{2+})/(mol \cdot L^{-1})$			
$V(Ca^{2+})/mL$		25.00	
$V(EDTA)/mL$			
$C(EDTA)/(mol \cdot L^{-1})$			
$\bar{C}(EDTA)/(mol \cdot L^{-1})$			
$|d_i|$			
相对平均偏差 $d_r/\%$			

2. 硬度的测定

项目	序号		
	I	II	III
$C(EDTA)/(mol \cdot L^{-1})$			
$V(水样)/mL$			
$V_1(EDTA)/mL$			
水总硬度/$(mg \cdot L^{-1})$			
水总硬度平均值/$(mg \cdot L^{-1})$			
$|d_i|$			
相对平均偏差 $d_r/\%$			
$V_2(EDTA)/mL$			
钙硬度/$(mg \cdot L^{-1})$			
钙硬度平均值/$(mg \cdot L^{-1})$			
$|d_i|$			
相对平均偏差 $d_r/\%$			
镁硬度平均值/$(mg \cdot L^{-1})$			

六、思考题

1. EDTA 标准溶液为什么选用乙二胺四乙酸二钠盐，而不用乙二胺四乙酸进行配制？

2. 用 HCl 溶解 $CaCO_3$ 时，应注意什么？

3. 用 EDTA 法测定水的硬度时，哪些离子的存在会有干扰？如何消除？

4. 本实验中最好采用哪种基准物质来标定 EDTA 溶液？为什么？

5. 测定水的总硬度时，为什么要加入氨性缓冲溶液将试液的 pH 值控制在 10 左右？

6. 用基准碳酸钙标定 EDTA 溶液的浓度和测定水样中的钙含量时，为什么溶液的 pH 值应调至 12～13？

7. 本实验中移液管是否要用去离子水润洗？锥形瓶是否要用去离子水润洗？

实验 5-2 铅、铋混合液中铅、铋含量的连续测定

一、实验目的

1. 掌握控制溶液酸度进行多种离子连续配位滴定的原理和方法。
2. 了解二甲酚橙指示剂的性质及在混合液中应用的 pH 值范围以及它在滴定终点时的变色情况。

二、实验原理

1. 用 ZnO 标定 EDTA 溶液

EDTA 若用于测定 Pb^{2+}、Bi^{3+}，则宜以 ZnO 或金属锌为基准物，以二甲酚橙为指示剂。在 pH＝5～6 的溶液中，二甲酚橙为指示剂本身显黄色，与 Zn^{2+} 形成的配合物呈紫红色。EDTA 与 Zn^{2+} 形成更稳定的配合物，因此用 EDTA 溶液滴定至近终点时，二甲酚橙被游离出来，溶液由紫红色变成黄色。pH＝5～6 时，其变色原理为，

滴定前：　　　　$Zn^{2+} + In^{3-} \Longrightarrow ZnIn^-$（紫红色）

滴定中：　　　　$Zn^{2+} + Y^{2-} \Longrightarrow ZnY$

滴定终点时：$Y^{2-} + ZnIn^-$（紫红色）$\Longrightarrow ZnY + In^{3-}$（黄色）

2. Bi^{3+}、Pb^{2+} 含量的测定

Bi^{3+}、Pb^{2+} 均能与 EDTA 形成稳定的 1∶1 配合物，它们的绝对形成常数（$\lg K$）有很大差别（$\lg K_{BiY} = 27.94$，$\lg K_{PbY} = 18.04$），符合混合离子分步滴定的条件（当 $C_M = C_N$，$\Delta pM = \pm 0.2$，欲使 $|E_t| \leqslant 0.1\%$，则需 $\Delta \lg K \geqslant 6$）。因此，可利用 EDTA 的酸效应，通过控制不同的滴定酸度在同一份试液中先后对 Bi^{3+}、Pb^{2+} 进行连续滴定，采用二甲酚橙作为指示剂，在 pH 值为 1 左右时可滴定 Bi^{3+}，在 pH 值为 5～6 时可滴定 Pb^{2+}。

二甲酚橙与 Bi^{3+}、Pb^{2+} 都可以生成紫红色的配合物，但前者生成的配合物更为稳定。首先在 pH＝1 的 HNO_3 介质中，以二甲酚橙作为指示剂，用 EDTA 标准溶液滴定 Bi^{3+} 含量，当溶液由紫红色经红色、橙色变成黄色（此颜色较后一个滴定终点时的亮黄色略深）为第一个滴定终点（即为滴定 Bi^{3+} 的终点）。因为在此 pH 条件下，Pb^{2+} 不与二甲酚橙显色，而无干扰。在滴定完 Bi^{3+} 后的溶液中，加入六亚甲基四胺溶液调节溶液的 pH 值为 5～6，此时 Pb^{2+} 与二甲酚橙形成紫红色配合物，故溶液再次呈现紫红色，然后继续用 EDTA 标准溶液滴定至溶液由紫红色变为亮黄色，即为滴定 Pb^{2+} 的终点。

pH＝1 时的反应为，

滴定前：　　　　$Bi^{3+} + H_3In^{4-} \Longrightarrow BiH_3In^-$（紫红色）

滴定中：　　　　$Bi^{3+} + H_2Y^{2-} \Longrightarrow BiY^- + 2H^+$

滴定终点时：$H_2Y^{2-} + BiH_3In^-$（紫红色）$\Longrightarrow BiY^- + H_3In^{4-} + 2H^+$（黄色）

pH＝5～6 时反应为，

滴定前：　　　　$Pb^{2+} + H_3In^{4-} \Longrightarrow PbH_3In^{2-}$（紫红色）

滴定中：　　　　$Pb^{2+} + H_2Y^{2-} \Longrightarrow PbY^{2-} + 2H^+$

滴定终点时：$H_2Y^{2-} + PbH_3In^{2-}$（紫红色）$====PbY^{2-} + H_3In^{4-} + 2H^+$（黄色）

三、仪器和试剂

仪器：酸式滴定管；容量瓶；移液管；称量瓶。

试剂：氧化锌；$0.02mol \cdot L^{-1}$ EDTA 标准溶液；$2g \cdot L^{-1}$ 二甲酚橙溶液；$200g \cdot L^{-1}$ 六亚甲基四胺；$1:1$ 氨水；$2mol \cdot L^{-1}$ NaOH 溶液；$2mol \cdot L^{-1}$ HNO_3 溶液；$0.1mol \cdot L^{-1}$ HNO_3 溶液。

四、实验步骤

1. 标定 EDTA 溶液的浓度

准确称取基准物 ZnO 0.4～0.5g 于 100mL 的烧杯中，加水润湿，然后加入 $1:1$ 的盐酸 5mL 使其溶解，按定量转移溶液的方法操作，将溶液全部转入 250mL 的容量瓶中，加蒸馏水稀释定容，摇匀，计算 Zn^{2+} 标准溶液的浓度。

用移液管移取 25.00mL Zn^{2+} 标准溶液于 250mL 锥形瓶中，加入蒸馏水约 30mL，2～3 滴二甲酚橙指示剂，再加入 $1:1$ 的氨水至溶液由黄色变为橙色，然后加入 10mL 六亚甲基四胺溶液（此时溶液应该是稳定的紫红色）。用待标定的 EDTA 溶液滴定至溶液由紫红色变为亮黄色，即为滴定终点（临近终点时慢滴多摇，以免过量，以下同）。平行测定 3 份，计算 EDTA 溶液的准确浓度。

2. Bi^{3+}、Pb^{2+} 含量的测定

用移液管移取 Bi^{3+}-Pb^{2+} 混合液 25.00mL 于 250mL 锥形瓶中，加入 30mL 蒸馏水，加入 $0.1mol \cdot L^{-1}$ 的 HNO_3 溶液 10mL（使溶液 pH=1），加入 2 滴二甲酚橙指示剂，用 EDTA 标准溶液滴定，在临近滴定终点时应放慢滴定速度，每加一滴，用力摇动试液，并注意观察是否变色，直到最后溶液由紫红色变为亮黄色，即为滴定 Bi^{3+} 的终点。记下消耗 EDTA 的体积 V_1 mL，平行测定 3 次，计算混合液中 Bi^{3+} 的含量（$g \cdot L^{-1}$）。在滴定 Bi^{3+} 后的溶液中补加 1 滴二甲酚橙指示剂，然后向溶液中滴加 10mL $200g \cdot L^{-1}$ 六亚甲基四胺至溶液呈稳定的紫红色，再多加 5mL，此时溶液的 pH 值应为 5～6，继续用 EDTA 标准溶液滴定至溶液由紫红色变为亮黄色，即为滴定 Pb^{2+} 的终点，记下消耗 EDTA 的体积 V_2 mL，平行测定 3 次，计算混合液中 Pb^{2+} 的含量（$g \cdot L^{-1}$）。

五、数据记录及结果处理

1. 标定 EDTA 溶液的浓度

项目	序号		
	I	II	III
$m(ZnO)/g$			
$C(Zn^{2+})/(mol \cdot L^{-1})$			
$V(Zn^{2+})/mL$		25.00	
$V(EDTA)/mL$			
$C(EDTA)/(mol \cdot L^{-1})$			
$\bar{C}(EDTA)/(mol \cdot L^{-1})$			

续表

项目	序号		
	I	II	III
$|d_i|$			
相对平均偏差 $d_r/\%$			

2. Bi^{3+}、Pb^{2+} 含量的测定

项目	序号		
	I	II	III
$C(EDTA)/(mol \cdot L^{-1})$			
$V(Pb、Bi 试液)/mL$		25.00	
$V_1(EDTA)/mL$			
$\rho(Bi)/(g \cdot L^{-1})$			
$\bar{\rho}(Bi)/(g \cdot L^{-1})$			
$|d_i|$			
相对平均偏差 $d_r/\%$			
$V_2(EDTA)/mL$			
$\rho(Pb)/(g \cdot L^{-1})$			
$\bar{\rho}(Pb)/(g \cdot L^{-1})$			
$|d_i|$			
相对平均偏差 $d_r/\%$			

六、注意事项

1. 标定 EDTA 标准溶液的基准物质与水硬度测定的基准物质不同。

2. 在测定 Bi^{3+} 和 Pb^{2+} 的含量时一定要注意控制溶液合适的 pH 值条件。滴加六亚甲基四胺溶液至试液呈稳定的紫红色后应再过量 5mL。

3. 滴定时试液颜色变化为紫红色到红色再到橙黄色最后到黄色。

七、思考题

1. 能否在同一份试液中先滴定 Pb^{2+}，后滴定 Bi^{3+}？

2. 在 pH 值约为 1 的条件下用 EDTA 标准溶液测定 Bi^{3+}，共存的 Pb^{2+} 为何不干扰？

3. 滴定溶液中的 Bi^{3+} 和 Pb^{2+} 时，溶液酸度各控制在什么范围？怎样调节溶液酸度？

4. 能否取等量混合液两份，一份控制 pH 值为 1 滴定 Bi^{3+}，另一份控制 pH 值为 5～6，测定 Bi^{3+}、Pb^{2+} 总量，为什么？

5. 滴定 Pb^{2+} 时要调节溶液 pH 值为 5～6，为什么加入六亚甲基四胺溶液，而不加入醋酸钠溶液？加入的六亚甲基四胺溶液为什么要过量？

实验 5-3　石灰石或白云石中钙、镁含量的测定

一、实验目的

1. 学习配位滴定法测定石灰石或白云石中钙、镁的含量，并进一步掌握配位滴定法

原理。

2. 学习配位滴定法中采用掩蔽剂消除共存离子的干扰及反应条件。

二、实验原理

石灰石、白云石的主要成分是 $CaCO_3$ 和 $MgCO_3$ 以及少量 Fe、Al、Si 等杂质,故通常不需分离即可直接滴定。试样用 HCl 分解后,钙、镁等以 Ca^{2+}、Mg^{2+} 进入溶液,调节试液 pH 值为 10,用铬黑 T(或 K-B)作指示剂,以 EDTA 标准溶液滴定试液中 Ca、Mg 的总含量。于另一份试液中,调节 pH≥12,Mg^{2+} 生成 $Mg(OH)_2$ 沉淀,用钙指示剂作指示剂,用 EDTA 标准溶液单独滴定 Ca^{2+}。

由于试样中含有少量铁、铝等干扰杂质,所以滴定前在酸性条件下,加入三乙醇胺掩蔽 Fe^{3+}、Al^{3+},如试样中含有铜、钛、镉、铋等微量金属,可加入铜试剂(DDTC)消除干扰。

如试样成分复杂,样品溶解后,可在试液中加入六亚甲基四胺和铜试剂,使 Fe^{3+}、Al^{3+} 和重金属离子同时沉淀除去,过滤后即可按上述方法分别测定钙、镁的含量。

三、仪器和试剂

仪器:酸式滴定管;容量瓶;移液管;分析天平;称量瓶;表面皿;玻璃棒;烧杯。

试剂:0.01mol·L^{-1} EDTA 标准溶液(同实验 5-1);200g·L^{-1} NaOH 溶液;6mol·L^{-1} HCl 溶液;(1∶2)三乙醇胺溶液;盐酸羟胺溶液;氨性缓冲溶液(pH≈10);钙指示剂(固体);5g·L^{-1} 铬黑 T 指示剂(称量 0.5g 铬黑 T,加入 20mL 三乙醇胺,用水稀释至 100mL)。

四、实验步骤

1. 样品处理

准确称取 0.3g 试样于烧杯中,加水数滴润湿,盖以表面皿,从烧杯嘴慢慢加入 6mol·L^{-1} HCl 溶液 10~20mL,加热使之溶解,将试样全溶后,冷却,将溶液定量转移至 250mL 容量瓶中,用蒸馏水稀释至刻度,摇匀。

2. 钙、镁总含量测定

用移液管吸取 25.00mL 试样溶液于 250mL 锥形瓶中,加 20mL 水、少许盐酸羟胺溶液以及 5mL 三乙醇胺溶液(1∶2),摇匀,加入 10mL pH≈10 的氨性缓冲溶液,1~3 滴铬黑 T 指示剂,用 EDTA 标准溶液滴定,溶液由紫红色转变为纯蓝色即为滴定终点,记下消耗 EDTA 的体积 V_1。

3. 钙含量的测定

另外吸取试液 25.00mL 于 250mL 锥形瓶中,加 20mL 水、少许盐酸羟胺溶液、5mL 三乙醇胺溶液(1∶2)、10mL 200g·L^{-1} 的 NaOH 溶液和少许钙指示剂,摇匀,用 EDTA 标准溶液滴定至紫红色变为纯蓝色即为滴定终点,记下消耗 EDTA 的体积 V_2。

根据 EDTA 的浓度及二次消耗量,可计算出试样中 CaO、MgO 的质量分数。

五、数据记录及结果处理

项目	序号		
	I	II	III
m(试样质量)/g			
V(试液)/mL		25.00	
V_1(EDTA)/mL			
V_2(EDTA)/mL			
w(CaO)/%			
$\bar{w}$(CaO)/%			
$|d_i|$			
相对平均偏差 d_r/%			
w(MgO)/%			
$\bar{w}$(MgO)/%			
$|d_i|$			
相对平均偏差 d_r/%			

六、注意事项

1. 用三乙醇胺掩蔽 Fe^{3+}、Al^{3+}，必须在酸性溶液中加入，然后再进行碱化。

2. 测定钙含量时，如试样中有大量镁存在，由于 $Mg(OH)_2$ 沉淀吸附 Ca^{2+}，使钙的测定结果偏低，为此可加入淀粉-甘油、阿拉伯树胶或糊精等保护胶，基本上可消除吸附现象，其中以糊精效果较好。$50g \cdot L^{-1}$ 糊精溶液的配制方法如下：称取 5g 糊精于 100mL 沸水中，冷却，加入 $200g \cdot L^{-1}$ 的 NaOH 溶液 5mL，搅匀，加入 3~5 滴 K-B 指示剂，用 EDTA 溶液滴定至溶液呈蓝色，临时配用，使用时加 10~15mL 于试液中。

七、思考题

1. 用酸分解石灰石或白云石试样时应注意什么？实验中怎样判断试样已分解完全？

2. 用 EDTA 法测定钙、镁的含量时，加入氨性缓冲溶液和氢氧化钠各起什么作用？

3. 用 EDTA 法测定钙、镁的含量时，试样中有少量铁、铝、铜、锌等干扰，应如何消除？

4. 用三乙醇胺掩蔽 Fe^{3+}、Al^{3+} 时，为什么要在酸性溶液中加入三乙醇胺后才提高溶液的 pH 值？

 实验 5-4　铝合金中铝含量的测定

一、实验目的

1. 熟悉置换滴定法的原理，了解其应用。

2. 进一步掌握配位滴定的原理。

二、实验原理

在滴定 Al^{3+} 的最高酸度（pH≈4.1）下，Al^{3+} 也会水解生成一系列多核羟基络合物，它们与 EDTA 的反应缓慢，络合比不恒定，而 Al^{3+} 又封闭二甲酚橙指示剂（Al^{3+} 与二甲酚橙形成极其稳定的络合物，导致滴定终点无法正常显现，从而干扰测定）。在较高酸度下，Al^{3+} 与过量的 EDTA 在煮沸下基本反应完全，因此采用返滴定法或置换滴定法测定 Al^{3+} 的含量。

采用返滴定法测定时，先调节溶液 pH 值为 3.5，加入过量的 EDTA 煮沸，使 Al^{3+} 与 EDTA 络合，冷却后再调节溶液 pH 值为 5～6，以二甲酚橙为指示剂，用 Zn^{2+} 标准溶液滴定过量的 EDTA，即可求得 Al^{3+} 的含量。但返滴定法选择性不高，所有与 EDTA 形成稳定络合物的金属离子都会干扰测定，因此，仅适用于简单试样如明矾、复方氢氧化铝片等中的 Al^{3+} 的含量测定；而对于像合金、硅酸盐、炉渣和水泥等复杂试样中铝的测定，还须在返滴定法的基础上，再结合置换滴定法测定。即利用 F^- 与 Al^{3+} 生成更稳定的 AlF_6^{3-} 的性质，加入 NH_4F 以置换出与 Al^{3+} 等量络合的 EDTA，再用 Zn^{2+} 标准溶液滴定之，从而精确计算 Al^{3+} 的含量。置换滴定法测定 Al^{3+} 时，Ti^{4+}、Zr^{4+}、Sn^{4+} 发生与 Al^{3+} 相同的置换反应而干扰 Al^{3+} 的测定，这时就要加入络合掩蔽剂将它们掩蔽，例如用苦杏仁酸掩蔽 Ti^{4+} 等。

铝合金所含杂质元素主要有 Si、Mg、Cu、Mn、Fe、Zn，个别还有 Ti、Ni、Ca 等，分解试样既可以酸溶（HCl-HNO_3 混合酸），也可以碱溶（$NaOH$-H_2O_2）。

三、仪器和试剂

仪器：酸式滴定管；容量瓶；移液管；分析天平；电炉；称量瓶；表面皿；玻璃棒；烧杯。

试剂：$200g \cdot L^{-1}$ NaOH 溶液；1∶1、1∶3 HCl 溶液；$0.020mol \cdot L^{-1}$ EDTA 标准溶液；$0.020mol \cdot L^{-1}$ Zn^{2+} 标准溶液；1∶1 $NH_3 \cdot H_2O$；$200g \cdot L^{-1}$ 六亚甲基四胺溶液；$2g \cdot L^{-1}$ 二甲酚橙溶液；$200g \cdot L^{-1}$ NH_4F 溶液（贮于塑料瓶中）；铝合金试样。

四、实验步骤

准确称取 0.10～0.12g 铝合金于 50mL 烧杯中，加入 10mL $200g \cdot L^{-1}$ NaOH 溶液，在沸水浴上使其溶解完全。稍冷后加 1∶1 HCl 至有絮状沉淀产生，再多加 10mL 1∶1 HCl，将其定量转移至 250mL 容量瓶中，用水稀释至刻度线，摇匀。

移取上述试液 25.00mL 于 250mL 锥形瓶中，加入 30mL $0.020mol \cdot L^{-1}$ EDTA 标准溶液，2 滴二甲酚橙，此时溶液呈黄色，滴加 $NH_3 \cdot H_2O$ 至溶液呈紫红色，再滴加 1∶3 HCl 使溶液呈黄色，并过量 3 滴，煮沸 3min 冷却。加入 20mL 六亚甲基四胺溶液，此时溶液应为黄色，如果溶液呈红色，还须滴加 1∶3 HCl，使其变黄。用 Zn^{2+} 标准溶液滴定，当溶液由黄色变为紫红色时停止滴定，不计体积。再加入 10mL $200g \cdot L^{-1}$ NH_4F 溶液，加热至微沸，取下冷至室温，再补加 2 滴二甲酚橙，此时溶液应为黄色；若为红色，应滴加 1∶3 HCl 使溶液呈黄色。再用 Zn^{2+} 标准溶液滴定，当溶液由黄色变为紫红色时，即为滴定终点。根据耗用的 Zn^{2+} 标准溶液的体积，计算试样中 Al 的质量分数。

五、数据记录及结果处理

项目	序号		
	Ⅰ	Ⅱ	Ⅲ
m(试样)/g			
V(试液)/mL		25.00	
m(ZnO)/g			
C(Zn^{2+})/(mol·L^{-1})			
V(Zn^{2+})/mL			
w(Al)/%			
$\bar{w}$(Al)/%			
$\lvert d_i \rvert$			
相对平均偏差 d_r/%			

六、注意事项

1. 若有黑色碳化物颗粒，则滴加 $300g·L^{-1} H_2O_2$ 破坏之。

2. 将含有六亚甲基四胺的溶液加热时，由于六亚甲基四胺的部分水解，而使溶液 pH 值升高，致使二甲酚橙显红色，此时应补加 HCl 使溶液呈黄色后，再进行滴定，反应式为：$(CH_2)_6N_4 + 6H_2O \Longrightarrow 6HCHO + 4NH_3$。

3. 由于 NH_4F 会腐蚀玻璃，实验完毕应尽快弃去废液，清洗仪器。

七、思考题

1. 为什么测定简单试样中的 Al^{3+} 含量用返滴定法即可，而测定复杂试样中的 Al^{3+} 含量则须采用置换滴定法？

2. 用返滴定法测定简单试样中的 Al^{3+} 含量时，所加入过量 EDTA 溶液的浓度是否必须准确？为什么？

3. 本实验中使用的 EDTA 溶液浓度要不要标定？

4. 为什么加入过量的 EDTA 后，第一次用 Zn^{2+} 标准溶液滴定时，可以不计消耗的体积？但此时是否须准确滴定溶液由黄色变为紫红色？为什么？

实验 5-5 胃舒平药片中铝和镁含量的测定

一、实验目的

1. 掌握用返滴定法测定铝的原理和方法。
2. 学习沉淀分离的操作方法。
3. 学习测定药片时试样的前处理方法。

二、实验原理

胃舒平是一种抗胃酸药，其药用成分是 $Al(OH)_3$、$2MgO·3SiO_2·xH_2O$（三硅酸镁）

和少量颠茄流浸膏，在制成片剂时还需加入大量糊精（淀粉）等赋形剂。国家药典规定每片药中含 Al_2O_3 不少于 0.116g，含 MgO 不少于 0.020g，两者的含量均可采用 EDTA 滴定法进行测定。

将药片研细成药粉，用酸溶解后，分离除去不溶性物质，制成试液。

1. Al_2O_3 含量的测定

由于 Al^{3+} 与 EDTA 的螯合反应速率较慢，且对所用的指示剂有封闭作用，因而常采用返滴定法进行测定。为了避免 Al^{3+} 因水解生成多核氢氧基络合物，先调节试液的酸度为 pH＝3～4，再加入一定量且过量的 EDTA 标准溶液，并加热至沸，以加速螯合反应进行。待两者反应完全后，调节试液的酸度为 pH＝5～6，采用二甲酚橙作指示剂，再用锌标准溶液返滴定剩余的 EDTA，直至试液由亮黄色突变为紫红色即为滴定终点。有关滴定反应式为：

$$Al^{3+} + H_2Y^{2-}（定量且过量）\!=\!=\!=\! AlY^- + 2H^+$$
$$Zn^{2+} + H_2Y^{2-}（剩余）\!=\!=\!=\! ZnY^{2-} + 2H^+$$

2. MgO 含量的测定

另取部分试液，调节其 pH＝5～6，使 Al^{3+} 形成氢氧化物沉淀将其分离除去，并用三乙醇胺掩蔽剩余的铝，从而消除它对镁测定的干扰。于 pH 值为 10 的氨性缓冲溶液中，采用铬黑 T 作为指示剂测定镁的含量。

三、仪器和试剂

仪器：瓷研钵；药匙；电炉；漏斗；定量滤纸等。

试剂：0.02mol·L^{-1} EDTA 标准溶液；0.02mol·L^{-1} Zn^{2+} 标准溶液；胃舒平药片；6mol·L^{-1} HCl 溶液；3mol·L^{-1} HCl 溶液；1∶1 氨水；20％六亚甲基四胺溶液；1∶2 三乙醇胺溶液；氨性缓冲溶液（pH＝10，配制方法见实验 5-1）；NH_4Cl（s，AR）；0.2％二甲酚橙指示剂；0.5％铬黑 T 指示剂；0.2％甲基红乙醇溶液。

四、实验步骤

1. 试样的前处理

取胃舒平药片 10 片，称其总质量（m_1，称准至 0.001g）后置于研钵内，尽量研细并使其混合均匀，再转入称量瓶中（取多片药片充分研细混匀后再分取部分进行测定，以保证分析结果具有代表性）。准确称取药粉 0.8g（m_2）于 250mL 烧杯中，用几滴水润湿，并在不断搅拌下逐滴加入 1∶1 HCl 溶液 8mL，再加蒸馏水至 40mL，搅拌，加热并煮沸，注意勿使试液溅出损失。静置冷却后，将试液过滤于 250mL 容量瓶中，并用蒸馏水先后洗涤烧杯和滤纸上的沉淀数次（少量多次原则，详见重量分析法基本操作），滤液和洗涤液均收集于容量瓶中（定量转移），最后用蒸馏水稀释至刻度线，摇匀备用。

2. 铝含量的测定

准确移取试液 10.00mL 于 250mL 锥形瓶中，加水至 25mL 左右，再加入 EDTA 标准溶液 20.00mL，摇匀。加入 2 滴二甲酚橙指示剂于试液中，溶液应呈黄色。滴加 1∶1 氨水至试液恰呈紫红色后，再滴加 1∶3 HCl 溶液使它刚好显黄色，再过量 3 滴，调节试液

pH＝3～4。加热试液至沸腾，保持 3min，冷却至室温后，再加入 20％六亚甲基四胺溶液 10mL，此时试液应呈黄色，pH＝5～6（否则应加入 1∶3 HCl 溶液将其调成黄色）。补加二甲酚橙指示剂 2 滴，用锌标准溶液返滴定剩余的 EDTA，试液由亮黄色突变为紫红色即为滴定终点，平行测定 3 份。

3. 镁含量的测定

移取试液 20.00mL 于小烧杯中（如消耗滴定剂体积过小，可酌情增加移取体积），先调节试液酸度，使生成氢氧化铝沉淀。滴加 1∶1 氨水至试液刚好出现沉淀后，再滴加 1∶1 HCl 溶液至沉淀恰好溶解。加入 NH_4Cl 固体 0.8g，滴加 20％六亚甲基四胺溶液至沉淀生成，并过量 5mL。加热试液至沸腾 5min 后，趁热过滤，滤液承接入 250mL 锥形瓶中。用 10mL 含 NH_4Cl 的稀溶液分数次洗涤氢氧化铝沉淀，洗涤液一并收集于同一锥形瓶中，再向其中加入 1∶2 三乙醇胺溶液 4mL，pH＝10 的氨性缓冲溶液 5mL，甲基红指示剂 1 滴，铬黑 T 指示剂 1～2 滴，用 EDTA 标准溶液滴定试液中的 Mg^{2+}，溶液由暗红色突变为蓝绿色即为滴定终点，平行测定 3 份。

五、数据记录及结果处理

1. Al_2O_3 含量的计算

项目	序号		
	I	II	III
m（试样）/g			
V（试液）/mL		25.00	
V（EDTA）/mL			
V（Zn^{2+}）/mL			
w（Al_2O_3）/％			
$\bar{w}$（Al_2O_3）/％			
$\lvert d_i \rvert$			
相对平均偏差 d_r/％			

2. MgO 含量的计算

项目	序号		
	I	II	III
m（试样）/g			
V（试液）/mL		25.00	
V（EDTA）/mL			
w（MgO）/％			
$\bar{w}$（MgO）/％			
$\lvert d_i \rvert$			
相对平均偏差 d_r/％			

六、注意事项

1. 当 $C(Al^{3+})＜10^{-2} mol \cdot L^{-1}$ 时，pH＝4 开始生成沉淀，pH＝10～12 沉淀溶解，本实验将酸度控制在 pH＝5～6。在调节试液酸度的过程中，如加氨水过多，$Al(OH)_3$ 沉淀会溶解；如加 HCl 溶液过量，滴加六亚甲基四胺溶液时就不会有沉淀生成，均会影响后述 Mg^{2+} 含量的测定。因此在上述过程中，滴加酸、碱液都要边滴边摇，尽量使溶液均匀。另外，后面用六亚甲基四胺溶液来调节试液酸度比用氨水好，可以减少氢氧化铝沉淀对 Mg^{2+} 的吸附。

2. 测定 Mg^{2+} 含量时，加入甲基红指示剂 2 滴，可使滴定终点的颜色变化更为敏锐。

3. 如因时间关系，也可以只完成测定药片中 Al_2O_3 含量的内容。

4. 如将本实验放在学习重量分析法基本操作后再进行，则效果更好；或者将其作为一个综合性实验来完成。

七、思考题

1. 简述返滴定法测定铝含量的步骤和条件，并解释其原因。

2. 测定实际试样时，取样、制样的种种操作都是为了达到什么目的？与分析结果之间的关系何在？

3. 在测定 Mg^{2+} 含量之前，为了使氢氧化铝沉淀完全并便于过滤操作，实验中采取了哪些措施？

4. 能否在同一份试液中连续测定镁和铝的含量？

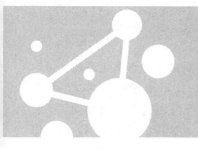

第六章

氧化还原滴定分析实验

实验 6-1 高锰酸钾法测定过氧化氢含量

一、实验目的

1. 掌握高锰酸钾标准溶液的配制方法和保存条件。
2. 掌握 $Na_2C_2O_4$ 作为基准物标定高锰酸钾溶液的原理、滴定条件、操作技巧和计算。
3. 学习用 $KMnO_4$ 标准溶液测定 H_2O_2 含量的方法。

二、实验原理

1. $KMnO_4$ 的性质以及采用间接配制法的原因

高锰酸钾（化学式：$KMnO_4$），强氧化剂，紫红色晶体，可溶于水，遇乙醇即被还原。常用作消毒剂、水净化剂、氧化剂、漂白剂、毒气吸收剂、二氧化碳精制剂等。医疗上有用于清洁消毒和消灭真菌。在化学品生产中，广泛用作氧化剂，如用作制糖精、维生素 C、异烟肼及安息香酸的氧化剂；在医药上用作防腐剂、消毒剂、除臭剂及解毒剂；在水质净化及废水处理中，用作水处理剂，以氧化硫化氢、酚、铁、锰和有机、无机等多种污染物，控制臭味和脱色；在气体净化中，可除去痕量硫、砷、磷、硅烷、硼烷及硫化物。

市售的 $KMnO_4$ 试剂常含有少量 MnO_2 和其他杂质，如硫酸盐、氯化物及硝酸盐等；另外，蒸馏水中常含有少量的有机物质，他们能使 $KMnO_4$ 还原，且还原产物能促进 $KMnO_4$ 自身分解，分解方程式如下：

$$4MnO_4^- + 2H_2O = 4MnO_2 + 3O_2\uparrow + 4OH^-$$

且见光分解得更快。因此，$KMnO_4$ 的浓度容易改变，不能用直接法配制准确浓度的高锰酸钾标准溶液，必须正确地配制和保存，如果长期使用必须定期进行标定。

2. $KMnO_4$ 溶液的标定

标定 $KMnO_4$ 的基准物质较多，有 As_2O_3、$H_2C_2O_4 \cdot 2H_2O$、$Na_2C_2O_4$ 和纯铁丝等。其中以 $Na_2C_2O_4$ 最常用，$Na_2C_2O_4$ 不含结晶水，不易吸湿，易纯制，性质稳定。在酸性条件下，用 $Na_2C_2O_4$ 标定 $KMnO_4$ 的反应为：

$$2MnO_4^- + 5C_2O_4^{2-} + 16H^+ = 2Mn^{2+} + 10CO_2\uparrow + 8H_2O$$

滴定时利用 $KMnO_4$ 本身的紫红色指示终点，称为自身指示剂（终点颜色为微红色且半分钟不褪色）；在 H_2SO_4 介质中进行，注意酸度不能过高或过低，不能用 HNO_3 或 HCl 调节酸度，在 H_2SO_4 介质中，温度加热到 $70 \sim 80℃$。

3. KMnO₄ 法测定过氧化氢含量

过氧化氢在工业、生物、医药等方面有着广泛的应用,商品双氧水中过氧化氢的含量约为30%。过氧化氢可用于漂白毛、丝织物及消毒、杀菌;纯 H_2O_2 可用作火箭燃料的氧化剂;工业上可利用 H_2O_2 的还原性除去氯气。在生物方面,则可利用过氧化氢酶对 H_2O_2 分解反应的催化作用来测量过氧化氢酶的活性。由于过氧化氢有着这样广泛的应用,故常需测定它的含量。在强酸介质中,H_2O_2 在室温条件下能定量、迅速地被 KMnO₄ 氧化,因此,可用 KMnO₄ 法测定其含量,其反应方程式为:

$$2MnO_4^- + 5H_2O_2 + 6H^+ \xrightarrow{\quad\quad} 2Mn^{2+} + 5O_2 \uparrow + 8H_2O$$

H_2O_2 受热易分解,因此,需在室温下滴定。滴定刚开始时反应比较缓慢,待生成少量 Mn^{2+} 后,由于 Mn^{2+} 的催化作用,反应速率逐渐加快(也可以在滴定前向溶液中加入一定量的 Mn^{2+} 作为催化剂)。化学计量点后,稍微过量的滴定剂 KMnO₄(约 10^{-6} mol·L^{-1})呈现微红色,从而指示滴定终点的到达。

三、仪器和试剂

仪器:酸式滴定管;称量瓶;锥形瓶;台秤;分析天平;微孔玻璃漏斗;棕色细口瓶;烧杯。

试剂:KMnO₄ 溶液;$Na_2C_2O_4$ 溶液;3mol·L^{-1} H_2SO_4 溶液;H_2O_2 试样由市售30% H_2O_2 溶液稀释10倍制成,贮存在棕色试剂瓶中。

四、实验步骤

1. 0.02mol·L^{-1} KMnO₄ 溶液的配制

在台秤上称取1.8g固体 KMnO₄,置于大烧杯中,加蒸馏水约300mL(由于要煮沸会使水蒸发,可适当多加些水),煮沸约1h,静置冷却后用微孔玻璃漏斗或玻璃棉漏斗过滤,滤液装入棕色细口瓶中,贴上标签,一周后标定,保存备用。

2. KMnO₄ 溶液的标定

准确称取0.13~0.16g $Na_2C_2O_4$ 基准物3份,分别置于干净的250mL锥形瓶中,向其中各加入约30mL蒸馏水和10mL 3mol·L^{-1} H_2SO_4 溶液,摇均匀后,加热至75~80℃(开始蒸汽时的温度),趁热用待标定的 KMnO₄ 溶液滴定至溶液呈微红色且半分钟不褪色即为滴定终点,记录消耗 KMnO₄ 溶液的体积。值得注意的是,由于开始时反应速度较慢,滴定的速度也要慢,一定要等前一滴 KMnO₄ 的红色完全褪去后再滴入下一滴。随着滴定的进行,溶液中反应产物即催化剂 Mn^{2+} 的浓度不断增大,反应速度明显加快,此即自身催化作用。此时滴定速度也可相应地加快。根据称取 $Na_2C_2O_4$ 基准物的质量、消耗 KMnO₄ 溶液的体积,计算 KMnO₄ 溶液的浓度。平行滴定3份,相对平均偏差应在0.2%以内。计算公式为:

$$C(KMnO_4) = \frac{2}{5} \times \frac{m(Na_2C_2O_4)}{M(Na_2C_2O_4)} \times \frac{1}{V(KMnO_4)}$$

3. H_2O_2 含量的测定

用移液管移取 H_2O_2 试样溶液1.00mL,置于250mL容量瓶中,加蒸馏水稀释至刻度线,充分摇匀备用。用移液管移取稀释过的 H_2O_2 溶液25.00mL于250mL锥形瓶中,加入

5mL 3mol $\cdot$ L^{-1} H$_2$SO$_4$ 溶液，用 KMnO$_4$ 标准溶液滴定至溶液呈微红色，半分钟不褪色即为滴定终点。平行测定 3 次，计算试样中 H$_2$O$_2$ 的质量浓度（g $\cdot$ L^{-1}）和相对平均偏差。

五、数据记录及结果处理

1. KMnO$_4$ 溶液的标定

项目	序号		
	I	II	III
$m(\mathrm{Na_2C_2O_4})/\mathrm{g}$			
$V(\mathrm{KMnO_4})/\mathrm{mL}$			
$C(\mathrm{KMnO_4})/(\mathrm{mol \cdot L^{-1}})$			
$\bar{C}(\mathrm{KMnO_4})/(\mathrm{mol \cdot L^{-1}})$			
$\lvert d_i \rvert$			
相对平均偏差 $d_r/\%$			

2. H$_2$O$_2$ 含量的测定

项目	序号		
	I	II	III
$V(\mathrm{H_2O_2})/\mathrm{mL}$		25.00	
$V(\mathrm{KMnO_4})/\mathrm{mL}$			
$\rho(\mathrm{H_2O_2})/(\mathrm{g \cdot L^{-1}})$			
$\bar{\rho}(\mathrm{H_2O_2})/(\mathrm{g \cdot L^{-1}})$			
$\lvert d_i \rvert$			
相对平均偏差 $d_r/\%$			

六、注意事项

1. 蒸馏水中常含有少量的还原性物质，使 KMnO$_4$ 还原为 MnO$_2$ $\cdot$ nH$_2$O。市售高锰酸钾内含的细粉状的 MnO$_2$ $\cdot$ nH$_2$O 能加速 KMnO$_4$ 的分解，故通常将 KMnO$_4$ 溶液煮沸一段时间，冷却后，还需放置 2～3 天，使之充分作用，然后将沉淀物过滤除去。

2. 在室温条件下，KMnO$_4$ 与 C$_2$O$_4^-$ 之间的反应速率缓慢，故加热以提高反应速率。但温度又不能太高，如温度超过 85℃ 则有部分 H$_2$C$_2$O$_4$ 分解，反应式如下：

$$\mathrm{H_2C_2O_4 == CO_2\uparrow + CO\uparrow + H_2O}$$

3. 草酸钠溶液的酸度在开始滴定时，约为 1mol $\cdot$ L^{-1}；滴定终点时，约为 0.5mol $\cdot$ L^{-1}，这样能促使反应正常进行，并且防止 MnO$_2$ 的形成。滴定过程中如果发生棕色浑浊（MnO$_2$），应立即加入 H$_2$SO$_4$ 补救，使棕色浑浊消失。

4. 开始滴定时，反应很慢，在第一滴 KMnO$_4$ 还没有完全褪色以前，不可加入第二滴。当反应生成能使反应加速进行的 Mn^{2+} 后，可以适当加快滴定速率，但过快则局部 KMnO$_4$ 过浓而分解，放出 O$_2$ 或引起杂质的氧化，都可造成误差。如果滴定速率过快，部分 KMnO$_4$ 将来不及与 Na$_2$C$_2$O$_4$ 反应，而会按下式分解：

$$\mathrm{4MnO_4^- + 4H^+ == 4MnO_2 + 3O_2\uparrow + 2H_2O}$$

5. KMnO$_4$ 的滴定终点较不稳定，这是由于空气中含有还原性气体及尘埃等杂质，能使 KMnO$_4$ 缓慢分解，而使其微红色消失，故当溶液出现微红色，在半分钟内不褪色时，滴定就可认为已经完成。如对滴定终点有疑问时，可先将滴定管读数记下，再加入 1 滴 KMnO$_4$

标准溶液，产生紫红色即证实滴定终点已到，滴定时不要超过化学计量点。

6. KMnO₄ 标准溶液应放在酸式滴定管中，由于 KMnO₄ 溶液颜色很深，凹液面处下弧线不易看出，因此，应该从液面最高边上读数。

7. 过氧化氢具有强氧化性，使用时应避免接触皮肤。

七、思考题

1. 酸式滴定管中的 KMnO₄ 溶液，应怎样准确地读取读数？

2. 制备 KMnO₄ 标准溶液时，为什么要将 KMnO₄ 溶液煮沸一定时间并放置数天？配好的 KMnO₄ 溶液为什么要过滤后才能保存？过滤时是否可以用滤纸？

3. 在滴定时，KMnO₄ 溶液为什么要放在酸式滴定管中？

4. 用 Na₂C₂O₄ 标定 KMnO₄ 溶液时候，为什么必须在 H₂SO₄ 介质中进行？酸度过高或过低有何影响？可以用 HNO₃ 或 HCl 调节酸度吗？为什么要加热到 75～80℃？溶液温度过高或过低有何影响？

5. 本实验的滴定速率应如何掌握？为什么？试解释溶液褪色的速率越来越快的原因。

6. 用 KMnO₄ 法测定 H₂O₂ 含量时，能否用 HNO₃、HCl 和 HAc 控制酸度？为什么？

7. H₂O₂ 有什么重要性质？使用时应注意些什么？

8. 盛放 KMnO₄ 溶液的烧杯或锥形瓶等容器放置较久后，其壁上常有棕色沉淀物，是什么？此棕色沉淀物用通常方法不容易洗净，应怎样洗涤才能除去此沉淀？

 实验 6-2 水样中化学耗氧量（COD）的测定

一、实验目的

1. 了解水中化学耗氧量（COD）与水体污染的关系及测定 COD 的意义。
2. 了解环境分析的重要性及水样的采集和保存方法。
3. 掌握酸性高锰酸钾法测定 COD 的原理及实验方法。

二、实验原理

化学耗氧量是指用适量的氧化剂处理水样时，水样中需氧污染物所消耗的氧化剂的量，通常以相应的氧量（单位为 mg·L⁻¹）来表示。COD 是表示水体或污水污染程度的重要综合指标之一，是环境保护和水质控制中经常需要测定的项目。COD 值越高，说明水体污染越严重。COD 的测定方法分酸性高锰酸钾法、碱性高锰酸钾法和重铬酸钾法。本实验采用酸性高锰酸钾法测定，其原理如下：

在酸性条件下，高锰酸钾具有很高的氧化性，即

$$MnO_4^- + 8H^+ + 5e^- = Mn^{2+} + 4H_2O \quad E^\ominus = 1.51V$$

向被测水样中加入过量的高锰酸钾溶液，加热水样使其充分反应，水溶液中多数的有机污染物都可以氧化，但反应过程相当复杂，只能用下式表示其中的部分过程：

$$4KMnO_4 + 6H_2SO_4 + 5C = 2K_2SO_4 + 4MnSO_4 + 6H_2O + 5CO_2\uparrow$$

然后向溶液中加入过量的 $Na_2C_2O_4$ 标准溶液还原多余的 $KMnO_4$，剩余的 $Na_2C_2O_4$ 再用 $KMnO_4$ 溶液返滴定至溶液微红色为滴定终点，根据 $KMnO_4$ 溶液的浓度和水样所消耗的 $KMnO_4$ 溶液体积，计算出水样的化学耗氧量，反应如下：

$$2MnO_4^- + 5C_2O_4^{2-} + 16H^+ == 2Mn^{2+} + 10CO_2\uparrow + 8H_2O$$

氧化温度与时间会影响结果，本实验用 30min 煮沸法。若水样中含有 F、H_2S（或 S）、SO_3、NO_2 等还原性物质，也会干扰测定，可在冷的水样中直接用高锰酸钾溶液滴定至溶液呈微红色后，再进行 COD 测定。

$$COD(mg\cdot L^{-1}) = \frac{\left[\frac{5}{4}C(MnO_4^-) - V_1(MnO_4^-) + V_2(MnO_4^-) - \frac{1}{2}CV(C_2O_4^{2-})\right] \times M(O_2) \times 10^3}{V_{水样}}$$

该方法适用于污染不十分严重的地面水和河水等水样的测定。若水样中的 Cl^- 含量较高，可加入 Ag_2SO_4 消除干扰，也可以改用碱性高锰酸钾法进行测定。

三、仪器和试剂

仪器：酸式滴定管；称量瓶；锥形瓶；台秤；分析天平；微孔玻璃漏斗；棕色细口瓶；烧杯。

试剂：$0.02mol\cdot L^{-1}$ $KMnO_4$ 标准溶液（同实验 6-1）；$6mol\cdot L^{-1}$ H_2SO_4 溶液；$0.005mol\cdot L^{-1}$ $Na_2C_2O_4$ 标准溶液（将基准 $Na_2C_2O_4$ 于 100~105℃ 干燥 2h，准确称取 0.17g 于小烧杯中，加水溶解后，定量转移至 250mL 容量瓶中，用水稀释至刻度线，计算其准确浓度）。

四、实验步骤

1. $0.002mol\cdot L^{-1}$ $KMnO_4$ 标准溶液的配制
由 $0.02mol\cdot L^{-1}$ $KMnO_4$ 标准溶液稀释而成。

2. 酸性溶液中测定 COD
视水样污染程度取 10.00~100.00mL 水样于 250mL 锥形瓶中（若不足 100mL 的，用蒸馏水稀释至 100mL），加入 10mL $6mol\cdot L^{-1}$ H_2SO_4 溶液，10.00mL $0.002mol\cdot L^{-1}$ $KMnO_4$ 标准溶液，加热煮沸 10min（此时，红色若褪去，应补加适量的 $KMnO_4$），立即加入 15.00mL $Na_2C_2O_4$ 标准溶液（此时应为无色，若仍为红色，再补加 5.00mL），趁热用 $KMnO_4$ 溶液滴定至溶液呈微红色（半分钟不变色即可。若滴定温度低于 60℃，应加热至 60~80℃进行滴定）。平行测定 3 份，并做 2 次空白（以蒸馏水取代样品，按同样操作进行）。计算水的 COD 及相对平均偏差。

五、数据记录及结果处理

项目	序号		
	I	II	III
$V(H_2O)$/mL			
$V_1(KMnO_4)$/mL			

续表

项目	序号		
	I	II	III
$V_2(\mathrm{KMnO_4})/\mathrm{mL}$			
$V(\mathrm{Na_2C_2O_4})/\mathrm{mL}$			
$\rho(\mathrm{COD})/(\mathrm{mg \cdot L^{-1}})$			
$\bar{\rho}(\mathrm{COD})/(\mathrm{mg \cdot L^{-1}})$			
$|d_i|$			
相对平均偏差 $d_r/\%$			

六、注意事项

1. 水样取后应立即进行分析，如需放置，可加少量硫酸铜固体以抑制微生物对有机物的分解。

2. 从冒第一个大泡开始，必须要用小火加热。

3. 必须加入沸石，否则很容易发生暴沸，在加热过程中特别要注意安全。

七、思考题

1. 水样的采集及保存应当注意哪些事项？

2. 水样加入 $\mathrm{KMnO_4}$ 煮沸后，若紫红色消失，说明什么？应采取什么措施？

3. 加热煮沸时间过长，对测定结果有何影响？

4. 测定水中 COD 采用的是何种滴定方式？为什么？

5. 水样中氯离子含量高时为什么对测定有干扰？应采取什么方法加以消除？

6. 测定水中化学耗氧量的意义何在？

实验 6-3 铁矿石中全铁含量的测定（无汞定铁法）——重铬酸钾法

一、实验目的

1. 学习用酸分解矿石试样的方法。

2. 掌握铁矿石中全铁含量的测定原理。

3. 学习氧化还原滴定前的预处理。

4. 了解二苯胺磺酸钠指示剂的作用原理。

5. 掌握滴定终点的判断。

二、实验原理

铁矿石的种类有很多，用来炼铁的矿物主要是磁铁矿（$\mathrm{Fe_3O_4}$）、赤铁矿（$\mathrm{Fe_2O_3}$）和菱铁矿（$\mathrm{FeCO_3}$）等。铁矿石试样经 HCl 溶液分解后，在热 HCl 溶液中，可用 $\mathrm{SnCl_2}$ 将

Fe^{3+} 还原为 Fe^{2+}。经典方法是用 $HgCl_2$ 氧化过量的 $SnCl_2$，除去 Sn^{2+} 的干扰，但 $HgCl_2$ 会造成环境污染，因此本实验采用无汞定铁法。还原反应为：

$$2FeCl_4^- + SnCl_4^{2-} + 2Cl^- = 2FeCl_4^{2-} + SnCl_6^{2-}$$

使用甲基橙指示剂指示 $SnCl_2$ 还原 Fe^{3+} 的原理是：Sn^{2+} 将 Fe^{3+} 还原完后，过量的 Sn^{2+} 还可将甲基橙还原为氢化甲基橙而褪色，因而甲基橙可指示 Fe^{3+} 还原终点。Sn^{2+} 还能继续把氢化甲基橙还原成 N,N-二甲基对苯二胺和对氨基苯磺酸，使过量的 Sn^{2+} 可以被消除。反应式为：

$$(CH_3)_2NC_6H_4N = NC_6H_4SO_3Na + 2e^- + 2H^+$$
$$= (CH_3)_2NC_6H_4NH—NHC_6H_4SO_3Na$$
$$(CH_3)_2NC_6H_4NH—NHC_6H_4SO_3Na + 2e^- + 2H^+$$
$$= (CH_3)_2NC_6H_4NH_2 + NH_2C_6H_4SO_3Na$$

以上反应为不可逆反应，因此甲基橙的还原产物不消耗 $K_2Cr_2O_7$。

反应在 HCl 介质中进行，还原 Fe^{3+} 时 HCl 溶液浓度应控制在 $4mol \cdot L^{-1}$，若大于 $6mol \cdot L^{-1}$，Sn^{2+} 会先将甲基橙还原为无色，使其无法指示 Fe^{3+} 的还原终点。同时，Cl^- 浓度过高也可能消耗 $K_2Cr_2O_7$。HCl 溶液浓度低于 $2mol \cdot L^{-1}$，则甲基橙褪色缓慢。反应完后，以二苯胺磺酸钠为指示剂，用 $K_2Cr_2O_7$ 标准溶液滴定至溶液呈紫红色，即为滴定终点。主要反应式为：

$$2FeCl_4^- + SnCl_4^{2-} + 2Cl^- = 2FeCl_4^{2-} + SnCl_6^{2-}$$
$$6Fe^{2+} + Cr_2O_7^{2-} + 14H^+ = 6Fe^{3+} + 2Cr^{3+} + 7H_2O$$

滴定突跃范围为 $0.93\sim1.34V$，使用二苯胺磺酸钠为指示剂时，由于它的条件电位为 $0.85V$，因而需加入 H_3PO_4 使滴定生成的 Fe^{3+} 生成 $Fe(HPO_4)_2^-$，从而降低 Fe^{3+}/Fe^{2+} 电对的电位，使突跃范围变成 $0.71\sim1.34V$，指示剂可以在此范围内变色。同时，滴定过程中生成的 Fe^{3+} 呈黄色，影响滴定终点的观察，在溶液中加入 H_3PO_4，与 Fe^{3+} 生成无色的 $Fe(HPO_4)_2^-$ 可掩蔽 Fe^{3+}。$Sb(V)$，$Sb(III)$ 干扰本实验测定结果，不应存在。

$$w(Fe) = \frac{6C(K_2Cr_2O_7)V(K_2Cr_2O_7)M(Fe) \times 10^3}{m} \times 100\%$$

三、仪器和试剂

仪器：酸式滴定管；称量瓶；锥形瓶；台秤；分析天平；烧杯。

试剂：$K_2Cr_2O_7$ 基准或优级纯；$100g \cdot L^{-1} SnCl_2$（$10g\ SnCl_2 \cdot 2H_2O$ 溶于 40mL 浓热 HCl 溶液，加水稀释至 100mL）；H_2SO_4-H_3PO_4 混酸（将 15mL 浓 H_2SO_4 缓慢加至 70mL 水中，冷却后加入 15mL 浓 H_3PO_4 混匀）；$1g \cdot L^{-1}$ 甲基橙溶液；$2g \cdot L^{-1}$ 二苯胺磺酸钠溶液；铁矿石试样。

四、实验步骤

1. $0.017mol \cdot L^{-1} K_2Cr_2O_7$ 标准溶液的配制

将基准或优级纯 $K_2Cr_2O_7(s)$，于 $150\sim180℃$ 干燥 2h，再于干燥器中冷却至室温。用指定质量称量法准确称取 $1.2\sim1.3g\ K_2Cr_2O_7$ 于小烧杯中，加适量水溶解，定量转移至

250mL 容量瓶中，加蒸馏水稀释至刻度线，摇匀，计算 $K_2Cr_2O_7$ 溶液的准确浓度。

2. 样品的分析

准确称取 1.5～2.0g 铁矿石粉于 250mL 烧杯中，用少量蒸馏水润湿后，加入 20mL 浓 HCl 溶液，盖上表面皿，在通风柜中低温加热分解试样，若有带色不溶残渣，可滴加 20～30 滴 $100g \cdot L^{-1}$ $SnCl_2$ 溶液助溶。试样分解完全时，剩余残渣为白色或非常接近白色（即 SiO_2），此时，用少量蒸馏水吹洗表面皿及烧杯壁，冷却后将溶液定量转移至 250mL 容量瓶中，加蒸馏水稀释至刻度线并摇匀。

移取 25.00mL 试样溶液于锥形瓶中，加 8mL 浓 HCl 溶液，加热至接近沸腾，加入 6 滴甲基橙指示剂，趁热边摇动锥形瓶边缓慢滴加 $100g \cdot L^{-1}$ $SnCl_2$ 溶液还原 Fe^{3+}。溶液由橙红色变为红色，再慢慢滴加 $100g \cdot L^{-1}$ $SnCl_2$ 至溶液变为淡粉色，再摇几下直至粉色褪去。立即用流水冷却，加 50mL 蒸馏水、20mL 硫磷混酸、4 滴二苯胺磺酸钠指示剂，立即用 $K_2Cr_2O_7$ 标准溶液滴定至溶液呈现稳定的紫红色即为滴定终点，平行测定 3 次，计算矿石中铁的含量（质量分数）。

五、数据记录及结果处理

项目	序号		
	I	II	III
$m(K_2Cr_2O_7)/g$			
$C(K_2Cr_2O_7)/(mol \cdot L^{-1})$			
m（铁矿石）/g			
所耗 $V(K_2Cr_2O_7)/mL$			
$w(Fe)/\%$			
$\bar{w}(Fe)/\%$			
$\lvert d_i \rvert$			
相对平均偏差 $d_r/\%$			

六、注意事项

1. 溶解过程中温度应保持在 80～90℃。温度低溶解慢、溶不完；温度高 $FeCl_3$ 容易挥发。

2. 除去过量的 $SnCl_4^{2-}$：$SnCl_4^{2-}$ 消耗 $Cr_2O_7^{2-}$，所以必须除去。

3. 预处理的条件：溶液温度应控制在 60～90℃，温度低 $SnCl_2$ 先还原甲基橙，滴定终点无法指示，且还原 Fe^{3+} 速度慢，还原不彻底；温度高 $FeCl_3$ 易挥发；溶液的 HCl 浓度应控制在 $4mol \cdot L^{-1}$，若大于 $6mol \cdot L^{-1}$ Sn^{2+} 会先将甲基橙还原为无色，无法指示 Fe^{3+} 的还原反应。HCl 溶液浓度低于 $2mol \cdot L^{-1}$ 则甲基橙褪色缓慢。

4. Cr(VI) 污染环境，实验废液回收，统一处理。

七、思考题

1. $K_2Cr_2O_7$ 为什么可以直接配制成准确浓度的溶液？

2. 分解铁矿石时，如果加热至沸，会对结果产生什么影响？

3. $SnCl_2$ 还原 Fe^{3+} 的条件是什么？怎样控制 $SnCl_2$ 不过量？

4. $K_2Cr_2O_7$ 法测定铁矿石中全铁含量时，滴定前为什么要加入 H_3PO_4？加入 H_3PO_4 后为何要立即滴定？

5. 本实验中甲基橙起什么作用？

实验 6-4　重铬酸钾法测定铁矿石中铁的含量——$SnCl_2$-$HgCl_2$ 法

一、实验目的

1. 学习用酸分解矿石试样的方法。
2. 掌握铁矿石中全铁的测定原理。
3. 学习氧化还原滴定前的预处理。
4. 了解二苯胺磺酸钠指示剂的作用原理。
5. 掌握滴定终点的判断。

二、实验原理

用 HCl 溶液分解铁矿石后，在浓、热 HCl 溶液中用 $SnCl_2$ 将 Fe^{3+} 还原为 Fe^{2+}，过量的 $SnCl_2$ 用 $HgCl_2$ 氧化除去，所生成的 Hg_2Cl_2 白色丝状沉淀不会被滴定剂 $K_2Cr_2O_7$ 氧化。然后在硫磷混酸介质中，以二苯胺磺酸钠为指示剂，用 $K_2Cr_2O_7$ 标准溶液滴定至溶液出现紫色，即达滴定终点。主要反应式如下：

$$2Fe^{3+}+SnCl_4^{2-}+2Cl^-\Longrightarrow 2Fe^{2+}+SnCl_6^{2-}$$

$$SnCl_4^{2-}+2HgCl_2\Longrightarrow SnCl_6^{2-}+Hg_2Cl_2\downarrow$$

$$6Fe^{2+}+Cr_2O_7^{2-}+14H^+\Longrightarrow 6Fe^{3+}+2Cr^{3+}+7H_2O$$

随着滴定的进行，Fe^{3+} 的浓度越来越大，$FeCl_4^-$ 的黄色不利于终点的观察，可借加入的 H_3PO_4 与 Fe^{3+} 生成的无色 $Fe(HPO_4)_2^-$ 离子而消除。同时，由于 $Fe(HPO_4)_2^-$ 的生成，降低了 Fe^{3+}/Fe^{2+} 电对的电极电位，使化学计量点附近的电位突跃增大，指示剂二苯胺磺酸钠的变色点落入突跃范围之内，提高了滴定的准确度。

$$w(\mathrm{Fe})=\frac{6C(K_2Cr_2O_7)V(K_2Cr_2O_7)M(\mathrm{Fe})\times 10^3}{m}\times 100\%$$

用 $SnCl_2$-$HgCl_2$-$K_2Cr_2O_7$ 有汞法测定铁的含量，方法成熟，准确度高。但由于使用了 $HgCl_2$，将有害元素 Hg 引入环境，造成了环境污染，这是有汞法测定铁含量的最大缺点。

三、仪器和试剂

仪器：酸式滴定管；称量瓶；锥形瓶；台秤；分析天平；烧杯。
试剂：基准或优级纯 $K_2Cr_2O_7$；$50\mathrm{g}\cdot L^{-1}SnCl_2$（5g $SnCl_2\cdot 2H_2O$ 溶于 40mL 浓热

HCl 溶液，加水稀释至 100mL）；50g·L^{-1}HgCl$_2$；H$_2$SO$_4$-H$_3$PO$_4$ 混酸（将 15mL 浓 H$_2$SO$_4$ 缓慢加至 70mL 水中，冷却后加入 15mL 浓 H$_3$PO$_4$ 混匀）；2g·L^{-1} 二苯胺磺酸钠溶液；铁矿石试样。

四、实验步骤

1. 0.017mol·L^{-1}K$_2$Cr$_2$O$_7$ 标准溶液的配制

将基准或优级纯 K$_2$Cr$_2$O$_7$(s)，于 150～180℃ 干燥 2h，置于干燥器中冷却至室温。准确称取 1.2～1.3g K$_2$Cr$_2$O$_7$ 于 100mL 小烧杯中，加适量水溶解，定量转移至 250mL 容量瓶中，加水稀释至刻度线，摇匀，计算其准确浓度。

2. 铁矿中铁含量的测定

准确称取 0.15～0.25g 铁矿石粉 3 份，分别置于 250mL 锥形瓶中，用少量水润湿，加入 15mL 浓 HCl 溶液，盖上表面皿，在通风柜中低温加热分解试样，若有带色不溶残渣，可滴加 8～10 滴 50g·L^{-1}SnCl$_2$ 溶液助溶。试样分解完全时，残渣应接近白色（SiO$_2$），此时溶液呈橙黄色，用少量水吹洗表面皿及锥形瓶内壁。

趁热用滴管小心滴加 50g·L^{-1}SnCl$_2$ 溶液以还原 Fe^{3+}，边滴边摇，直到溶液的黄色刚褪去，再多加 1～2 滴。加入 20mL 水，并用流水冲洗锥形瓶外壁，以使溶液迅速冷却至室温，立即一次性加入 HgCl$_2$ 溶液 10mL，摇匀，此时出现 Hg$_2$Cl$_2$ 白色丝状沉淀，放置 3～5min，使反应完全。

将试液加水稀释至 150mL，加入 15mL 硫磷混酸、4～6 滴二苯胺磺酸钠指示剂，立即用 K$_2$Cr$_2$O$_7$ 标准溶液滴定至溶液呈稳定的紫色，即为滴定终点，计算矿石中铁的含量（质量分数）。

五、数据记录及结果处理

项目	序号		
	Ⅰ	Ⅱ	Ⅲ
m(K$_2$Cr$_2$O$_7$)/g			
C(K$_2$Cr$_2$O$_7$)/(mol·L^{-1})			
m(铁矿石)/g			
所耗 V(K$_2$Cr$_2$O$_7$)/mL			
w(Fe)/%			
$\bar{w}$(Fe)/%			
$|d_i|$			
相对平均偏差 d_r/%			

六、注意事项

1. 溶解过程中温度应保持在 80～90℃。温度低溶解慢、溶不完；温度高 FeCl$_3$ 易挥发。

2. SnCl$_2$ 溶液还原 Fe^{3+} 时，溶液温度不能太低，否则还原 Fe^{3+} 速度慢，黄色褪去不易观察，若 SnCl$_2$ 过量过多，在下一步骤中不易完全除去。

3. 在加入 HgCl$_2$ 前，使溶液迅速冷却至室温。在热溶液中，Hg^{2+} 可能氧化 Fe^{2+} 引起误差；但如果溶液自然冷却，在长时间放置过程中部分 Fe^{2+} 可能被空气氧化。

4. 二苯胺磺酸钠指示剂能消耗一定量的 $K_2Cr_2O_7$，故不能多加。

5. 在硫磷混酸中铁电对的电位降低，Fe^{2+} 更易被氧化，必须立即滴定。

6. $Cr(\text{Ⅵ})$ 污染环境，实验废液回收，统一处理。

七、思考题

1. 以 $K_2Cr_2O_7$ 溶液滴定 Fe^{2+} 时，加入 H_3PO_4 的作用是什么？

2. 比较有汞法测铁和无汞法测铁的优缺点。

实验 6-5 $Na_2S_2O_3$ 标准溶液的标定及铜盐中铜含量的测定

一、实验目的

1. 掌握硫代硫酸钠标准溶液的配制和保存条件。

2. 了解标定硫代硫酸钠标准溶液浓度的原理和方法。

3. 掌握间接碘量法的测定条件。

4. 掌握铜盐中铜含量的测定原理和碘量法的测定方法。

5. 学会滴定终点的判断和观察。

二、实验原理

1. $Na_2S_2O_3$ 标准溶液的配制和标定

碘量法，是利用碘的氧化性和碘离子（I^-）的还原性进行容量分析的方法。碘量法使用的标准溶液主要有硫代硫酸钠和碘标准溶液两种，现分别讨论如下。

硫代硫酸钠（$Na_2S_2O_3 \cdot 5H_2O$）一般含有少量杂质，同时还容易风化和潮解，因此不能直接配制准确浓度的溶液，需采用间接配制法配制 $Na_2S_2O_3$ 的标准溶液。

$Na_2S_2O_3$ 溶液不够稳定，容易分解。水中的 CO_2、细菌和光照都能使其分解，水中的 O_2 也能将其氧化。故配制 $Na_2S_2O_3$ 溶液时，最好采用新煮沸并冷却的蒸馏水，以除去水中的 CO_2 和 O_2，并杀死细菌；加入少量 Na_2CO_3 使溶液呈碱性以抑制 $Na_2S_2O_3$ 的分解和细菌的生长；贮放于棕色瓶中，放置几天后再进行标定。长期使用的溶液应定期标定。

通常采用 $K_2Cr_2O_7$ 作为基准物质，以淀粉为指示剂，用间接碘量法标定 $Na_2S_2O_3$ 溶液，因为 $K_2Cr_2O_7$ 和 $Na_2S_2O_3$ 的反应物有多种，不能按确定的反应进行，故不能用 $K_2Cr_2O_7$ 直接滴定 $Na_2S_2O_3$；而应加入过量的 KI 与 $K_2Cr_2O_7$ 反应，析出与 $K_2Cr_2O_7$ 计量相当的 I_2，再用 $Na_2S_2O_3$ 溶液滴定 I_2，反应方程式如下：

$$Cr_2O_7^{2-} + 6I^- + 14H^+ =\!=\!= 2Cr^{3+} + 3I_2 + 7H_2O$$

$$I_2 + 2S_2O_3^{2-} =\!=\!= 2I^- + S_4O_6^{2-}$$

$Cr_2O_7^{2-}$ 和 I^- 的反应速率较慢，为了加快反应速率，可控制溶液的酸度为 $0.2 \sim 0.4 mol \cdot L^{-1}$

HCl溶液，同时加入过量的KI，并在暗处放置一定时间。但在滴定前需将溶液稀释以降低酸度，以防止$Na_2S_2O_3$在滴定过程中遇酸而分解。

还可以用碘标准溶液进行标定。碘可以通过升华法制得纯试剂，但因其升华及对天平有腐蚀性，故不宜用直接法配制I_2标准溶液，而采用间接法配制，可以用基准物质As_2O_3来标定I_2溶液。由于As_2O_3为剧毒物，实际工作中常用已知浓度的硫代硫酸钠标准溶液标定碘溶液。

2. 铜含量的测定

$CuSO_4 \cdot 5H_2O$是农药波尔多液的主要成分，$CuSO_4 \cdot 5H_2O$中的铜含量测定常用间接碘量法。

在弱酸性溶液中（pH＝3～4），Cu^{2+}与过量的I^-作用，生成难溶性的CuI沉淀和I_2。生成的I_2可用淀粉溶液为指示剂，以$Na_2S_2O_3$标准溶液滴定，滴定至溶液的蓝色刚好消失即为滴定终点。其反应式为：

$$2Cu^{2+} + 4I^- \!=\!=\!= 2CuI\downarrow + I_2$$

$$I_2 + 2S_2O_3^{2-} \!=\!=\!= S_4O_6^{2-} + 2I^-$$

CuI沉淀表面易吸附少量I_2，这部分I_2不与淀粉作用，而使滴定终点提前。为此应在邻近滴定终点时加入NH_4SCN或KSCN溶液，使CuI（$K_{sp}=1.1\times10^{-12}$）沉淀转化为溶解度更小的CuSCN（$K_{sp}=4.8\times10^{-15}$）沉淀，从而释放出被吸附的I_2，提高测定结果的准确度。

$$CuI + SCN^- \!=\!=\!= CuSCN\downarrow + I^-$$

根据$Na_2S_2O_3$标准溶液的浓度、消耗的体积及试样的质量，计算试样中铜的含量。

三、仪器和试剂

仪器：分析天平；碱式滴定管；移液管；称量瓶；锥形瓶；台秤；烧杯。

试剂：$0.017mol \cdot L^{-1} K_2Cr_2O_7$标准溶液；$Na_2S_2O_3 \cdot 5H_2O$（AR）；$6mol \cdot L^{-1} HCl$溶液；$100g \cdot L^{-1} KI$溶液；$5g \cdot L^{-1}$淀粉指示剂，使用前配制。

四、实验步骤

1. $0.1mol \cdot L^{-1} Na_2S_2O_3$溶液的配制

用台秤称取$13g$ $Na_2S_2O_3 \cdot 5H_2O$溶于刚煮沸并冷却后的$500mL$蒸馏水中，加约$0.1g$ Na_2CO_3，保存于棕色瓶中，塞好瓶塞，于暗处放置一周后标定。

2. $0.1mol \cdot L^{-1} Na_2S_2O_3$溶液的标定

（1）$0.017mol \cdot L^{-1} K_2Cr_2O_7$标准溶液的配制

准确称取$K_2Cr_2O_7$ $1.2～1.3g$于$100mL$小烧杯中，加蒸馏水约$30mL$溶解后定量转移至$250mL$容量瓶中，加水稀释至刻度线，充分摇匀，计算其准确浓度。

（2）$Na_2S_2O_3$溶液的标定

准确移取$25.00mL$ $K_2Cr_2O_7$标准溶液于$250mL$碘量瓶中，加入$100g \cdot L^{-1} KI$溶液$10mL$和$6mol \cdot L^{-1} HCl$溶液$5mL$，加盖摇匀，在暗处放置$5min$，待反应完全，加入

100mL 水稀释，用待标定的 $Na_2S_2O_3$ 溶液滴定至溶液呈浅黄绿色后加入 2mL 淀粉指示剂，继续滴定至溶液由蓝色变为亮绿色即为滴定终点。记下消耗的 $Na_2S_2O_3$ 溶液的体积，计算 $Na_2S_2O_3$ 标准溶液的浓度。平行测定 3 次。

3. 铜含量的测定

准确称取 $CuSO_4 \cdot 5H_2O$ 样品 0.5～0.6g，置于 250mL 锥形瓶中，加 5mL 1mol·L^{-1} H_2SO_4 和 100mL 水使其溶解。加入 10mL 100g·L^{-1} KI，立即用 $Na_2S_2O_3$ 标准溶液滴定至溶液呈浅黄色，再加入 2mL 淀粉指示剂，继续滴定至溶液呈浅蓝色，再加入 10mL 100g·L^{-1} KSCN，溶液蓝色转深，再继续用 $Na_2S_2O_3$ 标准溶液滴定至溶液蓝色刚好消失即为滴定终点，此时溶液呈米色或浅肉红色。平行测定 3 次，计算 $CuSO_4 \cdot 5H_2O$ 中的 Cu 的质量分数和相对平均偏差。

五、数据记录及结果处理

1. 0.1mol·L^{-1} $Na_2S_2O_3$ 溶液的标定

项目	序号		
	Ⅰ	Ⅱ	Ⅲ
$m(K_2Cr_2O_7)$/g			
$C(K_2Cr_2O_7)$/(mol·L^{-1})			
$V(K_2Cr_2O_7)$/mL		25.00	
所耗 $V(Na_2S_2O_3)$/mL			
$C(Na_2S_2O_3)$/(mol·L^{-1})			
$\bar{C}(Na_2S_2O_3)$/(mol·L^{-1})			
$|d_i|$			
相对平均偏差 d_r/%			

2. 铜含量的测定

项目	序号		
	Ⅰ	Ⅱ	Ⅲ
$m(CuSO_4 \cdot 5H_2O)$/g			
$V(Na_2S_2O_3)$/mL			
$w(Cu)$/%			
$\bar{w}(Cu)$/%			
$|d_i|$			
相对平均偏差 d_r/%			

六、注意事项

1. 若无碘量瓶，可用锥形瓶盖上表面皿代替。

2. 淀粉溶液必须在接近滴定终点时加入，否则易引起淀粉凝聚，而且吸附在淀粉上的 I_2 不易释出，影响测定结果。

3. 滴定后的溶液放置后会变蓝色，这是由于光照可加速空气氧化溶液中的 I^- 生成少量的 I_2 所致，酸度越大此反应越快。如经过 5～10min 后才变蓝属于正常；如很快而且又不断变蓝，则说明 $K_2Cr_2O_7$ 和 KI 的作用在滴定前进行得不完全，溶液稀释得太早。遇到后者情况，实验应重做。

4．注意平行原则，KI 做一份加一份。

5．淀粉指示剂应在临近滴定终点时加入，不能加入过早。

6．NH_4SCN 溶液只能在临近滴定终点时加入。

七、思考题

1．如何配制和保存 $Na_2S_2O_3$ 溶液？

2．标定 $Na_2S_2O_3$ 溶液的基准物质有哪些？以 $K_2Cr_2O_7$ 标定 $Na_2S_2O_3$ 溶液时，滴定终点的亮绿色是什么物质的颜色？

3．本实验加入 KI 的作用是什么？

4．本实验为什么要加入 KSCN？为什么不能过早地加入？

5．若试样中含有铁，则加入何种试剂以消除铁对测定铜的干扰，并控制溶液 pH＝3～4？

 实验 6-6　溴酸钾法测定苯酚的含量

一、实验目的

1．了解和掌握溴酸钾法与碘量法配合使用来间接测定苯酚含量的原理和方法。

2．掌握碘量瓶的使用方法。

3．了解"空白试验"的意义和作用，学会"空白试验"的方法和应用。

二、实验原理

苯酚是煤焦油的主要成分之一，也是许多高分子材料、合成染料、医药和农药等方面的主要原料，还被广泛用于消毒、杀菌。由于苯酚的生产和应用广泛，造成环境污染，因此对它含量的测定是常规检测的主要项目之一。

对苯酚含量的测定是基于苯酚与 Br_2 作用生成稳定的三溴苯酚（白色沉淀）：

$$\text{（结构式）} + 3Br_2 \longrightarrow \text{（结构式）} + 3H^+ + 3Br^-$$

由于上述反应进行得较慢，而且 Br_2 极易挥发，因此不能用 Br_2 液直接滴定，而应用过量 Br_2 与苯酚进行溴代反应。由于 Br_2 溶液浓度不稳定，一般使用 $KBrO_3$（含有 KBr）标准溶液在酸性介质中反应以产生游离的 Br_2。

$$BrO_3^- + 5Br^- + 6H^+ \Longrightarrow 3Br_2 + 3H_2O$$

溴代反应完毕后，过量的 Br_2 再用还原剂标准溶液滴定。但是一般常用的还原性滴定剂 $Na_2S_2O_3$，易被 Br_2、Cl_2 等较强氧化剂非定量地氧化为 SO_4^{2-}，因而不能用 $Na_2S_2O_3$ 直接滴定 Br_2（而且 Br_2 易挥发损失）。因此过量的 Br_2 应与过量 KI 作用，置换出 I_2：

$$Br_2 + 2KI \Longrightarrow I_2 + 2KBr$$

析出的 I_2 再用 $Na_2S_2O_3$ 标准溶液滴定：

$$I_2 + 2Na_2S_2O_3 \Longrightarrow 2NaI + Na_2S_4O_6$$

在这个测定过程中，$Na_2S_2O_3$ 溶液的浓度是在与测定苯酚含量相同条件下进行标定得到的，这样可以减少由 Br_2 的挥发损失等因素而引起的误差。

同时，加入的 Br_2 量也不是由 $KBrO_3$-KBr 标准溶液的用量计算获得的，而是由空白实验实际测得的，这样可以减少由 Br_2 的挥发损失等因素而引起的误差。

由上述反应可以看出，被测苯酚与滴定剂 $Na_2S_2O_3$ 间存在如下的化学计量关系：

$$OH \longleftrightarrow 3Br_2 \longleftrightarrow 3I_2 \longleftrightarrow 6Na_2S_2O_3$$

从而可容易地确定苯酚与 $Na_2S_2O_3$ 的化学计量关系。再由加入的 Br_2 量（即空白试验消耗的 $Na_2S_2O_3$ 的量）和剩余的 Br_2 量（滴定试样消耗 $Na_2S_2O_3$ 的量）计算试样中苯酚的含量。

$$w(C_6H_5OH) = \frac{C(BrO_3^-)V(BrO_3^-) - \frac{1}{6}C(S_2O_3^{2-})V(S_2O_3^{2-}) \times M(C_6H_5OH)}{m(s)} \times 100\%$$

三、仪器和试剂

仪器：分析天平；碱式滴定管；移液管；称量瓶；锥形瓶；台秤；烧杯。

试剂：$0.1000\text{mol} \cdot L^{-1}$ $KBrO_3$-KBr 标准溶液：准确称取 $0.6959g$ $KBrO_3$ 置于小烧杯中，加入 $4g$ KBr，用水溶解后，定量转移至 $250mL$ 容量瓶中，以水稀释至刻度线，摇匀；$0.05\text{mol} \cdot L^{-1}$ $Na_2S_2O_3$ 溶液；$5g \cdot L^{-1}$ 淀粉溶液，使用前配制；$100g \cdot L^{-1}$ KI 溶液；$6\text{mol} \cdot L^{-1}$ HCl 溶液；$100g \cdot L^{-1}$ $NaOH$ 溶液；苯酚试样。

四、实验步骤

1. $Na_2S_2O_3$ 溶液的标定

准确移取 $25.00mL$ $KBrO_3$-KBr 标准溶液于 $250mL$ 碘量瓶中，加入 $25mL$ 水，$10mL$ $6\text{mol} \cdot L^{-1}$ HCl 溶液，摇匀，加塞，放置 $5\sim10min$；然后加入 $20mL$ $100g \cdot L^{-1}$ KI 溶液，摇匀，加塞，再放置 $5\sim10min$；用 $Na_2S_2O_3$ 溶液滴定至溶液呈浅黄色。加入 $2mL$ $5g \cdot L^{-1}$ 淀粉溶液，继续滴定至溶液蓝色消失，即为滴定终点。平行测定 3 次。

2. 苯酚试样含量的测定

于 $100mL$ 烧杯中准确称取苯酚试样 $0.2\sim0.3g$，加入 $5mL$ $100g \cdot L^{-1}$ $NaOH$ 溶液，加少量水溶解后，定量转入 $250mL$ 容量瓶中，稀释至刻度线，摇匀。准确吸取试液 $10.00mL$ 于 $250mL$ 碘量瓶中，再吸取 $25.00mL$ $KBrO_3$-KBr 标准溶液加入碘量瓶中，并加入 $10mL$ HCl 溶液（$6\text{mol} \cdot L^{-1}$），迅速加塞振荡 $1\sim2min$，此时生成白色的三溴苯酚沉淀和 Br_2，再避光静置 $5\sim10min$，加入 $20mL$ $100g \cdot L^{-1}$ KI 溶液，避光静置 $5\sim10min$ 后，用少量水冲洗瓶塞及瓶颈上的附着物，用 $Na_2S_2O_3$ 标准溶液滴定至溶液呈浅黄色，加入 $2mL$ $5g \cdot L^{-1}$ 淀粉溶液，继续滴定至溶液蓝色消失，即为滴定终点。平行测定 3 次。根据实验结果计算苯酚含量。

五、数据记录及结果处理

1. Na$_2$S$_2$O$_3$ 溶液的标定

项目	序号		
	I	II	III
$C(\text{KBrO}_3\text{-KBr})/(\text{mol}\cdot\text{L}^{-1})$			
$V(\text{KBrO}_3\text{-KBr})/\text{mL}$		25.00	
所耗 $V(\text{Na}_2\text{S}_2\text{O}_3)/\text{mL}$			
$C(\text{Na}_2\text{S}_2\text{O}_3)/(\text{mol}\cdot\text{L}^{-1})$			
$\bar{C}(\text{Na}_2\text{S}_2\text{O}_3)/(\text{mol}\cdot\text{L}^{-1})$			
$\lvert d_i \rvert$			
相对平均偏差 $d_r/\%$			

2. 苯酚试样的测定

项目	序号		
	I	II	III
$m(\text{苯酚})/\text{g}$			
$V(\text{Na}_2\text{S}_2\text{O}_3)/\text{mL}$			
$w(\text{苯酚})/\%$			
$\bar{w}(\text{苯酚})/\%$			
$\lvert d_i \rvert$			
相对平均偏差 $d_r/\%$			

六、注意事项

1. 加 KI 溶液时，不要打开瓶塞，只能稍松开瓶塞，使 KI 溶液沿瓶塞流入，以免 Br$_2$ 挥发损失。

2. 三溴苯酚沉淀易包裹 I$_2$，故在临近滴定终点时，应剧烈振荡碘量瓶。

七、思考题

1. 为什么测定苯酚含量要在碘量瓶中进行？若用锥形瓶代替碘量瓶会产生什么影响？

2. 试分析溴酸钾法测定苯酚含量的主要误差来源。

3. 标定 Na$_2$S$_2$O$_3$ 及测定苯酚含量时，能否用 Na$_2$S$_2$O$_3$ 溶液直接滴定 Br$_2$？为什么？

 ## 实验 6-7　高锰酸钾滴定法测定钙片中的钙含量

一、实验目的

1. 掌握用高锰酸钾滴定法测定钙含量的原理和方法。

2. 了解沉淀分离的基本要求和操作。

二、实验原理

补钙类保健食品及补钙制剂在国内外发展很快，钙是保健食品、钙制品及乳品中常规营养分析必须检测的质量指标，其中钙片也是如此，而准确提供钙片中钙的含量，也是衡量钙片制品质量的主要依据。

钙片的主要成分为碳酸钙，还含有甘露醇、乳糖、淀粉、维生素 D、甜橙香精、柠檬酸、阿斯巴甜和苋菜红。钙主要以碳酸钙的形式存在，钙含量的测定方法有酸碱滴定法、配位滴定法和氧化还原滴定法，以及原子吸收光谱法、化学电位分析法等。

本实验采用高锰酸钾滴定法测定钙片中的钙含量，简单、快捷、准确、干扰小。将样品用酸处理成溶液，使 Ca^{2+} 溶解在溶液中。Ca^{2+} 在一定条件下与 $C_2O_4^{2-}$ 作用，形成白色 CaC_2O_4 沉淀。过滤洗涤后再将 CaC_2O_4 沉淀溶于热的稀 H_2SO_4 中。用 $KMnO_4$ 标准溶液滴定与 Ca^{2+} 1∶1 结合的 $C_2O_4^{2-}$ 含量。其反应式如下：

$$Ca^{2+} + C_2O_4^{2-} = CaC_2O_4$$

$$CaC_2O_4 + 2H^+ = Ca^{2+} + H_2C_2O_4$$

$$5H_2C_2O_4 + 2MnO_4^- + 6H^+ = 2Mn^{2+} + 10CO_2 + 8H_2O$$

沉淀 Ca^{2+} 时，为了得到易于过滤和洗涤的粗晶形沉淀，必须很好地控制沉淀的条件。通常是在含 Ca^{2+} 的酸性溶液中加入足够使 Ca^{2+} 沉淀完全的 $(NH_4)_2C_2O_4$ 沉淀剂。酸性溶液中 $C_2O_4^{2-}$ 大部分以 $HC_2O_4^-$ 的形式存在，这样会影响 CaC_2O_4 的生成，所以在加入沉淀剂后必须慢慢滴加氨水，使溶液中 H^+ 逐渐被中和，$C_2O_4^{2-}$ 浓度缓慢地增加，这样就易得到 CaC_2O_4 粗晶形沉淀。沉淀完毕，溶液 pH 值还在 3.5～4.5，既可防止其他难溶性钙盐的生成，又不致使 CaC_2O_4 溶解度太大。加热半小时使沉淀陈化（陈化的过程中小颗粒晶体溶解，大颗粒晶体长大）。过滤后沉淀表面吸附的 $C_2O_4^{2-}$ 必须洗净，否则分析结果偏高。CaC_2O_4 沉淀溶解于稀 H_2SO_4 中，加热至 75～85℃，再用 $KMnO_4$ 标准溶液滴定。

三、仪器和试剂

仪器：酸式滴定管；容量瓶；移液管；洗耳球；分析天平；称量瓶。

试剂：药剂钙片；$0.02mol \cdot L^{-1}$ $KMnO_4$ 标准溶液；$0.1mol \cdot L^{-1}$ HCl 溶液；$0.05mol \cdot L^{-1}$ $(NH_4)_2C_2O_4$ 溶液；$6mol \cdot L^{-1}$ HCl 溶液；$1mol \cdot L^{-1}$ H_2SO_4。

四、实验步骤

1. 样品预处理

将钙片试样在研钵中研细后，准确称取 0.5g（准确至 0.0001g）于 250mL 烧杯中，加少量水润湿后，加入 5mL $6mol \cdot L^{-1}$ HCl 溶液，并轻轻摇动烧杯，用小火加热促使其溶解。冷却后，用蒸馏水稀释并转移至 250mL 容量瓶中，加水定容至刻度线。

准确移取 25.00mL 上述溶液于 250mL 烧杯中，加入 2～3 滴甲基橙指示剂，再滴加 $7mol \cdot L^{-1}$ 氨水至溶液由红色变为黄色，然后趁热逐滴加入约 50mL $0.05mol \cdot L^{-1}$ $(NH_4)_2C_2O_4$ 溶液，在低温电热板（或水浴）上陈化 30min。冷却后过滤（先将上层清液倾入漏斗中），将烧杯中的沉淀洗涤数次后转入漏斗中，继续洗涤沉淀至无 Cl^- （承接洗涤液，在 HNO_3 介质中以 $AgNO_3$ 检验）。

2. 测定

取下带有沉淀的滤纸放在烧杯中，并用少量 $1mol \cdot L^{-1} H_2SO_4$ 溶液冲洗漏斗，洗涤液也收在烧杯中。再加入 $50mL\ 1mol \cdot L^{-1} H_2SO_4$ 溶液使 CaC_2O_4 沉淀溶解，将溶液稀释至约 $100mL$，加热溶液到 $75 \sim 85℃$，用 $KMnO_4$ 标准溶液滴定至溶液呈微红色，30s 内不褪色即为滴定终点。记录消耗 $KMnO_4$ 的体积 V_1。

3. 空白试验

另取一张滤纸，放入 $250mL$ 烧杯中，加入 $1mol \cdot L^{-1} H_2SO_4$ 溶液（其用量与溶解 CaC_2O_4 时体积相同），稀释至 $100mL$，加热溶液到 $75 \sim 85℃$，用 $KMnO_4$ 标准溶液滴定至溶液呈微红色，30s 内不褪色即为滴定终点，记录消耗 $KMnO_4$ 的体积 V_2。

$$w(Ca) = \frac{\frac{5}{2} \times C \times (V - V_0) \times 10^{-3} \times 40.08}{m(\text{钙片}) \times \frac{V_1}{V_2}} \times 100\%$$

五、数据记录及结果处理

项目	序号		
	I	II	III
$m(\text{钙片})/g$			
$V(Ca^{2+})/mL$			
消耗 $V(KMnO_4)/mL$			
$w(Ca)/\%$			
$\bar{w}(Ca)/\%$			
$|d_i|$			
相对平均偏差 $d_r/\%$			

六、注意事项

1. 注意滴定速度，防止滴定过量。
2. 实验时，必须将滤纸上的沉淀洗涤干净，滤纸一定要放入烧杯中一起滴定。

七、思考题

1. 用 $(NH_4)_2C_2O_4$ 溶液沉淀 Ca^{2+} 时，pH 值应控制在多少？为什么？
2. 加入 $(NH_4)_2C_2O_4$ 溶液时，为什么要洗涤至无 Cl^-？
3. 试比较高锰酸钾滴定法和配位滴定法测定 Ca^{2+} 含量的优缺点。

第七章

沉淀滴定和重量分析实验

 ## 实验 7-1　可溶性氯化物中氯含量的测定（莫尔法）

一、实验目的

1. 掌握莫尔法测定氯离子含量的方法原理。
2. 掌握铬酸钾指示剂的正确使用方法。

二、实验原理

某些可溶性氯化物中氯含量的测定常采用莫尔法。此法是在中性或弱碱性溶液中，以 K_2CrO_4 为指示剂，用 $AgNO_3$ 标准溶液进行滴定。由于 $AgCl$ 的溶解度比 Ag_2CrO_4 的小，因此溶液中首先析出 $AgCl$ 沉淀，当 $AgCl$ 沉淀定量析出后，过量一滴 $AgNO_3$ 溶液即与 CrO_4^{2-} 生成砖红色 Ag_2CrO_4 沉淀，表示达到滴定终点。主要反应式如下：

$$Ag^+ + Cl^- \Longrightarrow AgCl \downarrow（白色）\quad K_{sp} = 1.8 \times 10^{-10}$$

$$Ag^+ + CrO_4^{2-} \Longrightarrow Ag_2CrO_4 \downarrow（砖红色）\quad K_{sp} = 2.0 \times 10^{-12}$$

滴定须在中性或在弱碱性溶液中进行，最适宜 pH 值范围为 $6.5 \sim 10.5$，如有铵盐存在，溶液的 pH 值范围最好控制在 $6.5 \sim 7.2$。

指示剂的用量对滴定有影响，一般浓度以 $5.0 \times 10^{-3} mol \cdot L^{-1}$ 为宜，凡是能与 Ag^+ 生成难溶化合物或配合物的阴离子都干扰测定，如 AsO_4^{3-}、AsO_3^{3-}、S^{2-}、CO_3^{2-}、$C_2O_4^{2-}$ 等，其中 H_2S 可加热煮沸除去，将 SO_3^{2-} 氧化成 SO_4^{2-} 后不再干扰测定。大量 Cu^{2+}、Ni^{2+}、Co^{2+} 等有色离子将影响滴定终点的观察。凡是能与 CrO_4^{2-} 指示剂生成难溶化合物的阳离子也干扰测定，如 Ba^{2+}、Pb^{2+} 能与 CrO_4^{2-} 分别生成 $BaCrO_4$ 和 $PbCrO_4$ 沉淀。Ba^{2+} 的干扰可加入过量 Na_2SO_4 消除。

Al^{3+}、Fe^{3+}、Bi^{3+}、Sn^{4+} 等高价金属离子在中性或弱碱性溶液中易水解产生沉淀，也不应存在。

三、仪器和试剂

仪器：电子天平；酸式滴定管；移液管；容量瓶。

试剂：NaCl 基准试剂（在 $500 \sim 600℃$ 灼烧半小时后，放置在干燥器中冷却。也可将 NaCl 置于带盖的瓷坩埚中，加热，并不断搅拌，待爆炸声停止后，将坩埚放入干燥器中冷却后备用）；$50g \cdot L^{-1} K_2CrO_4$ 溶液；$0.1mol \cdot L^{-1} AgNO_3$ 溶液（溶解 8.5g $AgNO_3$ 于

500mL 不含 Cl⁻ 的蒸馏水中，将溶液转入到棕色试剂瓶中，置暗处保存，以防止见光分解）；氯化物试样。

四、实验步骤

1. AgNO₃ 溶液的标定

准确称取 0.5~0.65g 基准 NaCl，置于小烧杯中，用蒸馏水溶解后，转入 100mL 容量瓶中，加水稀释至刻度线，摇匀。准确移取 25.00mL NaCl 标准溶液于 250mL 锥形瓶中，加入 25mL 水，加入 1mL 50g·L⁻¹ K₂CrO₄ 溶液，在不断摇动下，用 AgNO₃ 溶液滴定至溶液呈砖红色即为滴定终点，记录消耗 AgNO₃ 溶液体积 V_1，平行测定三次，计算 AgNO₃ 溶液的准确浓度。

2. 试样测定

准确称取 1.3g NaCl 试样置于烧杯中，加水溶解后，转入 250mL 容量瓶中，用水稀释至刻度线，摇匀。

准确移取 25.00mL NaCl 试液于 250mL 锥形瓶中，加入 25mL 水，加入 1mL 50g·L⁻¹ K₂CrO₄ 溶液，在不断摇动下，用 AgNO₃ 溶液滴定至溶液呈现砖红色即为滴定终点，记录消耗 AgNO₃ 溶液体积 V_2，平行测定三份。

根据试样的质量和滴定中消耗 AgNO₃ 标准溶液的体积，计算试样中 Cl⁻ 的含量及相对平均偏差。

五、数据记录及结果处理

1. AgNO₃ 溶液的标定

项目	序号		
	I	II	III
m(基准 NaCl)/g			
C(基准 NaCl)/(mol·L⁻¹)			
V(基准 NaCl)/mL		25.00	
V_1(AgNO₃)/mL			
C(AgNO₃)/(mol·L⁻¹)			
$\overline{C}$(AgNO₃)/(mol·L⁻¹)			
$|d_i|$			
相对平均偏差 d_r/%			

2. 试样测定

项目	序号		
	I	II	III
m(试样 NaCl)/g			
V_2(AgNO₃)/mL			
w(Cl)/%			
$\overline{w}$(Cl)/%			
$|d_i|$			
相对平均偏差 d_r/%			

六、思考题

1. 用莫尔法测氯含量时，为什么溶液的 pH 值须控制在 6.5～10.5？

2. 以 K_2CrO_4 作指示剂时，指示剂浓度过大或过小对测定结果有何影响？

3. 用莫尔法测定"酸性光亮镀铜液"（主要成分为 $CuSO_4$ 和 H_2SO_4）中氯含量时，试液应作哪些预处理？

4. 能否用莫尔法以 NaCl 标准溶液直接滴定 Ag^+？为什么？

5. 配制好的 $AgNO_3$ 溶液要贮于棕色瓶中，并置于暗处，为什么？

实验 7-2　氯化物中氯含量的测定（佛尔哈德法）

一、实验目的

1. 学习 NH_4SCN 标准溶液的配制和标定。

2. 掌握用佛尔哈德法返滴定测定氯化物中氯含量的原理和方法。

二、实验原理

在含 Cl^- 的酸性试液中，加入一定量过量的 $AgNO_3$ 标准溶液，定量生成 AgCl 沉淀后，过量的 $AgNO_3$ 以铁铵矾为指示剂，用 NH_4SCN 标准溶液回滴，由 $FeSCN^{2+}$ 络离子的红色，指示滴定终点。主要反应为：

$$Cl^- + Ag^+（一定量过量）\!=\!=\!=\!AgCl\downarrow（白）\quad K_{sp}=1.8\times10^{-10}$$

$$Ag^+（过量）+ SCN^- \!=\!=\!=\!AgSCN\downarrow（白）\quad K_{sp}=1.0\times10^{-12}$$

$$Fe^{3+}（指示剂）+ SCN^- \!=\!=\!=\!FeSCN^{2+}（红）\quad K_1=138$$

滴定时，防止 Fe^{3+} 水解，应在酸性介质中进行，控制 $[H^+]$ 为 0.1～1mol·L^{-1}；指示剂用量大小对滴定有影响，一般控制 $[Fe^{3+}]=0.015$mol·L^{-1}；测定 Cl^- 含量时，发生反应为 $AgCl + SCN^- \!=\!=\!=\!AgSCN\downarrow + Cl^-$，为避免该现象发生可采取在溶液中加入一定量的硝基苯（有毒）或石油醚保护 AgCl 沉淀。

测定时，能与 SCN^- 生成沉淀，或生成络合物，或能氧化 SCN^- 的物质均对测定结果有干扰。AsO_4^{3-}，PO_4^{3-}，CrO_4^{2-} 等离子，由于酸效应的作用而不影响测定。

佛尔哈德法常用于直接测定银合金和矿石中银的含量。

三、仪器和试剂

仪器：电子天平；酸式滴定管；移液管；容量瓶。

试剂：0.1mol·L^{-1} $AgNO_3$ 标准溶液；0.1mol·L^{-1} NH_4SCN 溶液（称取 3.8g NH_4SCN，用 500mL 水溶解后转入试剂瓶中）；400g·L^{-1} 铁铵矾指示剂溶液（HNO_3 溶液）；6mol·L^{-1} HNO_3 溶液；硝基苯；氯化物试样。

四、实验步骤

1. NH₄SCN 溶液的标定

准确移取 25.00mL AgNO₃ 标准溶液于 250mL 锥形瓶中,加入 5mL 6mol·L⁻¹ HNO₃ 溶液,1.00mL 铁铵矾指示剂,然后用 NH₄SCN 溶液滴定。滴定时,激烈振荡溶液,当滴定至溶液颜色为淡红色稳定不变时即为滴定终点。记录所耗 NH₄SCN 溶液体积 V,平行测定 3 次,计算 NH₄SCN 溶液浓度。

2. 试样测定

准确称取 2g NaCl 试样置于烧杯中,加水溶解后,转入 250mL 容量瓶中,用水稀释至刻度线,摇匀。

准确移取 25.00mL NaCl 试液于 250mL 锥形瓶中,加入 25mL 水,加入 5mL 6mol·L⁻¹ HNO₃,由滴定管加入 AgNO₃ 标准溶液至过量 5~10mL(加入 AgNO₃ 溶液时,生成 AgCl 白色沉淀,接近化学计量点时,AgCl 是凝聚态,振荡溶液,再让其静置片刻,使沉淀沉降,然后加入几滴 AgNO₃ 溶液到清液层,如不生成沉淀,说明 AgNO₃ 已过量,这时,再适当过量 5~10mL AgNO₃ 溶液即可)。然后,加入 2mL 硝基苯,用橡皮塞塞住瓶口,激烈振荡半分钟,使 AgCl 沉淀进入硝基苯层而与溶液隔开。再加入 1.00mL 铁铵矾指示剂,用 NH₄SCN 标准溶液滴定至溶液出现红色的 $FeSCN^{2+}$ 络合物稳定不变时即为滴定终点。平行测定 3 次,计算 NaCl 试样中 Cl^- 的含量及相对平均偏差。

五、数据记录及结果处理

1. NH₄SCN 溶液的标定

项目	序号		
	Ⅰ	Ⅱ	Ⅲ
$C(AgNO_3)/(mol \cdot L^{-1})$			
$V(AgNO_3)/mL$		25.00	
$V(NH_4SCN)/mL$			
$C(NH_4SCN)/(mol \cdot L^{-1})$			
$\overline{C}(NH_4SCN)/(mol \cdot L^{-1})$			
$\lvert d_i \rvert$			
相对平均偏差 $d_r/\%$			

2. 试样测定

项目	序号		
	Ⅰ	Ⅱ	Ⅲ
m(试样 NaCl)/g			
$V(AgNO_3)/mL$			
$V(NH_4SCN)/mL$			
$w(Cl)/\%$			
$\overline{w}(Cl)/\%$			
$\lvert d_i \rvert$			
相对平均偏差 $d_r/\%$			

六、思考题

1. 佛尔哈德法测定氯含量的主要误差来源是什么？用哪些方法可加以防止？
2. 本实验为什么用 HNO_3 酸化？能否用 HCl 溶液或 H_2SO_4 溶液酸化？为什么？

实验 7-3　氯化钡中钡含量的测定（重量法）

一、实验目的

1. 了解沉淀剂在重量分析中的应用。
2. 掌握晶形沉淀的制备方法及重量分析的基本操作。

二、实验原理

　　钡能生成一系列微溶化合物，如 $BaCO_3$、$BaCrO_4$、BaC_2O_4、$BaHPO_4$、$BaSO_4$ 等，其中以 $BaSO_4$ 的溶解度最小（25℃时，0.25mg/100mL H_2O）。$BaSO_4$ 化学性质非常稳定，组成与化学式相符合，因此常以 $BaSO_4$ 重量法测 Ba 的含量。由于硫酸钡的溶解度小，若加入过量沉淀剂，其溶解度会更低，溶解损失可忽略不计。灼烧干燥法中，过量的沉淀剂 H_2SO_4 可在高温下挥发除去，故 H_2SO_4 可过量 50%～100%；微波干燥法中，过量的 H_2SO_4 不易除去，故过量的 H_2SO_4 须控制在 20%～50% 以内。此外，微波干燥法的沉淀条件和洗涤操作的要求更严格，为了得到纯净而颗粒较大的晶体沉淀，应当在热的酸性稀溶液中，在不断搅拌下逐滴加入热的稀 H_2SO_4 溶液，反应介质一般为 $0.05mol \cdot L^{-1}$ 的 HCl 溶液，加热温度以近沸较好。在酸性条件下沉淀 $BaSO_4$ 还能防止生成 $BaCO_3$、$BaHPO_4$、BaC_2C_4、$BaCrO_4$ 等沉淀。

　　将氯化钡试样溶于水后，用稀盐酸酸化，加热近沸，在不断搅拌下逐滴加入稀 H_2SO_4 溶液。生成的沉淀经陈化、过滤、洗涤后，灼烧或微波干燥，以 $BaSO_4$ 形式称量，即可求得试样中 Ba 的含量。

三、仪器和试剂

　　仪器：马弗炉；瓷坩埚；坩埚钳；长颈漏斗；微波炉；玻璃坩埚；抽滤瓶；真空泵；分析天平。

　　试剂：$1mol \cdot L^{-1} H_2SO_4$；$1mol \cdot L^{-1} HCl$；$0.1mol \cdot L^{-1} AgNO_3$；$BaCl_2 \cdot 2H_2O$ 试样。

四、实验步骤

1. 采用灼烧干燥法

（1）瓷坩埚的准备

洗净 2～3 个带盖瓷坩埚，在 800～850℃下灼烧，第一次灼烧 30～40min，第二次灼烧

15～20min，直至恒重。如此操作直到两次称量不超过 0.3mg，即已恒重。

（2）沉淀的制备

准确称取 $BaCl_2 \cdot 2H_2O$ 试样 0.4～0.6g 于 250mL 烧杯中，加水 100mL，搅拌使其溶解，加入 $1mol \cdot L^{-1}$ HCl 3mL，加热近沸（勿使溶液沸腾，以免溅失）。另取 $1mol \cdot L^{-1} H_2SO_4$ 4mL，加水 30mL，加热近沸，在不断搅拌下趁热用滴管逐滴（开始不能太快，4～5s 加一滴，后面可稍微加快）加入热试样溶液中，待沉淀完毕，$BaSO_4$ 沉降后，于上层清液中滴加 1～2 滴稀 H_2SO_4，仔细观察，若无浑浊，表示已沉淀完全。将玻璃棒靠在烧杯口上（切不可拿出烧杯外），盖上表面皿，于水浴上加热 0.5～1h，或在室温下放置 12h 陈化。

（3）沉淀的过滤与洗涤

用慢速或中速定量滤纸（倾泻法），用稀 H_2SO_4 洗涤液（3mL H_2SO_4 稀释成 200mL）洗涤 3～4 次，每次约 10mL（少量多次），最后小心地将沉淀转移到滤纸上，并用一小块滤纸擦净杯壁后置于漏斗内的滤纸上，继续用洗涤液洗涤沉淀至无 Cl^-（用 $AgNO_3$ 检查）。

（4）沉淀的炭化、灰化与灼烧

将滤纸和沉淀取出包好，置于已恒重的坩埚中，在电炉上炭化、灰化，再移入马弗炉中，于 800～850℃灼烧至恒重，第一次 1h，第二次 10～15min。如此操作，直至恒重。平行测定 2～3 次，根据沉淀质量，计算钡的含量。

2. 采用微波干燥法

① 将玻璃坩埚洗净，用真空泵抽 2min，除去玻璃砂板微孔中的水分，置于微波炉中干燥（中高火）至恒重，第一次 10min，第二次 4min。

② 同灼烧干燥法。

③ $BaSO_4$ 沉淀冷却或陈化，用倾泻法在已恒重的玻璃坩埚中进行减压过滤，并按灼烧重量法进行洗涤。沉淀转移后，用水淋洗沉淀及坩埚内壁至无 Cl^-，继续抽干直至不再产生水雾，然后将坩埚移入微波炉干燥至恒重，第一次 10min，第二次 4min。如此操作，直至恒重。平行测定 2～3 次，根据沉淀质量，计算钡的含量。

五、数据记录及结果处理

项目	序号	
	I	II
$m(BaCl_2 \cdot 2H_2O)/g$		
$m(BaSO_4)/g$		
$w(Ba)/\%$		
$\overline{w}(Ba)/\%$		
$|d_i|$		
相对平均偏差 $d_r/\%$		

六、注意事项

1. 用倾泻法过滤沉淀，洗涤沉淀操作参看本教材重量分析基本操作部分。

2. 检查 Cl^- 时，先将滤液用 HNO_3 酸化，再用 $AgNO_3$ 检验之。

七、思考题

1. 沉淀 $BaSO_4$ 为什么要在稀 HCl 介质中进行？
2. 洗涤沉淀时，应遵循什么原则？
3. $BaCl_2 \cdot 2H_2O$ 试样称取 $0.4 \sim 0.6g$ 是怎样计算出来的？
4. 为什么试液和沉淀剂都要预先稀释，而且试液要预先加热？
5. 如何检查是否沉淀完全？
6. 沉淀完毕后，为什么要保温放置一段时间才能进行过滤？
7. 以 H_2SO_4 为沉淀剂沉淀 Ba^{2+} 时，可以过量多少？为什么？
8. 为什么要用无灰、紧密滤纸过滤 $BaSO_4$ 沉淀？
9. 如何检查 $BaSO_4$ 沉淀已经洗净？倾泻法过滤和洗涤沉淀有何优点？
10. 烘干和灰化滤纸时，应注意些什么？

实验 7-4 磷肥中水溶性磷含量的测定（重量法）

一、实验目的

1. 进一步熟悉和掌握重量分析操作。
2. 了解磷肥中水溶性磷含量的测定方法。

二、实验原理

磷肥中往往含有多种磷化合物。其中可溶于水的 H_3PO_4 及 $Ca(H_2PO_4)_2$ 等成分统称为水溶性磷。通常需要测定水溶性磷含量的磷肥有过磷酸钙及重过磷酸钙等。

水溶性磷含量的测定是用水提取磷肥试样中的水溶性磷，然后在酸性溶液中把它与喹啉和钼酸钠生成黄色的磷钼酸喹啉沉淀，沉淀经过滤、洗涤后在 180℃烘干至恒重，反应式如下：

$$H_3PO_4 + 3C_9H_7N + 12Na_2MoO_4 + 24HNO_3 =\!=\!=$$
$$(C_9H_7N)_3 \cdot H_3PO_4 \cdot 12MoO_3 \cdot H_2O + 24NaNO_3 + 11H_2O$$
$$(C_9H_7N)_3 \cdot H_3PO_4 \cdot 12MoO_3 \cdot H_2O =\!=\!= (C_9H_7N)_3 \cdot H_3PO_4 \cdot 12MoO_3 + H_2O$$

由试样质量和所得到的沉淀质量，即可求得水溶性磷的含量〔以 $w(P_2O_5)$ 表示〕。

$$w(P_2O_5) = \frac{m \times 0.03207}{m_s} \times 100\%$$

式中，m 为磷钼酸喹啉沉淀质量，g；m_s 为实际取用的测定溶液中的试样质量，g；0.03207 为$(C_9H_7N)_3 \cdot H_3PO_4 \cdot 12MoO_3$ 沉淀换算成 P_2O_5 的系数，即

$$\frac{m(P_2O_5)}{2m[(C_9H_7N)_3 \cdot H_3PO_4 \cdot 12MoO_3]} = 0.03207$$

三、仪器和试剂

仪器：酸式滴定管；容量瓶；移液管；分析天平；电炉；称量瓶；表面皿；玻璃棒；烧杯。

试剂：HCl（1∶1），HNO_3（1∶1），喹钼柠酮混合沉淀剂。喹钼柠酮混合沉淀剂的配制方法如下。

溶液1：称取70g钼酸钠，溶于150mL蒸馏水中。

溶液2：称取60g柠檬酸，溶于85mL硝酸和150mL蒸馏水的混合液中，冷却。

溶液3：在不断搅拌下将溶液1慢慢加至溶液2中。

溶液4：取喹啉5mL，溶于35mL浓HNO_3和100mL蒸馏水的混合液中，然后在不断搅拌下将混合液缓慢加至溶液3中，混匀，放置暗处24h后，过滤。在溶液中加入丙酮280mL（如试样中不含铵离子，也可不加丙酮），用蒸馏水稀释至1L，混匀后贮存于聚乙烯瓶中，放置暗处备用。

四、实验步骤

1. 玻璃砂（滤）坩埚的准备

取4号玻璃砂（滤）坩埚两只，先用稀盐酸洗涤后再用水冲洗干净，然后用蒸馏水荡洗，并在吸滤瓶上抽洗干净。用洁净软纸衬垫，取下坩埚放在洁净的烧杯中，如同烘称量瓶一样，盖上表面皿，置于烘箱中于180℃下干燥45min，取出置于干燥器中，冷却30min后称量。同样条件下再烘干、冷却、称量，直至恒重。

2. 试液的制备

准确称取研磨后的试样1g，置于小烧杯中。加入25mL蒸馏水，用粗玻璃棒小心搅拌和研磨，然后静置数分钟让不溶物沉降。把澄清液倾注（沿玻璃棒小心倾入以免损失）到滤纸上过滤，滤液承接于盛有1～2mL HNO_3的250mL容量瓶中。同上述方法重复将残渣研磨和过滤3次。在残渣中加入适量水，用玻璃棒边搅拌边将溶液连同残渣全部转移到滤纸上。用洗瓶充分润洗小烧杯和玻璃棒将不溶物全部转移到滤纸上。用水充分洗涤滤纸和残渣至滤液约为200mL，稀释至刻度线，摇匀。如果滤液浑浊，再用干的漏斗和滤纸过滤，将最初滤出的几毫升滤液弃去，其他的则收集在一个干净的烧杯中。

3. 试样的测定

准确吸取上述滤液25mL两份，分别置于250mL烧杯中，加入1∶1的10mL HNO_3，加水稀释至100mL，将溶液加热至微沸，并在不断搅拌下，用滴管慢慢加入50mL沉淀剂混合溶液。在90℃水浴中加热约10min，使溶液澄清，冷却至室温（冷却过程中搅拌2～3次）。用预先恒重的玻璃砂（滤）坩埚过滤，过滤时先将上层清液倾入漏斗中，再用倾泻法用水洗涤沉淀2次，每次约25mL，最后将沉淀全部转移到坩埚中。用水洗涤漏斗和沉淀3～4次，把坩埚连同沉淀在180℃下进行烘干、冷却、称重，直至恒重，计算P_2O_5含量。

实验完毕后，将玻璃砂（滤）坩埚洗涤干净。

五、数据记录及结果处理

项目	序号	
	I	II
m(试样)/g		
m(磷钼酸喹啉)/g		
$w(P_2O_5)/\%$		
$\overline{w}(P_2O_5)/\%$		
$\|d_i\|$		
相对平均偏差 $d_r/\%$		

六、注意事项

1. 加入柠檬酸的作用是与溶液中的钼酸配位，以降低钼酸浓度，消除试样中硅的干扰，同时也可以避免煮沸时钼酸的析出。

2. 沉淀剂能腐蚀玻璃，受光照射后溶液将呈蓝色。故要求贮存在聚乙烯瓶中，并放置于暗处。沉淀剂变为浅蓝色时，可加入溴酸钾溶液（1%）至颜色消失为止。

3. 实验完毕后，先用水冲洗坩埚中的沉淀，再用 $1:1$ 的 $NH_3 \cdot H_2O$ 浸泡至坩埚黄色消失，最后用水冲洗干净。

七、思考题

1. 溶液为什么要用 HNO_3 酸化？

2. 如何检验沉淀是否洗干净？应在什么时候进行这种检验？取滤液时应注意什么？

3. 沉淀的过滤和洗涤为什么常用倾泻法？倾泻时应注意什么？洗涤沉淀时应如何选择洗液？

4. 喹钼柠酮混合沉淀剂的作用是什么？

第二篇

仪器分析实验

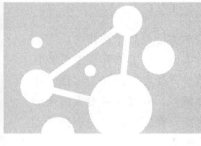

第一章

仪器分析实验的基本知识

第一节　仪器分析实验的基本要求

　　仪器分析是以物质的物理和物理化学性质为基础建立起来的一种分析方法，测定时，常常需要使用较特殊和复杂的仪器设备，它是分析化学的发展方向。仪器分析作为现代分析测试手段，日益广泛地为许多领域内的科研和生产提供大量的物质组成和结构等方面的信息，因而"仪器分析"和"仪器分析实验"已成为高等学校中许多专业的重要课程之一。

　　仪器分析实验课的任务是使学生通过实验加深对仪器分析基本理论的理解，从而掌握近代各种仪器分析、分离方法的基本理论和实验技能；培养学生严格的、实事求是的科学作风、独立从事科学实验研究，提出和解决问题的能力。良好的科学作风、独立工作的能力将会对学生的未来发展产生深远的影响。一般来说，仪器分析实验特别是大型仪器分析实验，其特点是操作较复杂，影响因素较多，信息量大，需要通过对大量实验数据的分析和图谱解析来获取有用的信息。这些特点，对培养学生理论联系实际、掌握和提高实验技能、分析推理能力是大有好处的，因此必须充分重视仪器分析实验课的教学。

　　由于实验室不可能购置多套同类仪器设备，所以一般多采用轮换的方式，几人一组做实验。对于大型分析仪器，让学生自己动手在仪器上做实验确有困难，只能安排演示实验，或者对该仪器可能提供的分析信息作介绍。在这种情况下，为了完成仪器分析实验课的任务，要求学生做到：

　　实验前必须认真预习，预习是做好实验的基础。所以实验之前，一定要认真阅读有关实验教材，明确本实验的目的、任务、有关原理、操作的主要步骤及注意事项，做到心中有数，并写好实验报告中的部分内容，以便实验时及时、准确地进行记录。

　　在实验过程中，应做到手脑并用。在进行每一步操作时，都要积极思考这一步操作的目的和作用，并认真细心观察；每人都必须备有实验记录本和报告本，随时把必要的数据和现象清楚、正确地记录下来；应严格遵守实验操作规程及注意事项。在使用不熟悉其性能的仪器和试剂之前，应查阅有关书籍或请教指导教师。不要随意进行实验，以免损坏仪器、浪费试剂，使实验失败，更重要的是预防发生意外事故；自觉遵守实验室规则，保持实验室整洁、安静，使实验台整洁、仪器安放有序，注意节约和安全。实验完毕应及时洗涤、清理仪器，切断（或关闭）电源和水阀。

　　实验完毕后，对实验所得结果和数据，按实际情况及时进行整理、计算和分析，重视总结实验中的经验教训，认真填写实验记录。写好实验报告后，按时交给指导老师。

　　写好实验报告是仪器分析实验的延续和提高。实验报告应包括：实验名称、实验日期、实验方法和原理、实验仪器类型与型号、主要实验步骤或主要实验条件、实验数据（图谱）及其处理以及结果、讨论等。对实验结果的分析与讨论是实验报告的重要部分，其内容虽无固定模式，但是可涉及诸如对实验原理的进一步理解，做好实验的关键及自己的体会，实验现象的分析和解释，结果的误差分析以及对该实验的改进意见等方面，以上内容学生可就其中体会较深者讨论一项或几项。科学实践的经验告诉人们，实验中"异常"情况的出现，往往是发现新的科学现象的先导。对实验中异常情况的深入分析和解释，有可能启发人们从中发现新的实验事实和苗头，获得意想不到有价值的实验结果。因此，在实验过程中积极开动脑筋思考问题，在实验后深入进行分析和总结，是提高实验质量的重要环节。

第二节　实验数据处理

一个好的分析方法应该具有良好的检测能力，易获得可靠的测定结果，有广泛的适用性，此外，操作方法需要尽可能简便。检测能力用检出限表征，测定结果的可靠性用准确度和精密度表示，适用性用标准曲线的线性范围和抗干扰能力来衡量。

一、灵敏度和检出限

灵敏度 S：物质单位浓度或单位质量的变化引起响应信号值变化的程度，即分析标准函数 $x = f(c)$ 的一次导数，用

$$S = \frac{\mathrm{d}x}{\mathrm{d}c} \qquad 或 \qquad S = \frac{\mathrm{d}x}{\mathrm{d}m}$$

显然，S 是标准曲线的斜率，S 值大，则检测方法的灵敏度高。例如，在吸收光谱分析中

$$S = \frac{\mathrm{d}A}{\mathrm{d}c} \qquad 或 \qquad S = \frac{\mathrm{d}A}{\mathrm{d}m}$$

即当被测定元素的浓度或质量改变一个单位时吸光度的变化量。

检出限 D：仪器能以适当的置信度检出元素的最低浓度（相对检出限）或最小质量（绝对检出限）。检出限由最低检测信号值与空白噪声计算，最低检出浓度和最小检出质量的单位分别为 $\mu g \cdot mL^{-1}$、$ng \cdot mL^{-1}$ 和 μg、ng、pg 表示。

$$D = \frac{X_L - \overline{X}_b}{S} = \frac{3s_b}{S} \qquad X_L = \overline{X}_b + 3s_b$$

式中，X_L 是可被检测的最小分析信号值；$\overline{X}_b$ 是对空白进行多次测量所得空白信号的平均值；s_b 为空白信号的标准偏差；S 是灵敏度。检出限是判断检测方法灵敏度和精密度的综合指标，也是评价仪器性能及分析方法的主要技术指标。

二、准确度

准确度：在一定实验条件下测定值与真实值或标准值 μ 符合的程度，用误差或相对误差表示。测定值与真实值之间的差别愈小，则误差愈小，准确度就愈高。准确度的高低取决于系统误差和随机误差的大小。

$$E_r = \frac{x - \mu}{\mu} \times 100\%$$

三、精密度

精密度：使用同样的方法，对同一样品进行多次测定所得测定值彼此间相符合的程度，精密度常用标准偏差 s 或相对标准偏差 s_r 表示。如果几次测定的结果比较接近，那么结果的精密度高，其偏差小。精密度的高低取决于随机误差的大小，见第一篇第一章。

四、适用性

一个分析方法的适用性，包括对测定组分含量或浓度的适用范围和对不同类型试样的适用性。含量或浓度的适用性用标准曲线的线性范围来衡量，即标准曲线的直线部分所对应的被测物质浓度（或含量）的范围。线性范围越宽，适用性越好。试样类型的适用性，一般测定试样抗干扰能力，即加入不同的干扰物质，测定回收率，用回收率来表示分析方法的抗干扰能力和确定干扰物质所允许存在的量。在各种干扰物质之间不存在交互效应的情况下，可用这种方法来评价分析方法的抗干扰能力。

第三节　分析数据和结果表达

一、测定值的读数与表达

在仪器分析中，一般都是把与化学信息有关的原始信号转换为电信号，经放大，在显示仪表的刻度上用指针示值或扫描记录，或者用数字直接显示。为了保证测量的准确性，对显示的信号必须正确读数。读数时，应该读取所显示的全部有效数字，它包括准确数和可疑数两部分。准确数是指仪表能被读出的最小分度值，可疑数是指最小分度值十分位的估计值。记录的数据与表示结果的数值所具有的精密度应与所使用的测量仪器和工具的精确度相一致。在数据处理时，应遵守有效数字的修约和运算规则。

二、分析数据和结果表达

取得实验数据后，应以简明的方法表达出来。通常有列表法、图解法和数学方程表示法等三种方法，可根据具体情况选择，选择的基本要求是准确、清晰和便于应用。

1. 列表法

列表法表达数据具有直观、简明的特点，实验的原始数据一般均以此方法记录。

列表需标明表名，表名应简明，但又要完整地表达表中数据的含义。此外，还应说明获得数据的有关条件。表格的纵列一般为实验号，而横列为测量因素。记录数据应符合有效数字的规定，并使数字的小数点对齐，便于数据的比较分析。

2. 图解法

图解法可以使测量数据间的关系表达得更为直观。在许多测量仪器中使用记录仪记录获得测量图形，利用图形可以直接或间接求得分析结果。

（1）利用变量间的定量关系图形求得未知物含量

定量分析中的标准曲线，就是以自变量浓度为横坐标，应变量即各测定方法相应的物理量为纵坐标，绘制标准曲线。对于欲求得的未知物浓度，可以由它测得的相应物理量值从标准曲线上查得。

（2）通过曲线外推法求值

分析化学测量中常用间接方法求测量值。如对未知试样可以通过连续加入标准溶液，测得相应方法的物理量变化，用外推作图法求得结果。在用氟离子选择电极测定饮用水中氟含量的实验中，就使用了格式图解法求得氟离子含量。

（3）求函数的极值或转折点

实验常需要确定变量之间的极大值、极小值、转折值等，通过图形表达后，可迅速求得其值。如光谱吸收曲线中，峰值波长及它的摩尔吸光系数的求得；滴定分析中，通过滴定曲线上的转折点求得滴定终点等。

（4）图解微分法和图解积分法

如利用图解微分法来确定电位滴定的终点，在气相色谱法中，利用图解积分法求得色谱峰面积等。

（5）作图方法和技术

作图的方法和技术将影响图解结果，现将标绘时的要点介绍如下：

① 坐标纸的选择   一般情况下，选用直角毫米坐标纸。如果一个坐标是测量值的对数，则可用单对数坐标纸，如直接电位法中，电位与浓度的曲线绘制。如果两个坐标都是测量值的对数，则要用双对数坐标纸。

② 坐标标度的选择   用 x 轴代表可严格控制的自变量（如浓度），y 轴代表因变量（仪器响应值）；坐标轴应标明名称和单位，单位的写法采用斜线制。坐标轴的分度要与使用仪器的精度一致，以便从图上读取任一点的数据。直角坐标的两个变量全部变化范围在两坐标轴上的长度应该相近，以便正确反映图形特征。直线图应处在坐标分角线附近（45°）。常不必拘泥于以坐标原点作为分度的零点。若一张图上要绘制好几条曲线时，则每组数据应选用不同的符号代表，如"⊙""×""△"等，需要标注时，尽量用简明的阿拉伯数字和字母标注。在图的下方要有图名和必要的图注，如果变量之间的关系为非线性的，那么要尽可能通过数据变换将其转变为线性关系。曲线的具体绘法，先用淡铅笔手绘一条曲线，再用曲线板依曲线逐段凑合描光滑，并注意各段描线的衔接，使整条曲线连续。绘好图后应注上图名，测量的主要条件，最后标写姓名、日期。

3. 数学方程表示法

在仪器分析中，绝大多数情况都是相对测量，需用标准曲线进行定量分析，由于测量中不可避免有误差存在，所有的数据点全部处在同一条直线上的情况通常是极少见的，尤其当误差较大时，数据点比较分散，并不在一条直线上，这种情况下以数学方程表示法来描述自变量与因变量之间的关系较为妥当。

标准曲线是依据标准系列的浓度（或含量）和相应的响应信号测量值来绘制的。由于存在随机误差，即单次测量值（x 或 y）与 n 次测量平均值（$\bar{x}$ 或 $\bar{y}$）存在着平均偏差（$\bar{d}$）。根据最小二乘法原理，研究因变量与自变量之间关系的方法称为回归分析法。如果只有一个自变量则称为一元线性回归分析法。

在仪器分析中通常采用"一元线性回归分析法"的数据统计方法来给出因变量 y 与自变量 x 的关系式：

$$y = bx + a$$

求解该一元线性回归方程，得

$$b = \frac{\sum\limits_{i}^{n}(x_i - \overline{x})(y_i - \overline{y})}{\sum\limits_{i}^{n}(x_i - \overline{x})^2} \qquad a = \overline{y} - b\overline{x}$$

在求解回归方程时，假定 y 与 x 存在线性关系。怎样判别这种关系的好坏呢？这时就需要引入相关系数 r：

$$r = \pm\frac{\sum\limits_{i=1}^{n}(x_i - \overline{x})(y_i - \overline{y})}{\left[\sum\limits_{i=1}^{n}(x_i - \overline{x})^2 \sum\limits_{i=1}^{n}(y_i - \overline{y})^2\right]^{\frac{1}{2}}}$$

$|r|$ 越接近1，则表明 y 与 x 之间的线性关系越好。

一元线性回归的计算可用 BASIC 语言编写的程序处理，详细说明参考相关书籍。

4. 分析结果的数值表示

报告分析结果时，必须给出多次分析结果的平均值以及它的精密度。注意数值所表示的准确度与测量工具、分析方法的精密度相一致。报告的数据应遵守有效数字规则。

重复测量试样，平均值应报告出有效数字的可疑数。例如：三次重复测量结果为 11.32、11.35、11.32，其中 11.3 为确定数，第四位为可疑数，其平均值应报告 11.33。若三次重复测量结果为 11.4、11.3、11.2，则小数点后一位就为可疑数，其平均值应报告 11.3。

当测量值遵守正态分布规律时，其平均值为最可信赖值和最佳值，它的精密度优于个别测量值，故在计算不少于 4 个测量值的平均值时，平均值的有效数字位数可增加一位。

一项测量完成后，仅报告平均值是不够的，还应报告这一平均值的偏差。在多数场合下，偏差值只取一位有效数字。只有在多次测量时，才取两位有效数字，且最多只能取两位。然后用置信区间来表达平均值的可靠性。

第二章

紫外-可见吸收光谱法

第一节　概述

　　紫外-可见吸收光谱法的研究主要包括近紫外区（200～400nm）和可见光区（400～760nm）。紫外-可见光所具有的能量主要与物质中原子的价电子的能级跃迁相适应，可导致价电子的跃迁，所以紫外-可见吸收光谱也称电子光谱。

　　不同物质具有不同的分子结构，对不同波长的光会产生选择性吸收，因而具有不同的吸收光谱。无机化合物和有机化合物吸收光谱的产生本质上是相同的，都是外层电子跃迁的结果，但二者在电子跃迁类型上有一定区别。有机化合物吸收可见光或紫外光，σ、π 和 n 电子就跃迁到高能态，可能产生的跃迁有 $\sigma \to \sigma^*$、$n \to \sigma^*$、$\pi \to \pi^*$ 和 $n \to \pi^*$。各种跃迁所需要的能量或吸收波长与有机化合物的基团、结构有密切关系，根据此原理可进行有机化合物的定性和结构分析。无机络合物吸收带主要是由电荷转移跃迁和配位场跃迁而产生的。电荷转移跃迁的摩尔吸收系数很大，根据朗伯-比尔定律，可以建立这些络合物的定量分析方法。

第二节　紫外-可见分光光度计的结构及使用

一、紫外-可见分光光度计的基本组成

1. 光源——提供入射光的装置

　　光源的基本要求是在仪器操作所需的光谱区域内发射连续的、强度大的和稳定的辐射，并且辐射能随波长的变化要尽可能小，这样可延长光源的使用寿命。

　　可见光源——钨丝灯（白炽灯），是发射波长为 320～2500nm（最适宜范围是 320～1000nm）的连续光谱，除用作可见光源外，还用作红外光源。在可见光区，钨灯的能量输出大约随工作电压的四次方变化，要使光源稳定，必须严格控制工作电压。

　　卤钨灯（钨灯丝中加入适量卤素或卤化物制成）发光效率比钨灯高，寿命也比钨灯长。

　　紫外光源——氢灯、氘灯、氙灯。氢灯、氘灯发射波长为 160～500nm。其中氘灯发射强度大，稳定性好，寿命也长。由于受石英吸收池窗口的限制，紫外光区波长的有效范围为 200～350nm。氙灯的工作原理是电流通过氙气产生强辐射，其发射强度高于氢灯，但不稳定。光谱波长在 200～1000nm 之间，在约 500nm 处强度最大。为了获得高强度，可通过一个电容器间歇式放电。

2. 单色器——将光源辐射的复合光分成单色光的光学装置

紫外区、可见区、红外区用的单色器在机械结构上都类似，主要由五个部件组成：

①进光狭缝。②准直装置，能使辐射束成平行光线传播的透镜或反射镜。③色散元件（棱镜或光栅），使不同波长的光源以不同的角度进行辐射，即辐射能经入射狭缝进入棱镜和反射光栅后，以一定的角度投射在色散元件的表面上。棱镜是因为在两焦面上的折射率不同导致辐射的角色散，如图 2-1 所示。而光栅是由于衍射产生的角色散。光栅对同样尺寸大小的色散元件可获得最好的波长分离，且辐射能沿焦面呈线性色散，如图 2-2 所示。④聚焦透镜或凹面反射镜，使每个单色光束在单色器的出口曲面上成像；⑤出射狭缝。这些部件的材料由欲使用的波长区域而定。石英透射范围为 $185\sim4000nm$；玻璃为 $350\sim2000nm$，仅用于可见区。

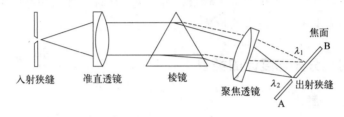

图 2-1　棱镜单色仪

3. 吸收池（比色皿）——用于盛装试液的装置

对吸收池的要求：能透过有关辐射线。可见光区用玻璃吸收池，紫外光区用石英吸收池（也能透过可见光及 $3\mu m$ 的近红外光）。为了减小反射的损失，吸收池的窗口应完全垂直于光束。

4. 检测器——将光转变为电信号的装置

检测器有光子检测器和热检测器。

光子检测器有伏打电池、真空光电管、光电倍增管、光导电检测器和硅二极管等。

真空光电管：由真空透明封套内的一个半圆柱形阴极和一个阳极组成。光敏阴极是在其弯曲的表面上涂有一层光敏材料。光电管响应的光谱范围和灵敏度取决于沉积在阴极上材料的性质。红敏光电管（氧化铯光电管）用于 $600\sim1000nm$ 波长范围。蓝敏光电管（铯锑光电管）用于 $220\sim625nm$ 波长范围。

光电倍增管（PMT）：检测微弱光信号的光电元件，结构如图 2-3 所示。

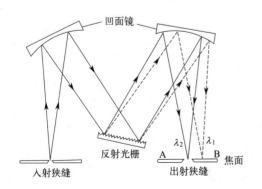

图 2-2　光栅单色仪

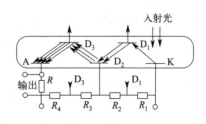

图 2-3　光电倍增管结构图

K—光阴极；D_1，D_2，D_3—倍增极；A—阳极

光电倍增管使用前要预热 10～30min；使用时间不宜过长；尽可能避免非吸收信号光的照射。用光电倍增管来接收和记录谱线的方法称光电直读法。光电倍增管是目前常用的精确测量微弱光辐射的一种灵敏检测器，它既是光电转换元件，又是电流放大元件。光电倍增管的外壳由玻璃或石英制成，内部抽成真空，装有阴极、阳极和多个打拿极，光敏阴极上涂有能发射电子的光敏物质（Sb-Cs 或 Ag-O-Cs 等），在阴极和阳极之间装有一系列次级电子发射极——打拿极 1、打拿极 2、打拿极 3 等。打拿极的化合物涂层都具有每被一个电子撞击后即能发射四或五个电子的特性。其工作原理为在阴阳极之间加约 1000V 的直流电压，经过一系列电阻使电压依次均匀分布在各个打拿极上，当光照射在阴极上时，光敏物质发射出光电子，这一初级光电子被电场加速碰撞到第一个打拿极，而击出更多的次级光电子。依此类推，在最后一个打拿极上放出光电子数量，可比最初阴极上放出的光电子数量多 10^6 倍以上，最后倍增了的光电子射向阳极而形成电流。

二、紫外-可见分光光度计的类型

1. 单光束分光光度计

结构如图 2-4 所示，光源发出的复合光经单色器分光后获得单色光，单色光轮流通过参比溶液和试样溶液，以进行光度测定。

图 2-4 单光束分光光度计结构示意图

单光束分光光度计的缺点是测定结果受电源的波动影响大，容易给定量结果带来较大误差，因此要求光源和检测系统有很高的稳定性。此外，单光束分光光度计特别适用于只在一个波长处作吸收测定的定量分析。

2. 双光束分光光度计

结构如图 2-5 所示，光源发出的光经单色器 M_0 分光后被同步旋转镜 M_1 转变为交替入射到参比溶液 R 和样品溶液 S 的两束光，再经过同步旋转镜 M_4 交替地照射在同一检测器 PM 上，即检测器交替接收参比信号和样品信号。两信号的比值通过对数转换即为样品溶液的吸光度。调制器 T 可以带动 M_1 和 M_4 同步旋转。

双光束分光光度计对参比信号和样品信号的测定几乎是同时进行的，补偿了光源和检测系统的不稳定性，具有较高的测定精密度和准确度，并可以不断变更入射光波长，自动测量不同波长下样品溶液的吸光度，实现吸收光谱的自动扫描。

3. 双波长分光光度计

结构如图 2-6 所示，双波长分光光度计与单波长分光光度计的主要差别在于双波长分光光度计采用双单色器。由同一光源发出的光被分成两束，分别经过两个单色器，从而可以得到两个不同波长（λ_1 和 λ_2）的单色光。它们交替照射到同一溶液上，然后经过光电倍增管和电子控制系统，这样得到的信号是两波长处的吸光度之差 ΔA，$\Delta A = A_{\lambda 1} - A_{\lambda 2}$。当两个波长保持 1～2nm 间隔，并同时扫描时，得到的信号将是一阶导数光谱，即吸光度对波长的变化率曲线（$\dfrac{\mathrm{d}A}{\mathrm{d}\lambda}$-$\lambda$ 曲线）。

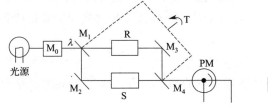 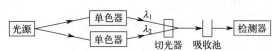

图 2-5　双光束分光光度计结构示意图　　　　图 2-6　双波长分光光度计结构示意图

双波长分光光度计不仅能测定高浓度试样、多组分混合试样，而且还能测定一般分光光度计不易测定的浑浊试样。双波长法测定相互干扰的混合试样时，不仅操作比单波长法简单，而且精确度高。用双波长法测定时，两个波长的光通过同一吸收池，这样可以消除因吸收池的参数不同，位置不同，污垢及制备参比溶液等带来的误差，使测定的准确度显著提高。另外，双波长分光光度计是用同一光源得到的两束单色光，故可以减小因光源电压变化产生的影响，得到高灵敏度和低噪声的信号。

三、紫外-可见分光光度计操作规程

以 UV-1810PC 紫外-可见分光光度计为例。

1. 开机

首先打开计算机的电源开关，进入 Windows 操作环境，确认样品室中无挡光物，打开主机电源，用鼠标双击桌面上的快捷方式，由此进入紫外控制程序，出现初始化工作画面。计算机将对仪器进行自检并初始化，每项测试后，在相应的项后显示"OK"，仪器必须经过 15～30min 的预热稳定再开始测量。

2. 基线校正

为确保仪器在整个波长范围内基线的平直度及光度准确度，每次测量前需进行基线校正或自动校零。

3. 测量

仪器有四种工作模式，分别为：光谱扫描、光度测量、定量测量、时间扫描。

（1）光谱扫描

① 扫描参数设置：激活光谱扫描窗口，单击测量菜单下的参数设置，弹出光谱测量参数设置对话框，根据待测样品设置各参数。

② 基线校正：测量样品前应对空白样品进行基线校正以消除比色皿误差。单击命令基线按钮，可进行基线校正。基线校正根据设置的当前波长范围及采样间隔进行，更改波长范围及采样时间间隔时，请重新进行基线校正。

③ 扫描：按照用户设定的波长范围、测定方式和采样间隔进行光谱扫描测量，扫描结果同时显示在屏幕上。插入样品后，单击命令条开始按钮扫描。如需中途停止，按"Stop"按钮可停止当前操作。

（2）光度测量

① 参数设置：激活光度测量窗口，单击测量菜单下的参数设置，弹出光度测量参数设置对话框，根据待测样品设置各参数。

② 测量：设定完测量参数后，单击命令条校正按钮对空白样品进行校正，单击开始按钮对待测样品进行测量。测量时，系统将按照设定好的波长条件逐个地移到相应波长位置进行测量，并将测量结果显示在表格中。

（3）定量测量

① 设定参数：激活定量测量窗口，单击测量菜单下的参数设置，弹出定量测量参数设置对话，根据待测样品设置各参数。

② 测量：设定完测量参数后，单击开始按钮，系统将按照设定好的定量测量模式逐个地移到相应波长位置进行测量，并根据标准工作曲线计算出浓度，显示在屏幕上。

（4）时间扫描

① 设定参数：激活时间扫描窗口，单击测量菜单下的参数设置，弹出时间扫描参数设置对话框，根据待测样品设置各参数。

② 扫描：按照用户设定的波长位置、扫描时间、光度方式和时间间隔进行时间扫描测量，扫描结果同时显示在屏幕上。

4. 数据处理

数据处理功能包括：数学计算、图谱转换、峰值检出、文件存取、数据打印等。选择相应菜单下的子菜单，可对测量数据进行处理。

5. 关机

测量工作结束后，用户应选择"文件"菜单的"退出"项退出系统［或单击窗口左上角（×）按钮］，以便保存必要的操作数据。关电源时，应先关闭仪器主机的电源，然后正确退出 Windows 并关闭计算机电源，最后关闭其他设备的电源。

四、固体样品的测定（IS19-1 积分球使用）

1. 漫反射测量（0°入射角，适用于光滑表面的漫反射测量）

（1）暗电流校正

整机自检正常进入后，对全波段（850～230nm）进行暗电流校正（0％R 校正），过程如下：

① 选择【窗口】菜单的【光谱扫描】项，仪器进入光谱扫描功能。

② 选择【测量】菜单的【参数设置】项，弹出光谱扫描参数设置窗口，设置波长范围，开始波长为 850nm，结束波长为 230nm。光度方式选择"R％"（反射率），如图 2-7(a) 所示。确认附件窗口中【交换 R/S】选项未被选中。然后按【确认】，对话框消失。

③ 选择【测量】菜单中的【暗电流校正】项，在"请在样品池插入黑挡块"的提示下，将参比光侧的标准白板装上，样品光侧的标准白板取下，换上随机配置的黑挡板，然后确认进行暗电流校正。［换黑挡板请参考如图 2-7(b) 所示］

④ 校正结束后，提示是否保存校正结果，确认保存并返回。

（2）基线校正

暗电流校正完后，在工作波段范围内作基线校正，过程如下：

在样品光和参比光两侧都安装好标准白板。

选择【测量】菜单的【基线校正】项，并确认。

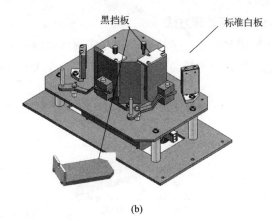

黑挡板　标准白板

(a)　(b)

图 2-7　暗电流校正

（3）测量

① 基线校正结束后，把样品光侧的标准白板更换为待测样品［如图 2-7(b) 所示的标准白板位置的样品］，并用样品压板固定。

② 选择【测量】菜单的【开始】项，开始样品光谱扫描。

2. 漫反射测量（8°入射角，适用于不光滑表面的漫反射测量）

（1）暗电流校正

整机自检正常进入后，对全波段（850～230nm）进行暗电流校正（0％R 校正），过程请参考上文，有所不同的是：

在"请在样品池插入黑挡块"的提示下，将样品光侧的标准白板装上，参比光侧的标准白板取下，换上随机配置的黑挡板。（与上文所述的黑挡板安装位置相反）

（2）基线校正

暗电流校正完后，在工作波段范围内作基线校正，过程请参考上文。

（3）测量

① 基线校正结束后，把参比光侧的标准白板更换为待测样品［如图 2-7(b) 所示的黑挡板位置的样品］，并用样品压板固定。

② 选择【测量】菜单的【开始】项，开始样品光谱扫描。

3. 固体样品的透过率测量

（1）暗电流校正

整机自检正常进入后，对全波段（850～230nm）进行暗电流校正（0％T 校正），过程请参考上文，有所不同的是：

① 在扫描参数设置窗口，光度方式选择 T％（透过率）；

② 在"请在样品池插入黑挡块"的提示下，将样品光侧的标准白板装上，参比光侧的标准白板取下，换上随机配置的黑挡板。（与上文黑挡板安装位置相反）

（2）基线校正

暗电流校正完后，在工作波段范围内作基线校正，过程请参考上文。

（3）测量

基线校正结束后，将待测样品固定在积分球参比光侧的入射窗处。

选择【测量】菜单的【开始】项，开始样品光谱扫描。

4. 粉末样品处理方法

用随机附带的玻璃棒将粉末样品压制到载物板上，如图 2-8 所示。

注意：压制粉末样品时要保证粉末完全充满整个样品槽内。

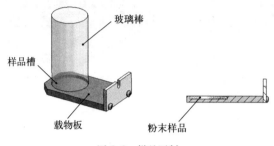

图 2-8　样品压制

 实验 2-1　分光光度计的性能检验

一、实验目的

1. 掌握分光光度计的重现性、波长精度检查等性能检验方法。
2. 学习分光光度计的使用方法。

二、实验原理

1. 分光光度计的性能好坏，直接影响到测定结果的准确性，因此新购仪器及使用一定时间后，均需进行检验调整。

2. 利用镨钕滤光片的特征吸收峰值检验波长精度。

3. 同种厚度的吸收池，由于材料及工艺等原因，往往造成透光率的不一致，从而影响测定结果，故在使用时需加以选择配对。

三、仪器和试剂

仪器：紫外-可见分光光度计（配镨钕滤光片）；吸收池。

试剂：$K_2Cr_2O_7$（AR）；$K_2Cr_2O_7$ 溶液（$0.02\text{mol} \cdot L^{-1}$）。

四、实验步骤

1. 吸收池的配对性

同种厚度的吸收池之间，透光率误差应小于 0.5%。检查方法如下：将蒸馏水分别注入厚度相同的几个吸收池中，以其中任一个吸收池的溶液作空白，在 440nm 波长处分别测定其他各吸收池中溶液的透光率，然后选择误差小于 0.5% 的吸收池使用。

2. 重现性

仪器在同一工作条件下，用同种溶液连续测定 7 次，其透光率最大读数与最小读数之差

（极差）应小于 0.5%。检查方法如下：以蒸馏水的透光率为 100%，用同一 $K_2Cr_2O_7$ 溶液连续测定 7 次，求出极差，如小于 0.5%，则符合要求。

3. 波长精度的检查

为了检查分光系统的质量，可用仪器自带的镨钕滤光片在 529nm 和 808nm 处测定其特征吸收峰。检查方法如下：在透光率状态下，将镨钕滤光片（吸收池盒中，蓝色）放置在吸收池架中，移入光路，将波长调至约 500nm（或 780nm）处，一边缓缓转动波长旋钮，一边观察数字显示器，当显示读数为最小值时，即为镨钕滤光片的吸收峰，此时读出波长值，波长值等于 529nm±2nm（或 808nm±2nm），说明该仪器符合使用要求。

五、数据记录及结果处理

1. 根据测得的透光率计算极差，判断仪器的重现性是否符合要求。
2. 根据测得的透光率画出吸收曲线，找出特征吸收峰，判断仪器是否符合使用要求。

六、注意事项

1. 仪器预热时必须打开样品室盖，因样品室盖是光闸门的开关，打开时，光闸门处于关的位置，可避免光电倍增管照光，从而延长光电倍增管的使用寿命。
2. 当大幅度改变测试波长时，需要等待数分钟后才能工作，因为波长大幅移动时，光的热平衡需要时间。等灯热平衡后，重新校正"0"和"100%"点，然后再进行测量，以确保测量的准确性。
3. 每台仪器所配套的吸收池不能与其他仪器上的吸收池单个调换。
4. 仪器使用完毕后，用随机提供的塑料套罩住，在套子内应放数袋硅胶，以免灯室受潮，反射镜发霉或玷污影响仪器正常使用。
5. 吸收池每次使用完毕后，应立即用蒸馏水洗净，用吸水纸擦干，存放于吸收池的盒内。
6. 仪器工作一个月左右或搬动后，要重新进行波长精确性等方面的检查，以确保仪器使用和测定的精确性。

七、思考题

1. 同种吸收池透光率的差异对测定结果有何影响？
2. 检查分光光度计的波长精度及重现性对测定结果有什么实际意义？
3. 使用紫外-可见分光光度计时，应注意哪些问题？

 ## 实验 2-2　分光光度法测定邻二氮菲-铁（Ⅱ）络合物的组成

一、实验目的

1. 掌握摩尔比（饱和法）测定络合物组成的原理和方法。

2. 熟悉分光光度计的使用方法。

二、实验原理

络合物组成的确定是研究络合反应平衡的基本问题之一。金属离子 M 和络合剂 L 形成络合物的反应式为

$$M + nL \Longrightarrow MLn$$

式中，n 为络合物的配位数，可用摩尔比法（或称饱和法）进行测定，即配制一系列溶液，各溶液的金属离子浓度、酸度、温度等条件恒定，只改变配位体的浓度，在络合物的最大吸收波长处测定各溶液的吸光度，以吸光度对摩尔比 C_L/C_M 作图，如图 2-9 所示。

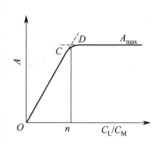

将曲线的线性部分延长相交于一点，该点对应的 C_L/C_M 值即为配位数 n。摩尔比法适用于稳定性较高的络合物组成的测定。

图 2-9 摩尔比法测定络合物组成

三、仪器和试剂

仪器：分光光度计。

试剂：10^{-3} mol·L^{-1} 铁标准溶液；100g·L^{-1} 盐酸羟胺溶液；10^{-3} mol·L^{-1} 邻二氮菲溶液；1.0mol·L^{-1} 乙酸钠溶液。

四、实验步骤

取 9 只 50mL 容量瓶，各加入 1.0mL 10^{-3} mol·L^{-1} 铁标准溶液，1mL 100g·L^{-1} 盐酸羟胺溶液，摇匀，放置 2min。依次加入 1.0mL，1.5mL，2.0mL，2.5mL，3.0mL，3.5mL，4.0mL，4.5mL，5.0mL 10^{-3} mol·L^{-1} 邻二氮菲溶液，然后各加入 5mL 1.0mol·L^{-1} 乙酸钠溶液，以水稀释至刻度线，摇匀。在波长 510nm 处，用 1cm 吸收池，以水作为参比，测定各溶液的吸光度 A。

五、结果处理

以 A 对 C_L/C_M 作图，将曲线直线部分延长并相交，根据交点位置确定络合物的配位数 n。

六、思考题

1. 在什么条件下，才可以使用摩尔比法测定络合物的组成？
2. 在此实验中为什么可以用水作为参比，而不用试剂空白溶液作为参比？

实验 2-3　邻二氮菲分光光度法测定铁含量的条件试验

一、实验目的

1. 了解分光光度计的结构和使用方法。
2. 学习如何选择分光光度分析的实验条件。

二、实验原理

在可见光区进行分光光度测定时，如果被测组分本身颜色很浅，或者无色，那么就要用显色剂与其反应，生成有色化合物，然后进行测定。显色反应受到各种因素的影响，如溶液的酸度、显色剂的用量、有色溶液的稳定性、温度、溶剂、干扰物质等，在什么条件下进行测定需要通过实验来确定。本实验将通过邻二氮菲-Fe^{2+} 显色反应的几个条件实验，学习如何确定一个光度分析法的实验条件。

条件实验的简单方法是：变动某实验条件，固定其余条件，测得一系列吸光度值，绘制吸光度-某实验条件的曲线，根据曲线确定某实验条件的适宜值。

三、仪器和试剂

仪器：紫外-可见分光光度计；pH 酸度计等。

试剂：

$100\mu g \cdot mL^{-1}$ 铁标准储备液：准确称取 0.7020g $NH_4Fe(SO_4)_2 \cdot 6H_2O$ 置于烧杯中，加少量水和 20mL 1∶1 H_2SO_4 溶液，溶解后，定量转移到 1L 容量瓶中，用水稀释至刻度线，摇匀。

$10\mu g \cdot mL^{-1}$ 铁标准溶液：用吸量管移取 25mL $100\mu g \cdot mL^{-1}$ 铁标准储备液于 250mL 容量瓶中，加入 4mL $6mol \cdot L^{-1}$ HCl 溶液，用水稀释至刻度线，摇匀。

$100g \cdot L^{-1}$ 盐酸羟胺溶液：用时现配。

$1.5g \cdot L^{-1}$ 邻二氮菲溶液：避光保存，溶液颜色变暗时不能使用。

$1.0mol \cdot L^{-1}$ 乙酸钠溶液。

$1mol \cdot L^{-1}$ 氢氧化钠溶液。

$6mol \cdot L^{-1}$ HCl 溶液。

四、实验步骤

1. 吸收曲线的绘制

取 50mL 容量瓶，用吸量管加入 10.00mL 铁标准溶液（含铁 $10\mu g \cdot mL^{-1}$），加入 1mL $100g \cdot L^{-1}$ 盐酸羟胺溶液，摇匀后放置 2min，再加入 2mL $1.5g \cdot L^{-1}$ 邻二氮菲溶液，5mL $1.0mol \cdot L^{-1}$ 乙酸钠溶液，用水稀释至刻度线，在分光光度计上，用 1cm 吸收池，以蒸馏水作为参比，在波长 440～560nm 之间，进行波长扫描，选择测定铁含量的最佳吸收波长。

2. 显色剂用量的确定

在 7 只 50mL 容量瓶中，各加入 10.00mL 铁标准溶液（含铁 $10\mu g \cdot mL^{-1}$）和 1.0mL $100g \cdot L^{-1}$ 盐酸羟胺溶液，摇匀后放置 2min。分别加入 0.2mL，0.4mL，0.6mL，0.8mL，1.0mL，2.0mL，4.0mL $1.5g \cdot L^{-1}$ 邻二氮菲溶液，再各加入 5.0mL $1.0mol \cdot L^{-1}$ 乙酸钠溶液，用水稀释至刻度线，摇匀后放置 2min。以水作为参比，在选定波长下测定各溶液的吸光度。以显色剂邻二氮菲的体积为横坐标，相应的吸光度为纵坐标，绘制吸光度-显色剂用量曲线，确定显色剂的用量。

3. 溶液适宜酸度范围的确定

在 9 只 50mL 容量瓶中各加入 10.00mL 铁标准溶液（含铁 $10\mu g \cdot mL^{-1}$）和 1.0mL $100g \cdot L^{-1}$ 盐酸羟胺溶液，摇匀后放置 2min。各加入 2mL $1.5g \cdot L^{-1}$ 邻二氮菲溶液，然后用移液管分别加入 0mL，0.2mL，0.5mL，0.8mL，1.0mL，2.0mL，2.5mL，3.0mL，4.0mL $1mol \cdot L^{-1}$ NaOH 溶液摇匀，用水稀释至刻度线，摇匀。用精密 pH 试纸或酸度计测量各溶液的 pH 值。

以水作为参比，在选定波长下，用 1cm 吸收池测定各溶液的吸光度。绘制 A-pH 曲线，确定适宜的 pH 值范围。

4. 配合物稳定性的研究

取 10.00mL 铁标准溶液（$10\mu g \cdot mL^{-1}$）于 50mL 容量瓶中，加入 1.0mL $100g \cdot L^{-1}$ 盐酸羟胺溶液，混匀后放置 2min。加入 2.0mL $1.5mol \cdot L^{-1}$ 邻二氮菲溶液和 5.0mL $1.0mol \cdot L^{-1}$ 乙酸钠溶液，用水稀释至刻度线，以水作为参比，在选定波长下，用 1cm 吸收池，每放置一段时间测定一次溶液的吸光度。

放置时间：5min，10min，30min，1h，2h，3h。

以放置时间为横坐标，吸光度为纵坐标绘制 A-t 曲线，对配合物的稳定性作出判断。

五、思考题

1. 本实验中，盐酸羟胺的作用是什么？乙酸钠呢？如果测定混合铁中的亚铁含量，需要加入盐酸羟胺吗？

2. 为什么本实验可以采用蒸馏水作参比溶液？

实验 2-4 邻二氮菲分光光度法测定铁含量

一、实验目的

1. 掌握分光光度计的使用方法。
2. 掌握用分光光度法测定铁含量的原理及方法。

二、实验原理

用分光光度法测定铁含量，显色剂种类比较多，有邻二氮菲及其衍生物、磺基水杨酸、硫氰酸盐等。邻二氮菲光度法测定铁含量，由于灵敏度较高，稳定性好，干扰容易消除，因而是目前普遍采用的一种测定方法。

邻二氮菲（phen）和 Fe^{2+} 在 pH＝3～9 的溶液中，生成一种稳定的橙红色络合物 $Fe(phen)_3^{2+}$，

其 $\lg K＝21.3$，$\kappa_{508}＝1.1\times10^4 L \cdot mol^{-1} \cdot cm^{-1}$，铁含量在 $0.1～6\mu g \cdot mL^{-1}$ 范围内遵循朗伯-比尔定律。显色前需用盐酸羟胺或抗坏血酸将 Fe^{3+} 全部还原为 Fe^{2+}，然后再加入邻二氮菲溶液，并调节溶液酸度至适宜的显色酸度范围。有关反应式如下：

$$2Fe^{3+} + 2NH_2OH \cdot HCl === 2Fe^{2+} + N_2\uparrow + 2H_2O + 4H^+ + 2Cl^-$$

用分光光度法测定物质的含量，一般采用标准曲线法，即配制一系列浓度的标准溶液，在实验条件下依次测定各标准溶液的吸光度（A），以溶液的浓度为横坐标，相应的吸光度为纵坐标，绘制标准曲线。在同样实验条件下，测定待测溶液的吸光度，根据测得的吸光度值从标准曲线上查出对应的浓度值，即可计算试样中被测物质的质量浓度。

三、仪器和试剂

仪器：TU-1810 紫外-可见分光光度计。

试剂：

$100\mu g \cdot mL^{-1}$ 铁标准储备液：准确称取 $0.7020g$ $NH_4Fe(SO_4)_2 \cdot 6H_2O$ 置于烧杯中，加少量水和 20mL 1：1 H_2SO_4 溶液，溶解后，定量转移到 1L 容量瓶中，用水稀释至刻度线，摇匀。

$10\mu g \cdot mL^{-1}$ 铁标准溶液：用吸量管移取 25mL $100\mu g \cdot mL^{-1}$ 铁标准储备液于 250mL 容量瓶中，加入 4mL $6mol \cdot L^{-1}$ HCl 溶液，用水稀释至刻度线，摇匀。

$100g \cdot L^{-1}$ 盐酸羟胺溶液：用时现配。

$1.5g \cdot L^{-1}$ 邻二氮菲溶液：避光保存，溶液颜色变暗时不能使用。

$1.0mol \cdot L^{-1}$ 乙酸钠溶液。

$6mol \cdot L^{-1}$ HCl 溶液。

四、实验步骤

1. 标准曲线的测绘

在序号为 1～6 的 6 只 50mL 容量瓶中，用吸量管分别加入 0.00mL、2.00mL、4.00mL、6.00mL、8.00mL、10.00mL 铁标准溶液，分别加入 1mL $100g \cdot L^{-1}$ 盐酸羟胺溶液，摇匀后放置 2min，再各加入 2mL $1.5g \cdot L^{-1}$ 邻二氮菲溶液、5mL $1.0mol \cdot L^{-1}$ 乙酸钠溶液，用水稀释至刻度线，摇匀。以试剂空白作为参比，用 1cm 吸收池，在波长 510nm 下，测定各显色标准溶液的吸光度。以铁的浓度为横坐标，相应的吸光度为纵坐标，绘制标准曲线（即 A-c 曲线）。

2. 铁含量的测定

准确移取 5.00mL 的试液 3 份，分别置于 50mL 的容量瓶中，加入 1mL 100g·L^{-1} 盐酸羟胺溶液，摇匀后放置 2min，再各加入 2mL 1.5g·L^{-1} 邻二氮菲溶液、5mL 1.0mol·L^{-1} 乙酸钠溶液，用水稀释至刻度线，摇匀。在波长 510nm 下测定各溶液的吸光度。根据吸光度找出对应的铁含量，计算试样中铁的质量浓度（以 mg·L^{-1} 表示）。

五、思考题

1. 怎样用分光光度法测定水样中的全铁（总铁）和亚铁的含量？
2. 制作标准曲线和进行其他条件实验时，加入试剂的顺序能否任意改变？为什么？

实验 2-5　磺基水杨酸合铁稳定常数的测定

一、实验目的

1. 学习连续变化法（又称等摩尔系列法）测定配合物组成和稳定常数的原理和方法。
2. 掌握分光光度计的使用方法。

二、实验原理

连续变化法是测定配合物组成及稳定常数最常用的方法之一。它将相同浓度的金属离子和配体，以不同的体积比混合至一定的总体积，在配合物最大吸收波长处测定其吸光度。当溶液中配合物的浓度最大时，配位数 n 为：

$$n=\frac{C_L}{C_M}=\frac{1-f}{f}$$

式中，C_L 和 C_M 分别为配体浓度和金属离子浓度；f 为金属离子浓度在总浓度中所占的分数。$C_L+C_M=C=$ 常数，$f=C_M/C$。

以吸光度对 f 作图（见图 2-10），当 $f=0$ 或 1 时，配合物的浓度为零。图中吸光度值最大处的 f 值，即为配合物浓度达到最大时的 f 值。1∶1 型配合物，吸光度值最大处的 f 值为 0.5，1∶2 型配合物吸光度值最大处的 f 值为 0.34。

若配合物为 ML，从图中可知，测得的最大吸光度为 A，它略低于延长线交点的吸光度 A'，这是因为配合物有一定程度的离解。A' 为配合物完全不离解时的吸光度值，A' 与 A 之间的差别愈小，说明配合物愈稳定。由此可计算出配合物的稳定常数：

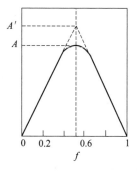

图 2-10　连续变化法测定配合物组成和稳定常数

$$K=\frac{[ML]}{[M][L]} \tag{1}$$

配合物溶液的吸光度值与配合物的浓度成正比，故

$$\frac{A}{A'}=\frac{[ML]}{C'} \tag{2}$$

式中 C' 为配合物完全不离解时的浓度，其值为：$C'=C_M=C_L$，而

$$[M]=[L]=C'-[ML]=C'-C'\times\frac{A}{A'}=C'\left(1-\frac{A}{A'}\right) \tag{3}$$

将式(2)、式(3)代入式(1)，整理后得

$$K=\frac{\dfrac{A}{A'}}{\left(1-\dfrac{A}{A'}\right)^2\times C'}$$

当溶液的 pH 值不同时，磺基水杨酸（简写为 H_3R）与 Fe^{3+} 形成三种不同的配合物。当溶液的 pH<4 时，形成紫红色配合物 $[FeR]$；pH 值在 4～10 之间时，形成红色配离子 $[FeR_2]^{3-}$；pH 值在 10 左右，形成黄色配离子 $[FeR_3]^{6-}$。

三、仪器和试剂

仪器：分光光度计；比色管 10mL；吸量管 10mL。

试剂：$1.00\times10^{-2}\,mol\cdot L^{-1}$ $NH_4Fe(SO_4)_2$ 标准储备液（在 pH 值为 2 的 H_2SO_4 溶液中）；$1.00\times10^{-2}\,mol\cdot L^{-1}$ 磺基水杨酸储备液。

四、实验步骤

1. 系列溶液的配制

① 由标准储备液配制 250mL $1.00\times10^{-3}\,mol\cdot L^{-1}$ $NH_4Fe(SO_4)_2$ 和 $1.00\times10^{-3}\,mol\cdot L^{-1}$ 磺基水杨酸溶液。并使两溶液的 pH=2。

② 在干燥、洁净的 10mL 比色管中，按下表配制溶液。

混合液编号	1	2	3	4	5	6	7	8	9	10	11
$V[1.00\times10^{-3}\,mol\cdot L^{-1}$ $NH_4Fe(SO_4)_2]$/mL	10.00	9.00	8.00	7.00	6.00	5.00	4.00	3.00	2.00	1.00	0
$V[1.00\times10^{-3}\,mol\cdot L^{-1}$ 磺基水杨酸]/mL	0	1.00	2.00	3.00	4.00	5.00	6.00	7.00	8.00	9.00	10.00
混合溶液吸光度 A											

2. 系列溶液的测量

以蒸馏水作为参比，在分光光度计上测定一系列混合溶液的吸光度。测定条件：$\lambda=500nm$，比色皿厚度为 1.0cm。

五、数据记录及结果处理

1. 将测得的吸光度列于上表中，并以 A 为纵坐标，溶液的体积比为横坐标作图。

2. 从图上找出有关数据，说明在本实验条件下 Fe^{3+} 与 R^{3-} 形成配合物的组成，计算稳定常数 K。

六、注意事项

1. 溶液配好后须静置 30min 后才能测定。

2. 注意显色溶液 pH 的控制。

七、思考题

1. 说明连续变化法测定配合物组成和稳定常数的适用范围。
2. 本实验中有哪些因素影响实验结果？

实验 2-6　有机化合物的紫外吸收光谱及溶剂效应

一、实验目的

1. 学习有机化合物结构与其紫外光谱之间的关系。
2. 熟悉不同极性溶剂对有机化合物紫外吸收带位置、形状及强度的影响。
3. 学习紫外-可见分光光度计的使用方法。

二、实验原理

含有不饱和化学键的有机化合物的紫外吸收光谱具有一些突出的特点，可用于在紫外区有吸收峰物质的鉴定及结构分析，如芳香族化合物，在近紫外区（200～400nm）有特征吸收峰。

以紫外吸收光谱鉴定有机化合物时，通常是在相同的测定条件下，比较未知物与已知标准物的紫外光谱图，若两者的光谱图相同，则可认为待测试样与已知化合物具有相同的生色团；当两者的 ε_{max}、λ_{max} 都相同，则可能是同一个化合物。

有机化合物的紫外吸收光谱不仅与其分子结构有关，溶剂对其吸收峰的波长、强度及形状也会产生影响，如随着溶剂极性的增加，$\pi \rightarrow \pi^*$ 跃迁吸收带红移，ε 减小；而 $n \rightarrow \pi^*$ 跃迁吸收带蓝移，ε 增大。

三、仪器和试剂

仪器：紫外分光光度计（自动扫描）；1cm 石英吸收池。

试剂：甲苯、丁酮、环己烷、氯仿、乙醇等均为分析纯；去离子水或蒸馏水。

四、实验步骤

1. 实验条件

波长扫描范围：360～220nm；带宽：5nm；扫描速度：中速；参比溶液：使用被测溶液的相应溶剂。

2. 各待测溶液的配制

（1）丁酮的环己烷溶液、氯仿溶液、乙醇溶液、水溶液的配制

取 4 只 10mL 容量瓶，各注入 10μL 的丁酮，然后分别用环己烷、氯仿、乙醇和去离子

水稀释至刻度线，摇匀，得到约 $0.1mg \cdot mL^{-1}$ 的丁酮溶液。

（2）甲苯的环己烷、乙醇溶液（约 $0.1mg \cdot mL^{-1}$）的配制

取 2 只 10mL 容量瓶，各注入 $10\mu L$ 甲苯，然后分别用环己烷和乙醇稀释至刻度线，摇匀。

3. 测定

① 根据实验条件，将紫外-可见分光光度计按仪器操作步骤进行调节（详见仪器操作说明书）。

② 扫描上述步骤 2 中各溶液的紫外光谱。

五、数据记录及结果处理

1. 记录实验条件。

2. 比较非极性溶剂正己烷和极性溶剂乙醇对甲苯的紫外吸收光谱中最大的吸收波长 λ_{max} 以及吸收峰形状的影响。

3. 从丁酮的四张紫外吸收光谱中确定 R 带的最大吸收波长 λ_{max}，并说明在不同极性溶剂中异丙叉丙酮吸收峰波长移动的情况。

六、注意事项

1. 石英吸收池每换一种溶液或溶剂必须清洗干净，并用被测溶液或参比溶液荡洗三次。

2. 本实验所用试剂均应为光谱纯或经提纯处理。

七、思考题

1. 当助色团或生色团与苯环相连时，紫外吸收光谱有哪些变化？

2. 在丁酮紫外吸收光谱图上能有几个吸收峰？它们分别属于什么类型跃迁？如何区分它们？

3. 举例说明极性溶剂对 $\pi \rightarrow \pi^*$ 跃迁和 $n \rightarrow \pi^*$ 跃迁的吸收峰产生什么影响。

4. 当被测试液浓度太大或太小时，对测量结果将产生怎样的影响？应如何加以调节？

5. 在本实验中是否可用去离子水来代替各溶剂作参比溶液？为什么？

实验 2-7　食品中 NO_2^- 含量的测定

一、实验目的

1. 掌握食品中 NO_2^- 含量的测定原理与方法。

2. 掌握实物样品中某组分含量测定的一般步骤。

二、实验原理

硝酸盐和亚硝酸盐是食品加工中常用的发色剂和防腐剂，在食品加工过程中，添加适量，可使食物制品具有良好的口感，但过量使用会对人体产生毒害作用。硝酸盐往往表现为亚硝酸盐的毒性，食品中的硝酸盐在一定条件下能形成亚硝酸盐，大量实验证明亚硝酸盐可与二级胺形成亚硝胺，而亚硝胺是早已确认的具有强烈致癌作用的物质，主要引起食管癌、胃癌、肝癌和大肠癌等。亚硝酸盐在食品添加剂中是毒性最强的一种"剧毒剂"，成人中毒剂量为 $0.3 \sim 0.5g$，致死量为 $3g$，因而，食品加工中应严格控制亚硝酸盐的加入量。

样品经沉淀蛋白质，除去脂肪后，在弱酸性条件下，亚硝酸盐与对氨基苯磺酸发生重氮化反应，生成的重氮化合物与盐酸萘乙二胺偶合成紫红色偶氮染料，可用分光光度法测定，有关反应如下：

$$H_2N—Ar—SO_3H+NO_2^-+2H^+ \Longrightarrow N\equiv N^+—Ar—SO_3H+2H_2O$$

$$N\equiv N^+—Ar—SO_3H+盐酸萘乙二胺 \rightarrow 紫红色偶氮染料$$

将经过反应显色后的待测样品与标准样品比较，即可计算出样品中的亚硝酸盐含量。

三、仪器和试剂

仪器：分光光度计；粉碎机；研钵；振荡器；水浴锅；容量瓶；烧杯；吸量管；洗耳球。

试剂：

亚铁氰化钾溶液（$106g \cdot L^{-1}$），称取 $106.0g$ 亚铁氰化钾，用蒸馏水溶解，并稀释至 $1000mL$。

醋酸锌溶液（$220g \cdot L^{-1}$），称取 $220.0g$ 乙酸锌，先加 $30mL$ 冰醋酸溶解，再用蒸馏水稀释至 $1000mL$。

饱和硼砂溶液（$50g \cdot L^{-1}$），称取 $5.0g$ 硼砂，溶于 $100mL$ 热蒸馏水中，冷却后备用。

对氨基苯磺酸溶液（$4g \cdot L^{-1}$），称取 $0.4g$ 对氨基苯磺酸，溶于 $100mL$ 20%（V/V）盐酸溶液（HCl）中，置于棕色瓶中，混匀，避光保存。

盐酸萘乙二胺溶液（$2g \cdot L^{-1}$），称取 $0.2g$ 盐酸萘乙二胺，溶于 $100mL$ 蒸馏水中，混匀后，置于棕色瓶中，避光保存。

亚硝酸钠标准储备液（$100\mu g \cdot mL^{-1}$），准确称取 $0.1000g$ 于 $110 \sim 120℃$ 干燥恒重的亚硝酸钠，加蒸馏水溶解后，定量转入 $1000mL$ 容量瓶中，加水稀释至刻度线并摇匀。

亚硝酸钠标准使用液（$1\mu g \cdot mL^{-1}$），临用前，吸取亚硝酸钠标准储备液 $1.00mL$，置于 $100mL$ 容量瓶中，加水稀释至刻度线并摇匀。

四、实验步骤

1. 样品处理

（1）肉类、蛋、水产及其制品

用四分法取适量或全部，再用食物粉碎机制成匀浆备用。

称取 $5.0g$（精确至 $0.01g$）绞碎混匀的匀浆样品（如制备过程中加水，应按加水量折算）于 50mL 烧杯中，加 12.5mL 硼砂饱和溶液，搅拌均匀。以 70℃左右的水约 300mL 将样品全部洗入 500mL 容量瓶中，置沸水浴中加热 15min（不加盖），取出后冷却至室温。然后一边转动，一边加入 5mL 亚铁氰化钾溶液，摇匀，再加入 5mL 乙酸锌溶液以沉淀蛋白质。加水至刻度线，摇匀，放置 30min，除去上层脂肪，清液用滤纸过滤，弃去初滤液 10mL，剩余的滤液备用。

（2）水果罐头

全部转移到陶瓷研钵中，捣碎成浆状。称取 40g 浆状样品转移至 500mL 容量瓶中，加入饱和硼砂溶液并摇匀，再加入 2g 经处理的活性炭摇匀，然后加入 2mL 乙酸锌溶液和 2mL 亚铁氯化钾溶液，振摇 3～5min，过滤得溶液。

2. 亚硝酸盐的测定

（1）绘制标准曲线

吸取 0.00mL、2.00mL、4.00mL、6.00mL、8.00mL、10.00mL 亚硝酸钠标准使用液（$1\mu g \cdot mL^{-1}$），分别置于 50mL 容量瓶中。分别加入 2mL 对氨基苯磺酸（$4g \cdot L^{-1}$）溶液，摇匀，静置 3～15min 后各加入 1mL 盐酸萘乙二胺（$2g \cdot L^{-1}$）溶液，加水至刻度线，摇匀。静置 15min，用 2cm 比色皿，以试剂空白作为参比，于波长 538nm 处测吸光度，绘制标准曲线。

（2）样品分析

吸取 40mL 样品滤液于 50mL 容量瓶中，分别加入 2mL 对氨基苯磺酸（$4g \cdot L^{-1}$）溶液，摇匀，静置 3～15min 后各加入 1mL 盐酸萘乙二胺（$2g \cdot L^{-1}$）溶液，加水至刻度线，摇匀。静置 15min，用 2cm 比色皿，以试剂空白作为参比，于波长 538nm 处测吸光度。平行测定三次，最后计算 $NaNO_2$ 的含量。

五、数据记录及结果处理

1. 绘制标准曲线 A-C 图，用内插法求 C_x。
2. 计算 $NaNO_2$ 的含量（$\mu g \cdot g^{-1}$）。

六、注意事项

1. 亚硝酸盐容易氧化为硝酸盐，处理试样时加热的时间和温度均要注意控制，另外，配制的标液要新鲜。

2. $4g \cdot L^{-1}$ 对氨基苯磺酸溶液、$2g \cdot L^{-1}$ 盐酸萘乙二胺溶液，须避光保存，保存在棕色瓶中。

3. 试样先绞碎后再用干净干燥的烧杯称取，本法测定中不包括试样中的硝酸盐的含量。

七、思考题

1. 亚硝酸盐作为一种食品添加剂，具有哪些特点？你能否找到一种优于亚硝酸盐的替代品？

2. 承接滤液时，为什么要弃去最初的 10mL 滤液？

实验 2-8 食品中防腐剂（苯甲酸、山梨酸）的紫外光谱测定

一、实验目的

1. 了解食品防腐剂的紫外光谱吸收特性，并利用这些特性对食品中所含的防腐剂进行定性鉴定。

2. 掌握标准曲线法定量测定食品中防腐剂的原理及方法。

二、实验原理

为了防止食品在储存、运输过程中发生变质、腐败，常在食品中添加少量防腐剂。防腐剂使用的种类和用量在食品卫生标准中都有严格的规定。苯甲酸和山梨酸以及它们的钠盐、钾盐是食品卫生标准允许使用的两种主要防腐剂。苯甲酸具有芳烃结构，在波长 228nm 和 272nm 处有 K 吸收带和 B 吸收带；山梨酸具有 α,β-不饱和羰基结构，在波长 250nm 处有 $\pi \rightarrow \pi^*$ 跃迁的 K 吸收带，因此根据它们的紫外吸收光谱特征可以对它们进行定性鉴定和定量测定。

由于食品中防腐剂用量很少，一般在千分之一左右，同时食品中其他成分也可能产生干扰，因此需要预先将防腐剂与其他成分分离，并经提纯浓缩后进行测定。常用的从食品中分离防腐剂的方法有蒸馏法和溶剂萃取法等。本实验采用溶剂萃取的方法，用乙醚将防腐剂从样品中提取出来，再经碱性水溶液处理及乙醚萃取以达到分离、提纯的目的。

采用最小二乘法处理标准溶液的浓度和吸光度数据，以求得浓度与吸光度之间的回归直线方程，并根据直线方程计算样品中防腐剂的含量。

三、仪器和试剂

仪器：紫外-可见分光光度计（任一型号）；带盖石英比色皿 2 个；电子天平；分液漏斗 150mL、250mL；容量瓶 10mL、25mL、100mL；移液管 1mL、2mL、5mL、10mL。

试剂：苯甲酸（GR 或光谱纯）；山梨酸（GR 或光谱纯）；乙醚（AR）；NaCl（AR）；NaHCO₃（AR）；HCl（AR）；NaHCO₃ 溶液（10g · L⁻¹）；HCl 溶液（0.05mol · L⁻¹、0.1mol · L⁻¹、2mol · L⁻¹）；待测样品（饮料、果汁、果酱或酱油）。

四、实验步骤

1. 样品中防腐剂的分离

准确称取待测样品 2.0g，用 40mL 蒸馏水溶解，移入 150mL 分液漏斗中，加入适量的粉状 NaCl，待溶解后滴加 0.1mol · L⁻¹ HCl，使溶液的 pH＜4。依次用 30mL、25mL 和 20mL 3 份乙醚萃取样品溶液，合并乙醚溶液并弃去水相。用 2 份 30mL 0.05mol · L⁻¹ HCl 洗涤乙醚萃取液，弃去水相。然后用 3 份 20mL 10g · L⁻¹ NaHCO₃ 溶液萃取乙醚溶液，合并 NaHCO₃ 溶液，用 2mol · L⁻¹ HCl 酸化 NaHCO₃ 溶液并多加 1mL，将该溶液移入

250mL 分液漏斗中。依次用 25mL、25mL、20mL 乙醚分 3 次萃取已酸化的 $NaHCO_3$ 溶液，合并乙醚溶液并移入 100mL 容量瓶中，用乙醚定容后，摇匀，供紫外光谱测定。

2. 防腐剂定性鉴定

用吸量管吸取上述乙醚萃取液 2mL 于 10mL 容量瓶中，用乙醚定容后，摇匀，再用 1cm 的石英吸收池，以乙醚作为参比，用紫外-可见分光光度计在波长 210～310nm 范围做紫外吸收光谱，根据吸收峰波长及吸收强度确定防腐剂的种类。

3. 制作工作曲线

（1）绘制苯甲酸（或山梨酸）标准曲线

准确称取 0.20g 苯甲酸，用乙醚溶解，移入 50mL 容量瓶中定容，摇匀。吸取该溶液 2mL，用乙醚稀释至 50mL，此溶液含苯甲酸为 $0.16mg \cdot mL^{-1}$，作为储备液。吸取 10mL 储备液于 50mL 容量瓶中，定容后成为 $32\mu g \cdot mL^{-1}$ 苯甲酸标准溶液。

分别吸取苯甲酸标准溶液 0.5mL、1.0mL、1.5mL、2.0mL 和 2.5mL 于 5 个 10mL 容量瓶中，用乙醚定容。再用 1cm 的石英吸收池，以乙醚作为参比，在最大波长处测定各溶液的吸光度。

（2）样品中防腐剂的测定

用吸量管吸取 2mL 样品防腐剂分离液（2 中溶液）3 份，分别置于 3 个 10mL 容量瓶中，用乙醚定容后，摇匀，再用 1cm 的石英吸收池，以乙醚作为参比，在最大波长处测定各溶液的吸光度。

五、数据记录及结果处理

1. 将测定结果填入下表

（1）苯甲酸标准曲线

V(苯甲酸标准溶液)/mL	0.5	1.0	1.5	2.0	2.5
C(苯甲酸标准溶液)/($\mu g \cdot mL^{-1}$)					
吸光度 A					

（2）样品称量记录：_____

（3）样品分离物的吸光度：_____

2. 绘图与计算

① 绘制标准曲线：以标准溶液 C 为横坐标，以 A 为纵坐标绘制标准直线，并求出回归方程和相关系数。

② 于标准曲线上查出样品分离物（苯甲酸）吸光度 A 对应的苯甲酸的质量浓度 C_x，用下式计算样品中防腐剂的质量分数（以苯甲酸钠计）。

$$w = \frac{1.18 \times C_x}{2m \times 10^3} \times 100\%$$

式中，m 为样品质量。

六、注意事项

认真阅读紫外-可见分光光度计的操作说明书。

七、思考题

1. 试述标准曲线法的特点及适用范围。
2. 若吸光度大于 0.8 时，如何处理？

实验 2-9　紫外分光光度法同时测定维生素 C 和维生素 E 的含量

一、实验目的

1. 学习在紫外光谱区同时测定双组分体系——维生素 C 和维生素 E 的含量；
2. 掌握紫外-可见分光光度计的使用。

二、实验原理

利用吸光度的加和性原理，用解联立方程组的方法，同时测定维生素 C（抗坏血酸）和维生素 E（α-生育酚）的含量。

维生素 C 和维生素 E 起抗氧化剂作用，即它们在一定时间内能防止油脂变质。两者结合在一起比单独使用的效果更佳，因为它们在抗氧化剂性能方面是"协同的"。因此，它们作为一种有用的组合试剂用于各种食品中。抗坏血酸是水溶性的，α-生育酚是酯溶性的，但它们都能溶于无水乙醇，因此，能在同一溶液中使用测定双组分的原理来测定它们的含量。

三、仪器和试剂

仪器：紫外-可见分光光度计（任一型号）带石英比色皿；50mL 容量瓶；10mL 吸量管。

试剂：

抗坏血酸（7.50×10^{-4} mol·L^{-1}）标准溶液：称取 0.0132g 抗坏血酸，溶于无水乙醇中，并用无水乙醇定容至 1000mL。

α-生育酚（1.13×10^{-3} mol·L^{-1}）标准溶液：称取 0.0488g α-生育酚溶于无水乙醇中，并用无水乙醇定容至 1000mL。

无水乙醇。

待测维生素 C 和维生素 E 混合试样。

四、实验步骤

1. 配制标准溶液

① 分别量取抗坏血酸标准溶液 4.00mL、6.00mL、8.00mL、10.00mL 于 4 只 50mL 容量瓶中，用无水乙醇稀释至刻度线，摇匀。

② 分别量取 α-生育酚标准溶液 4.00mL、6.00mL、8.00mL、10.00mL 于 4 只 50mL 容量瓶中，用无水乙醇稀释至刻度线，摇匀。

2. 绘制吸收光谱

以无水乙醇作为参比，在 220～320nm 范围(用①中 3 号液)测绘出抗坏血酸和(用②中 3 号液)α-生育酚的紫外吸收光谱，确定 λ_1 和 λ_2。

3. 绘制标准曲线

以无水乙醇作为参比，在波长 λ_1 和 λ_2 处，分别测定步骤 1 配制的 8 个标准溶液的吸光度。

4. 未知液的测定

取未知液 5.00mL 于 50mL 容量瓶中，用无水乙醇稀释至刻度线，摇匀。在波长 λ_1 和 λ_2 处测其吸光度。

五、数据记录及结果处理

1. 绘制抗坏血酸和 α-生育酚的吸收光谱，确定 λ_1 和 λ_2。

2. 分别绘制抗坏血酸和 α-生育酚在波长 λ_1 和 λ_2 处的 4 条标准曲线，求出 4 条直线的斜率，即 $\kappa_{\lambda_1}^C$、$\kappa_{\lambda_2}^C$、$\kappa_{\lambda_1}^E$、$\kappa_{\lambda_2}^E$。

3. 计算未知液中抗坏血酸和 α-生育酚的浓度。

六、注意事项

1. 抗坏血酸会缓慢地氧化成脱氢抗坏血酸，所以必须每次实验时须配制新鲜溶液。

2. 要求详细预习紫外-可见分光光度计的结构及其使用方法。

七、思考题

1. 写出抗坏血酸和 α-生育酚的结构式，并解释一个是"水溶性"，另一个是"酯溶性"的原因。

2. 使用本方法测定抗坏血酸和 α-生育酚的含量是否灵敏？解释其原因。

第一节　概述

当一束红外光照射物质时，被照射物质的分子将吸收其中一些频率的辐射，分子振动或转动引起偶极矩的净变化，使振-转能级从基态跃迁到激发态，相应于这些区域的透射光强减弱，记录透过率（T）或吸光度（A）对波数（cm^{-1}）或波长（μm）的曲线，得到该物质的红外吸收光谱，简称红外光谱。

1. 红外光谱法的特点

① 红外吸收只有振-转跃迁，能量低。

② 应用范围广：除单原子分子及单核分子外，几乎所有有机物均有红外吸收。

③ 分子结构有更为精细的表征：通过 IR 谱的波数位置、波峰数目及强度确定分子基团、分子结构。

④ 定量分析。

⑤ 固态、液态、气态样均可用，且用量少、不破坏样品。

⑥ 分析速度快。

⑦ 与色谱等联用（GC-FTIR）具有强大的定性功能。

2. 红外光谱在结构解析中的作用

① 利用基团特征频率确定分子中的官能团，区分化合物的类别。

② 提供未知物的精细结构，确定化合物是否相同。

第二节　红外光谱仪的结构及使用

一、红外光谱仪的基本组成

1. 色散型红外光谱仪

与双光束紫外-可见光谱（UV-Vis）仪器类似，但部件材料和顺序不同：

$$光源 \rightarrow 吸收池 \rightarrow 单色器 \rightarrow 检测器 \rightarrow 记录显示装置$$

（1）光源

常用的红外光源有 Nernst 灯和硅碳棒。

类型	制作材料	工作温度	特点
Nernst 灯	Zr、Th、Y 氧化物	1700℃	高频区（>1000cm^{-1}）有更强的发射；稳定性好；机械强度差；价格高
硅碳棒	SiC	1200～1500℃	低频区光强较大；波数范围更广；坚固、发光面积大

（2）吸收池

红外吸收池使用可透过红外的材料制成窗片，如下所示：

窗片材料	透光范围/μm	注意事项
NaCl	0.2～25	易潮解、湿度低于40%
KBr	0.25～4	易潮解、湿度低于35%
CaF_2	0.13～12	不溶于水，用于水溶液
CsBr	0.2～55	易潮解
TiBr+TiI	0.55～40	不溶于水（有毒）

不同的样品状态（固态、液态、气态）使用不同的样品池，固态样品可与晶体混合压片制成。

（3）单色器

由色散元件、准直镜和狭缝组成。其中可用几个光栅来增加波数范围，狭缝宽度应可调。狭缝越窄，分辨率越高，但光源到达检测器的能量输出减少，这在红外光谱分析中尤为突出。为减少长波部分能量损失，改善检测器响应，通常采取程序增减狭缝宽度的办法，即随辐射能量降低，狭缝宽度自动增加，保持到达检测器的辐射能量恒定。

（4）检测器及记录仪

红外光能量低，因此常用热电偶、测热辐射计、热释电检测器和碲镉汞检测器等。

红外检测器	原理	构成	特点
热电偶	温差电热效应	涂黑金箔（接受面）连接金属（热接点）与导线（冷接端）形成温差	光谱响应宽且一致性好、灵敏度高；受热噪声影响大
测热辐射计	电桥平衡	涂黑金箔（接受面）作为惠斯通电桥的一臂，当接受面温度改变，电阻改变，电桥输出信号	稳定、中等灵敏度、线性范围较宽；受热噪声影响大
热释电检测器（TGS）	半导体热效应	硫酸三甘酞（TGS）单晶片受热，温度上升，其表面电荷减少，即TGS释放了部分电荷，该电荷经放大并记录	响应极快，可进行高速扫描（中红外区只需1s）。适用于傅里叶变换红外光谱FT-IR
碲镉汞检测器（MCT）	光电导；光伏效应	混合物 $Hg_{1-x}Cd_xTe$ 对光的响应	灵敏度高、响应快、可进行高速扫描

以光栅为分光元件的红外光谱仪也有不足之处：

① 需采用狭缝，光能量受到限制。

② 扫描速度慢，不适于动态分析及和其他仪器联用。

③ 不适于过强或过弱的吸收信号的分析。

2. 傅里叶变换红外光谱仪

傅里叶变换红外光谱仪（Fourier transfer infrared spectroscopy，FT-IR）是利用光的相干性原理而设计的干涉型红外分光光谱仪。

它与色散型红外光谱仪的主要区别在于用迈克耳孙（Michelson）干涉仪取代了单色器，并且应用了电子计算机，如图 3-1 所示。

即由光源、干涉仪、检测器、电子计算机和记录器等组成。其核心部分是干涉仪，它是将从光源的信号以干涉图的形式送往电子计算机进行傅里叶变换的数学处理，最后将干涉

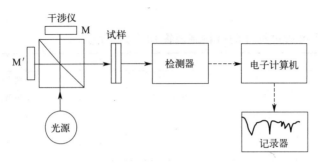

图 3-1　傅里叶变换红外光谱仪结构图

图还原成光谱图。

　　干涉仪主要由互相垂直排列的固定反射镜 M_1 和可移动反射镜 M_2 [在其垂直方向做匀速平动，其速度为 $V(cm \cdot s^{-1})$]，以及两反射镜成 $45°$ 角的分束器 BS（beam-splitters）组成，其结构如图 3-2 所示。

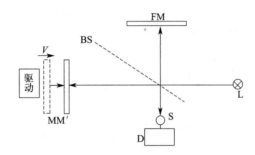

图 3-2　迈克耳孙干涉仪结构示意图

MM′—动镜；FM—定镜；BS—分束器；L—光源；S—样品；D—检测器；V—动镜移动速度

　　分束器 BS 使照射在它上面的入射光分裂成为等强度的两束光，50% 透过，50% 反射。分开的两束光经过动镜 MM′ 和定镜 FM 反射后再经分束器又重叠在一起发生干涉，干涉光经过样品后到达检测器 D。

　　当两束光的光程差为 $\lambda/2$ 的奇数倍时，落在检测器 D 上的相干光相互抵消（相消干涉）；当两束光的光程差为 $\lambda/2$ 的偶数倍时，落在检测器 D 上的相干光相互叠加（相长干涉）加强。连续改变干涉仪中动镜 MM′ 的位置，并以检测器所接收到的光强度对移动反射镜的移动距离作图，即得干涉图。傅里叶变换红外光谱仪具有扫描速度快（1s 内可完成全光谱扫描）、分辨率高（$0.1 \sim 0.005 cm^{-1}$）、光谱范围宽和测量精度好等优点，但缺点是仪器结构复杂，价格昂贵。

二、红外光谱仪附件及操作规程

1. 红外光谱仪附件

　　① 衰减全反射（ATR）附件：ATR 附件主要用于固体、凝胶、橡胶等材料表面的研究。测量表面厚度需在 $1\mu m$ 以上，也可用于溶液分析（蛋白水溶液）。

　　② 漫反射附件：漫反射附件主要用于测量颗粒表面或不平整的表面，适用于表面厚度约为 $10\mu m$ 的材料。

③ 固定角度镜面反射附件：镜面反射附件主要借助反射吸收分析坚硬平整表面的涂层，也可以测量光亮的样品表面，适用于表面厚度＞$10\mu m$ 的材料。

④ 万能采样器：适用于各种液体、固体等样品。

⑤ 变温红外附件：测定不同温度下样品的红外光谱。

2. 红外光谱仪操作规程和注意事项

红外光谱仪由专人负责维护，所有操作人员均应经过培训方可使用。具体操作规程（Nicolet）如下：

① 打开主机电源，主机进行自检（约 1min），打开 PC 机，进入 Windows 操作系统。

② 由开始菜单中"Thermo Nicolet"或桌面"Omnic"快捷方式进入 Omnic 红外光谱仪测试操作窗口，在实验"Experiment"选项中选择样品测试方式。

③ 绘制试样红外光谱图的整个过程包括：a. 设定收集参数；b. 收集背景；c. 收集样品图；d. 对所得试样谱图进行基线校正、标峰等处理；e. 标准谱库检索；f. 打印谱图。对一些已知化合物进行标准谱库检索。

④ 收集样品图完成后，即可从样品室中取出样品架，并用浸有无水乙醇的脱脂棉将用过的研钵、镊子、刮刀、压模等清洗干净，置于红外干燥灯下烘干，以制备下一个试样。

⑤ 关机：退出"Omnic"操作系统，关闭计算机，关闭主机电源。

使用红外光谱仪注意事项：

① 严格按照操作规程进行操作，遇到故障及时与管理人员联系。

② 保持操作台和仪器的干净整洁，以免污染试剂。

③ 有害、有毒等样品测试完毕后，要进行适当的处理。

④ 测试完毕后要如实登记。

三、 ThermoFisher Nicolet FT-IR 操作步骤

1. 开机

开启电源稳压器，打开电脑、打印机及仪器电源。建议在操作仪器采集谱图前，先让仪器稳定 20min 以上。

2. 仪器自检

按 打开软件后，仪器将自动检测并在右上角" "出现绿色" "。这样即表示电脑和仪器通信正常。

3. 软件操作

① 进入【采集】菜单的【实验设置】，进入【诊断】，观察红外信号是否正常，如果正常就直接跳到下一步，如果不正常（比如说最大值小于 4），就按【准直】进行光路自动校准，如果还是不正常，就先按【重置光学台】，等几秒钟再按【准直】，如果红外信号还是不正常就联系工程师。

② 将空白样品放入样品仓或以空气为背景，按 采集背景光谱（背景采集的顺序要同采集参数中"背景光谱管理"一致）。

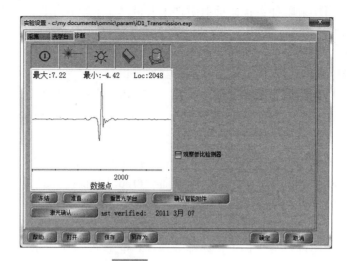

③ 将测试样品放入样品仓，按 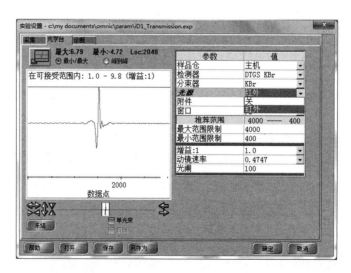 采集红外光谱。

④ 需要时，按 自动校正基线，按 纵坐标归一化或进行其他数据处理。

⑤ 需要时，按 进行谱图检索和红外谱图解析。

⑥ 按 标识谱峰。

⑦ 按 打印谱图。

4. 关机

① 如果不用 24 小时通电，就直接把仪器电源关闭。如果想防止仪器受潮，要 24 小时通电，就打开【采集】下面【实验设置】中的【光学台】，再打开右侧【光源】选项，选择【关】，这样就可以关闭红外光源，延长光源寿命，然后按【确定】，最后按" "退出 Omnic 软件。

② 单击开始菜单，关闭计算机，并关闭显示器和打印机电源等。

实验 3-1　红外光谱的校正——薄膜法聚苯乙烯红外光谱的测定

一、实验目的

1. 了解红外光谱的基本原理，初步掌握红外定性分析法。
2. 了解红外分光光度计的工作原理。
3. 掌握红外吸收光谱制备固体样品的技术。

二、实验原理

一束红外光照射样品时，当红外光的能量与分子振动或转动能级差相匹配时，分子会吸收红外光，从基态跃迁到激发态；分子吸收红外光后，如果导致了分子的偶极矩发生变化，会在特定波长或波数处形成吸收峰，这些吸收峰的位置和强度反映了分子中化学键或官能团的特征；若以波长或波数为横坐标，以吸收率为纵坐标，把这谱带记录下来，就得到了该样品的红外吸收光谱图。

在红外吸收光谱测定中，记录仪每绘制一张谱图，图纸实际安放的位置总有变化，为了完全正确地鉴别峰位，需要校正仪器的波数。常用标准聚苯乙烯薄膜作为校正试样，根据记录在谱图上的已知吸收峰位进行波数校正。在聚苯乙烯的结构中，除了亚甲基（—CH_2—）和次甲基（$\diagdown$ CH— ）外，苯环上还有碳碳骨架（—C $=$ C—）和不饱和碳氢基团（$=$CH—），它们构成了聚苯乙烯分子中基团的基本振动形式。聚苯乙烯红外谱带主要数据列人表 3-1 中，通常采用的 3 个校正峰分别在 $2851cm^{-1}$，$1601cm^{-1}$ 及 $907cm^{-1}$ 处。

表 3-1　聚苯乙烯红外谱带主要数据

峰值	波数/cm^{-1}	峰值	波数/cm^{-1}
1	3027	7	1180
2	2851	8	1154
3	1949	9	1028
4	1802	10	907
5	1601	11	699
6	1495		

薄膜法在高分子化合物的红外光谱分析中被广泛应用。

三、仪器和试剂

仪器：FT-IR 红外吸收光谱仪；红外灯；玻璃板；镊子；滤纸。

试剂：CCl_4（AR）；聚苯乙烯。

四、实验步骤

1. 仪器调整

① 按下仪器电源总开关，预热 10min 后，设置扫描参数。

② 扫描速度为"快"；波数范围为 $4000\sim650\text{cm}^{-1}$；测量方式为"透光度"；参比物为空气。

③ 将样品及参比置于样品托架和参比托架上，即可进行扫谱。

2. 聚苯乙烯薄膜的制备

配制质量摩尔浓度约为 $120\text{g}\cdot\text{L}^{-1}$ 的 CCl_4-聚苯乙烯待测溶液，用滴管吸取此溶液于干净的玻璃板上，立即用两端绕有细铜丝的玻璃棒将溶液推平，自然风干约 2h。然后将玻璃板浸入水中，用镊子小心地揭下薄膜，用滤纸吸去膜上的水，置于红外灯下烘干。

3. 标准聚苯乙烯薄膜红外光谱图的绘制

将标准聚苯乙烯薄膜插入红外分光光度计的试样窗口前，扫描测绘其标准红外吸收谱图。查对 2851cm^{-1}、1601cm^{-1} 及 907cm^{-1} 的吸收峰是否正确，借以校正仪器的波数。

4. 自制聚苯乙烯薄膜红外光谱图的绘制

将自制聚苯乙烯薄膜安装在固定架上，插入光路中，扫描测绘其红外吸收光谱图。

五、数据记录及结果处理

比较标准聚苯乙烯薄膜和自制聚苯乙烯薄膜的红外光谱图，并填写下表：

峰值	波数/cm^{-1}	基团	峰值	波数/cm^{-1}	基团
1	3027		7	1180	
2	2851		8	1154	
3	1949		9	1028	
4	1802		10	907	
5	1601		11	699	
6	1495				

六、注意事项

1. 制备试样是否规范直接关系到红外图谱的准确性，所以对固体样品经研磨后也应随时注意防止吸水，否则压出的压片易沾在模具上。

2. 扫谱前应注意调整好波长复位。

3. 仪器注意防震、防潮、防腐蚀。

七、思考题

1. 如何制作红外分光光度法的固体样品？

2. 影响基团振动频率的因素有哪些？这对于由红外光谱推断分子的结构有什么作用？

实验 3-2　有机物红外吸收光谱图的绘制及结构分析

一、实验目的

1. 掌握溴化钾压片法制备固体样品的方法。
2. 学习并掌握 FT-IR 红外光谱仪的使用方法。
3. 初步学会对红外吸收光谱图的解析。

二、实验原理

物质分子中的各种不同基团，在有选择地吸收不同频率的红外辐射后，发生振动能级之间的跃迁，形成各自独特的红外吸收光谱。据此，可对物质进行定性、定量分析，特别是对化合物结构的鉴定，应用更为广泛。

基团的振动频率和吸收强度与组成基团的原子质量、化学键类型及分子的几何构型等有关，因此，根据红外吸收光谱的峰值、峰强、峰形和峰的数目，可以判断物质中可能存在的某些官能团，进而推断未知物的结构。如果分子比较复杂，还需结合紫外光谱、核磁共振谱以及质谱等手段作综合判断。最后可通过与未知样品在相同测定条件下得到的标准样品的谱图或标准谱图（如 sadtler 红外光谱集等）进行比较分析，作出进一步的证实。本实验采用计算机中的标准谱图库与被测物谱图进行对照。

食品包装袋一般为聚乙烯塑料或聚丙烯塑料。聚乙烯塑料以聚乙烯树脂为基本成分，具有链状的线型结构，可反复受热软化（或熔化）和冷却凝固。聚乙烯属饱和碳氢化合物，红外光谱特征同石蜡极其相似。石蜡中—CH_3、—CH_2—的伸缩振动 v_{C-H} 谱带位于 $3000 \sim 2700cm^{-1}$，面内弯曲 σ_{C-H} 谱带位于 $1460cm^{-1}$、$1380cm^{-1}$，—CH_2—的面外弯曲振动 γ_{C-H} 出现在 $720cm^{-1}$。聚乙烯的红外光谱也基本呈现出这些谱带，但两者还是可以区分的。比如石蜡一般是非结晶的，它的亚甲基面外弯曲振动只产生一条谱带，位于 $720cm^{-1}$ 处。而聚乙烯一般情况下是结晶的，上述谱带分裂为双峰，分别位于 $731cm^{-1}$ 和 $720cm^{-1}$，谱带强度也较大。又如低分子量聚乙烯含有较多的不饱和双键，在 $1000 \sim 850cm^{-1}$ 范围出现几条谱带，而石蜡的光谱则没有这些谱带。聚乙烯有高密度和低密度之分。低密度聚乙烯分子含有较多的支链，在 $1380cm^{-1}$ 有较强的甲基对称变形振动谱带；高密度聚乙烯分子链呈线型结构，甲基很少，亚甲基吸收谱带位于 $1370cm^{-1}$。此外，高密度聚乙烯分子含有较多的烯类端基，在 $990cm^{-1}$ 和 $910cm^{-1}$ 有较弱的吸收带。

聚丙烯的图谱与聚乙烯的图谱有相似之处。

三、仪器和试剂

仪器：FT-IR 红外光谱仪（任一型号）；压片机；玛瑙研钵。
试剂：无水乙醇；无色透明食品包装袋（学生自备）；固体未知物样品。
苯甲酸：于 80℃下干燥 24h，存于干燥器中。
溴化钾：于 130℃下干燥 24h，存于干燥器中。

四、实验步骤

将自备洁净的无色透明食品包装袋剪成一个 2cm×2cm 的小块，夹持到红外光谱仪的试样架上，从 4000～500cm^{-1} 进行波数扫描，得到红外吸收光谱，并与计算机中的标准谱图库和被测物谱图进行对照，确定该包装袋的成分。

测绘未知物的红外吸收光谱——溴化钾压片法：取 2mg 未知物，加入 100mg 溴化钾粉末，在玛瑙研钵中充分磨细（颗粒粒度约 2μm），使之混合均匀。在压片机上压成透明薄片，将薄片夹持到红外光谱仪的试样架上，从 4000～500cm^{-1} 进行波数扫描，得到红外吸收光谱。

五、数据记录及结果处理

根据红外吸收光谱图上的吸收峰位置，推断未知有机物可能的结构式。

六、注意事项

1. 预习与实验有关的章节。
2. 固体样品经研磨（在红外灯下）后仍应随时注意防止吸水，否则压出的压片易沾在模具上。

七、思考题

欲测定某一微细粉末的红外光谱，试说明选用什么样的试样制备方法？为什么？

实验 3-3 红外光谱法测定有机物结构

一、实验目的

1. 掌握红外光谱法进行物质结构分析的基本原理，能够利用红外光谱鉴别官能团，并根据官能团确定未知组分的主要结构。
2. 了解红外光谱法测定液体样品的制备方法。
3. 学会红外分光光度计的使用方法。

二、实验原理

红外吸收光谱法是通过研究物质结构与红外吸收光谱间的关系，来对物质进行分析的一种方法，红外光谱可以用吸收峰谱带的位置和峰的强度加以表征。测定未知物结构是红外光谱定性分析的一个重要用途。根据实验所测绘的红外光谱图的吸收峰位置、强度和形状，利用基团振动频率与分子结构的关系，来确定吸收带的归属，确认分子中所含的基团或键，并推断分子的结构，鉴定的步骤如下：

① 对样品做初步了解，如样品的纯度、外观、来源和元素分析结果，以及物理性质（分子量、沸点、熔点）。

② 确定未知物不饱和度，以推测化合物可能的结构。

③ 图谱解析：首先在官能团区（4000～1300cm^{-1}）搜寻官能团的特征伸缩振动；再根据"指纹区"（1300～600cm^{-1}）的吸收情况，进一步确认该基团的存在以及与其他基团的结合方式。

三、仪器和试剂

仪器：FT-IR（任一型号）；手压式压片机（包括压模等）；玛瑙研钵；可拆式液体池；盐片等。

试剂：KBr(AR)；无水乙醇（AR）；滑石粉；苯甲酸；苯乙酮等。

四、实验步骤

1. 操作步骤

① 打开仪器电源开关，预热 10min。

② 将样品及参比置于样品托架和参比托架上，即可进行扫谱。

2. 固体样品苯甲酸的制备及红外吸收光谱图的绘制

① 取干燥的苯甲酸试样 1～2mg 置于玛瑙研钵中充分研磨，再加入 150mg 干燥的 KBr 研磨至完全混匀。

② 取约 100mg 混合物装入干净的压模内，置于压片机上，在 20MPa 压力下压制 2min，制成透明试样薄片。

③ 将试样薄片装在试样架上，置于光度计样品托架上，用纯 KBr 薄片为参比，绘制其红外光谱图。

3. 液体样品苯乙酮的制备及红外吸收光谱图的绘制

① 将可拆式液体样品池的盐片从干燥器中取出，在红外灯下用少许滑石粉混入几滴无水乙醇磨光其表面，再用几滴无水乙醇清洗盐片后，置于红外灯下烘干备用。

② 将盐片放在可拆式液体池的孔中央，上面放置铝片，在铝片上滴 2～3 滴苯乙酮试样，将另一盐片平压在上面（不能有气泡），组装好液体池。

③ 将液体吸收池置于光度计样品托架上，以空气作为参比，进行扫谱。扫谱结束后，及时用 CH$_3$Cl 或无水乙醇洗去样品，并按前面方法清洗盐片并保存在干燥器中。

五、数据记录及结果处理

1. 根据实验测得苯甲酸的红外光谱图进行图谱解析，说明下列吸收峰的归属。

① 3020～2500cm^{-1} 的吸收峰。

② 1605cm^{-1}、1580cm^{-1} 的吸收峰。

③ 800cm^{-1} 的吸收峰。

2. 根据实验测得的苯乙酮的红外光谱图进行图谱解析，说明下列吸收峰的归属。

① 3000cm^{-1} 附近的四个弱吸收峰。

② $1600 \sim 1500 \mathrm{cm}^{-1}$ 处有 $2 \sim 3$ 个峰。

③ 指纹区 $760 \mathrm{cm}^{-1}$、$692 \mathrm{cm}^{-1}$ 处有 2 个峰。

④ $1687 \mathrm{cm}^{-1}$ 处强吸收峰为 C＝O 的伸缩振动。

⑤ $265 \mathrm{cm}^{-1}$ 出现强吸收峰。

⑥ $1363 \mathrm{cm}^{-1}$ 及 $1430 \mathrm{cm}^{-1}$ 处的吸收峰。

六、注意事项

1. 制备试样是否规范直接关系到红外图谱的准确性，所以对液体样品，应注意使盐片保持干燥透明，每次测定前后均应用无水乙醇及滑石粉抛光，在红外灯下烘干。

2. 扫谱前应注意调整好波长复位。

3. 仪器注意防震、防潮、防腐蚀。

七、思考题

1. 用压片法制样时，为什么固体试样要研磨到颗粒粒度在 $2\mu\mathrm{m}$ 左右？为什么要求 KBr 粉末干燥，避免吸水受潮？

2. 对于高聚物固体材料，很难研磨成细小的颗粒，采用什么制样方法比较可行？

3. 芳香烃的红外特征吸收在谱图的什么位置？

4. 羟基化合物谱图的主要特征是什么？

5. 为什么红外分光光度法要采取特殊的制样方法？

6. 醛、酮如何区分？

 ## 实验 3-4 醛和酮的红外光谱

一、实验目的

1. 选择醛和酮的羰基吸收频率进行比较，说明诱导效应和共轭效应，指出各个醛、酮的主要谱带。

2. 熟悉压片法及可拆式液体池的制样技术。

二、实验原理

醛和酮在 $1900 \sim 1650 \mathrm{cm}^{-1}$ 范围内出现强吸收峰，这是 C＝O 的伸缩振动吸收带，其位置相对固定且强度大，很容易识别。而 C＝O 伸缩振动受到样品的状态、相邻取代基团、共轭效应、氢键、环张力等因素的影响，其吸收带实际位置有所差别。

脂肪醛在 $1740 \sim 1720 \mathrm{cm}^{-1}$ 范围有吸收。α-碳上的电负性取代基会增加 C＝O 谱带吸收频率。例如，乙醛在 $1730 \mathrm{cm}^{-1}$ 处有吸收，而三氯乙醛在 $1768 \mathrm{cm}^{-1}$ 处有吸收。双键与羰基产生共轭效应，会降低 C＝O 的吸收频率。芳香醛在低频率处有吸收。内氢键也使吸收向低频率方向移动。

酮的羰基比相应醛的羰基在稍低的频率处有吸收。饱和脂肪酮在 $1715cm^{-1}$ 左右有吸收。同样，双键的共轭会造成吸收向低频移动。酮与溶剂之间的氢键也将降低羰基的吸收频率。

三、仪器和试剂

仪器：FT-IR（任一型号）；压片机；压模；样品架；可拆式液体池；盐片；红外灯；玛瑙研钵。

试剂：苯甲醛；肉桂醛；正丁醛；二苯甲酮；环己酮；苯乙酮；滑石粉；无水乙醇；KBr。

四、实验步骤

1. 可拆式液体池的准备

戴上指套，将可拆式液体池的两个盐片从干燥器中取出后，在红外灯下用少许滑石粉混入几滴乙醇磨光其表面。用软纸擦净后，滴加无水乙醇 1～2 滴，再用吸水纸擦洗干净。反复数次，然后将盐片放于红外灯下烘干备用。

2. 液体样品的测试

在可拆式液体池的金属池板上垫上橡胶圈，在孔中央位置放一个盐片，然后滴半滴液体试样于盐片上。将另一个盐片平压在上面（注意，不能有气泡），再将另一金属片盖上，对角方向旋紧螺丝，将盐片夹紧在其中。把此液体池放于 Avatar 360 型红外光谱仪的样品池处，进行扫谱。

3. 盐片清洗

扫谱结束后，取下样品池，松开螺丝，套上指套，小心取出盐片。先用软纸擦净液体，滴上无水乙醇，洗去样品（千万不能用水洗）。然后，再于红外灯下用滑石粉及无水乙醇进行抛光处理。最后，用无水乙醇将盐片表面洗干净，擦干，烘干。两个盐片收入干燥器中保存。

4. 样品测定

用可拆式液体池将苯甲醛、肉桂醛、正丁醛、环己酮、苯乙酮等分别制成 0.015～0.025mm 厚的液膜，绘出红外光谱图。而二苯甲酮为固体，则可用压片法制成 KBr 片剂测其红外光谱。

五、数据记录及结果处理

1. 确定各化合物的羰基吸收频率，根据各化合物的光谱写出它们的结构式。

2. 根据苯甲醛的红外光谱，指出在 $3000cm^{-1}$ 左右及 $675cm^{-1}$、$750cm^{-1}$ 之间所得到的主要谱带，简述分子中的键或基团构成这些谱带的原因。

3. 根据环己酮的红外光谱，指出在 $2900cm^{-1}$ 和 $1460cm^{-1}$ 处附近的主要谱带。

4. 比较肉桂醛、苯甲醛与正丁醛的羰基频率，论述共轭效应和芳香性对羰基吸收频率的影响。

5. 同样，共轭效应及芳香性如何影响酮的羰基频率？

六、注意事项

1. 认真预习红外分光光度计的构造及工作原理。

2. 可拆式液体池的盐片应保持干燥透明，每次测定前后均应反复用无水乙醇及滑石粉抛光（在红外灯下），但切勿用水洗。

七、思考题

解释若用氯原子取代烷基，羰基频率会发生位移的原因。

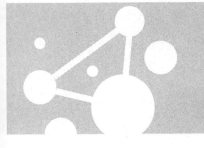

第一节　概述

原子发射光谱（atomic emission spectroscopy，AES）是一种重要的光学分析法。它是根据原子外层电子能级跃迁而辐射的特征光谱来研究物质结构和测定物质化学成分的分析方法。当对某一试样进行分析时，如果外界提供足够的能量（热能或电能）将试样蒸发分解转变为气态原子或离子，并使气态原子或离子的外层电子受激发而跃迁至较高能级的激发态，处于激发态的原子或离子不稳定返回基态或其他较低激发态时，将释放出多余能量从而发射出各种不同波长的光辐射。对所产生的辐射经过摄谱仪器进行色散分光，按一定的波长顺序记录在感光板上，可呈现出有规则的谱线条（即发射光谱）。由于各种元素原子结构不同，可发射出各具自身特征的原子光谱，基于谱线的波长进行定性分析；基于谱线的强度进行定量分析。

原子发射光谱分析过程可概略地归并为激发（使待测物质发射特征谱线）、分光（将不同波长的光谱线分开）、检测（记录或测量特征光谱的波长和强度）三大步骤。根据测定方式的不同，发射光谱可分为看谱法、摄谱法和直读光谱法。目前看谱法已经极少使用；摄谱法的使用也逐渐减少，而直读光谱法则越来越广泛地被采用。

原子发射光谱分析具有选择性好、灵敏度高、分析速度快、能进行多元素同时测定、应用广等优点，因而在地质、冶金、机械、环境、材料、能源、生命及医学等领域得到广泛应用。

第二节　原子发射光谱仪的结构及使用

原子发射光谱仪的基本组成为：激发光源（直流电弧光源、高压火花光源、低压交流电弧光源和电感耦合等离子体光源）；光谱仪；光谱分析的附属设备。

1. 激发光源

（1）直流电弧光源

直流电弧发生器的基本电路如图 4-1 所示。直流电源 E 由全波整流器供给，电压为 $200\sim380V$ 的直流电源，电流为 $5\sim30A$；镇流电阻 R 用于稳定和调节电弧电流的大小；电感 L 用于降低电流的波动；分析间隙 G 由两电极组成，其中一个电极装有试样。

电弧的点燃方式有高频引弧法和接触引弧法两种。其作用原理是电极间隙气体电离形成导体，将气体加热而形成电弧放电。用碳作电极的情况下，电弧弧柱温度可达 4000～

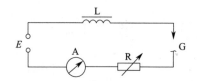

图 4-1　直流电弧发生器基本电路图

R—镇流电阻；L—电感；G—分析间隙

7000K，可将试样充分蒸发并激发发光。

直流电弧的优点是电极温度高，有利于难熔化合物的蒸发，分析的绝对灵敏度很高，适于痕量元素的定性分析和半定量分析。其缺点是电弧放电的稳定性差，分析重现性不好。

（2）低压交流电弧光源

在原子发射光谱实验中，应用最广的光源是低压交流电弧发生器，其基本电路如图 4-2 所示，它由低压（约 220V）交流放电电路和低功率高频振荡电路两部分构成。电源接通后，220V 交流电由变压器 B_1 升压到 $205\sim3000V$，经 L_1—C_1—G' 高频振荡电路和变压器 B_2，使交流电电流频率达到 10^5 Hz，电压升高到 10kV；通过 C_2—L_2—G 高频高压电路使分析间隙的空气电离，形成等离子气体导电通道，引燃电弧。低压经 R_2—L_2—G 低频低压电弧电路在分析间隙 G 产生电弧放电。由于振荡充电的周期与 220V 交流电周期同步，使用低压交流放电电路上的电弧能周而复始地保持燃弧，因而使分析电极上的试样得到激发，发射出光谱。

低压交流电弧光源的特点：蒸发温度比直流电弧略低；电弧温度比直流电弧略高；电弧稳定，重现性好，适于低含量的大多数元素的定量分析；电极温度相对较低，样品蒸发能力比直流电弧差，因而对难熔盐分析的灵敏度略差于直流电弧；放电温度较高，激发能力较强。

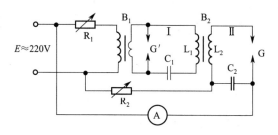

图 4-2　低压交流电弧发生器

E—外电源；R_1，R_2—可变电阻；B_1，B_2—变压器；C_1—振荡电容；C_2—旁路电容；

L_1，L_2—电感；G—分析间隙；G'—引燃间隙；A—交流电流表

（3）高压火花光源

高压火花光源的基本电路如图 4-3 所示。电源 220V 的交流电经变压器 T 使充电电压升至 10kV 以上，通过扼流线圈 D 向电容器 C 充电。当电容器两端的充电电压达到分析间隙 G 的击穿电压时，储存在电容器 C 的电能立即通过电感 L 向 G 放电，形成 L—C—G 高频回路，产生火花放电。放电后电容器 C 的两端电压下降，在交流电第二个半周期时，电容器 C 又重新充电、再放电，反复进行充电、放电以维持火花持续放电。

高压火花光源的特点：激发温度高，一般可达 $20000\sim40000K$，适宜难激发元素的分

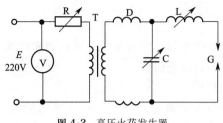

图 4-3 高压火花发生器

析；放电间隙长，电极温度（蒸发温度）低，检出限低，多适宜分析易熔金属、合金样品及高含量元素；放电稳定，分析重现性好。

（4）电感耦合等离子体（inductively coupled plasma，ICP）光源

ICP 是气体电离而形成的，如图 4-4 所示。为了形成等离子体必须具备高频电磁场、工作气体（通常用高纯氩气）及等离子炬管。当工作气体氩气流经等离子炬管时，高频电源感应产生的电磁场使氩气电离，形成由电子、离子和原子组成的导电气体，即等离子气体。导电的等离子气体在磁场的作用下，形成环形感应区，并感生出涡流电流，强大的感生电流产生大量的热能又将等离子体加热，使等离子体的温度可达 10000K，成为试样原子化和激发发光的热源。ICP 形成后的外观类似燃烧的火焰，故称 ICP 炬焰，其形状如图 4-5 所示。由于等离子体环形感应区与感应圈是同心的，便形成一个如同变压器的耦合器，高频电能通过感应圈不断耦合到 ICP 环形感应区中，形成稳定的 ICP 炬。当试样气溶胶被载气导入 ICP 炬中时，试样被蒸发、解离、电离和激发，产生原子发射光谱。

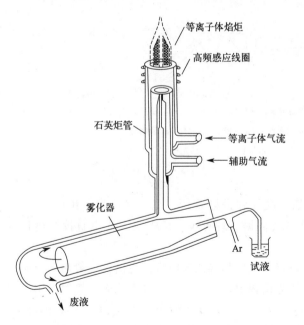

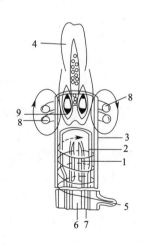

图 4-4 ICP 光源

图 4-5 ICP 炬焰

1—内层管；2—中层管；3—外层管；4—ICP 炬焰；5—冷却器；
6—载气；7—辅助气；8—感应圈；9—感应区

ICP 光源的特点：检测限低；蒸发和激发温度高；稳定，精度高；基体、背景、自吸效应小；分析线性范围宽；众多元素同时测定。不足之处：对非金属测定的灵敏度低；仪器昂

贵；维持费用高。

2. 光谱仪

光谱仪按照使用的色散元件不同，分为棱镜光谱仪和光栅光谱仪；按照光谱记录与测量方法的不同分为摄谱仪和光电直读光谱仪。

（1）棱镜光谱仪

棱镜光谱仪是以棱镜为色散元件并用照相法记录光谱的光谱仪，由光源、狭缝照明系统、棱镜分光系统和照相系统组成。激发光源为直流电弧、交流电弧或高频火花，视分析要求和样品类型分别接到电极上。图 4-6 是棱镜摄谱仪的分光系统光路图。其工作光谱范围为 200～580nm，用 60°的柯尔纽棱镜作为色散元件，在 300nm 附近色散率约为 13.5nm/mm，相应的光谱长度为 223nm，其实验分辨率在 10000 以上。暗盒尺寸 9cm×24cm。仪器上有 1：30，1：15，1：11 等 3 挡可变光栏供选择。整个摄谱仪可分为：

电极架，用于支持上下电极。一般下电极夹样品，上电极用锥形电极以便引弧。电极位置可以调节，使其恰好位于光轴上。

狭缝照明系统，采用三透镜系统。第一透镜使光源和电极的像呈现在遮光手板上，板上有矩形小孔，可使光源的某一区域透过而其他光线被遮住。第二透镜使第一透镜的像呈现在狭缝上，在狭缝上可以看到一个圆斑，它即为第一透镜的像，这样在狭缝上可以得到均匀照明。第三透镜使进入狭缝的光都能射到准光镜上，保证得到强度均匀的谱线。

准光系统，经准光镜分光后的单色光通过暗箱物镜被聚焦到感光板上，得到一条光谱。光谱中的每条谱线实际上是狭缝的像，因此狭缝越宽得到的谱线也就越宽。

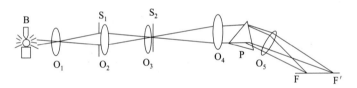

图 4-6 棱镜摄谱仪光路图

B—光源；O_1，O_2，O_3—三透镜照明系统；O_4—准光镜；O_5—成像物镜；

S_1—遮光板；S_2—狭缝；P—色散棱镜；FF′—感光板

（2）ICP-AES 光电直读光谱仪

ICP-AES 光电直读光谱仪基本组成包括：供气和进样系统、高频发生器、ICP 炬管、耦合线圈、分光系统、检测系统、计算机控制及数据处理系统。ICP-AES 光电直读光谱仪的工作原理如图 4-7 所示。

① 顺序扫描式 ICPS-1000Ⅱ 光电直读光谱仪　顺序扫描式光电直读光谱仪一般用两个光电倍增管接收光谱辐射，其中一个接收内标线光谱辐射，另一个接收分析线光谱辐射。用汞灯校正单色仪波长，光学系统采用却尔尼-特尔纳型装置，使用两个平面光栅。岛津 ICPS-1000Ⅱ顺序扫描式光电直读光谱仪的光学系统如图 4-8 所示，通过转动光栅，在不同时间内依次检测不同波长的谱线。

② 多道固定狭缝式光电直读光谱仪　多道固定狭缝式光电直读光谱仪，它是在光谱仪的焦面上按分析线波长位置安装多个固定的出射狭缝和光电倍增管，同时接收多个元素的分析线光谱辐射。它适用于试样数量大的情况，能够多元素同时测定。使用凹面光栅，出射狭

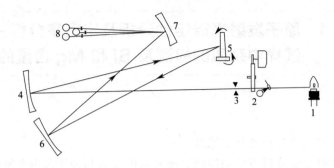

图 4-7　ICP-AES 光电直读光谱仪工作原理

1—ICP 炬焰；2—汞灯；3—入射狭缝；4,6,7—凹面反射镜；5—光栅；8—光电倍增管

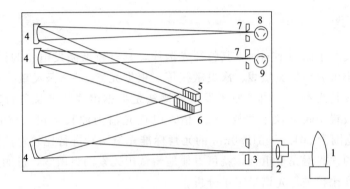

图 4-8　岛津 ICPS-1000 Ⅱ 顺序扫描式光电直读光谱仪的光学系统

1—ICP 炬焰；2—照明透镜；3—入射狭缝；4—凹面反射镜；5,6—光栅；7—出射狭缝；8,9—光电倍增管

缝都在罗兰圆上，焦面较长，波段较宽。目前常用的多道固定狭缝式光电直读光谱仪如图4-9 所示。

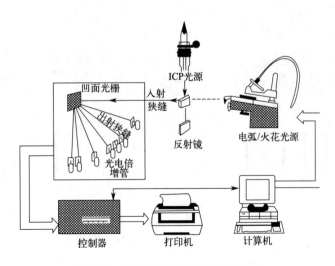

图 4-9　多道固定狭缝式光电直读光谱仪

实验 4-1 原子发射光谱定性分析及半定量分析——CaO 试样中杂质的检测及 Si 和 Mg 含量的测定

一、实验目的

1. 学习原子发射光谱分析的基本原理。
2. 学习原子发射光谱分析方法的摄谱、感光板的安装和冲洗及电极制作等操作技术。
3. 熟悉元素标准图谱的使用方法，利用光谱投影仪定性判断试样中所含元素。
4. 利用谱线强度比较法进行光谱半定量分析。

二、实验原理

各种元素因其原子结构不同而有其特征光谱线，具有较低激发电位的谱线称为灵敏线，按激发电位的大小可分为最灵敏线、次灵敏线等。根据元素 2～3 条灵敏线是否出现，就可判断试样中该元素是否存在。由于原子发射光谱法是根据谱线的波长进行定性分析的，因此，把摄得的谱板置于映谱仪上，放大 20 倍，以铁光谱为波长标尺，与元素标准光谱图（图 4-10 为波长范围为 301.0～312.0nm 的元素标准光谱图）进行比较，使谱板上的铁光谱与元素标准图上的铁光谱完全重合，就可方便地辨认出元素的灵敏线，进而判断元素是否存在，根据谱线强度比较进行光谱半定量分析。

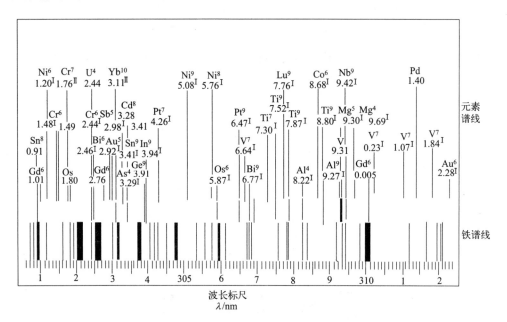

图 4-10 元素标准光谱图

三、仪器和试剂

仪器：1 米或 2 米光栅摄谱仪（或任一型号中型棱镜摄谱仪）；交流电弧发生器；8W 型

光谱投影仪，放大倍数为 20，或任一型号光谱投影仪；紫外Ⅱ型感光板；元素标准光谱图。

试剂：

① 显影液　为了便于保存，常将显影液配制成 A、B 两种储备液，使用时 1∶1 体积混合均匀即可。

A 储备液		B 储备液	
水	700mL	水	700mL
米吐尔	2.0g	无水碳酸钠	40.0g
无水亚硫酸钠	52.0g	溴化钾	2.0g
对苯二酚	2.0g		
加水至 1000mL 溶解、摇匀、贮存于棕色瓶中，置于暗处		加水至 1000mL 溶解、摇匀、贮存于棕色瓶中，置于暗处	

② 定影液

试剂	体积（或质量）
水	650mL
硫代硫酸钠	240.0g
无水亚硫酸钠	15.0g
醋酸（28%）	48mL
结晶硼酸	7.5g
钾明矾	15g
加水至 1000mL 溶解、摇匀、贮存于棕色瓶中，置于暗处	

③ 电极材料　光谱纯石墨棒 ϕ6mm×300mm。

④ 纯铁棒　ϕ6mm×70mm。

⑤ CaO、MgO、SiO_2、石墨粉　均为光谱纯。

四、实验步骤

① 实验条件

a. 摄谱波长范围 220.0～440.0nm。

b. 摄谱狭缝 5μm。

c. 极距 3.2mm。

d. 电弧电流 AC 6～7A。

e. 石墨电极上电极 ϕ4mm×40mm，呈圆柱状；下电极 ϕ6mm×40mm，有凹孔，孔径 ϕ3mm，孔深 4.5mm，孔壁厚 1mm 左右。

f. 曝光时间铁棒 15s，试样 30s。

g. 显影时间 2min（20℃）。

h. 定影时间 10min（20℃）。

② 石墨电极的制作　把 ϕ6mm×300mm 长石墨棒切成 7 小段，每小段约 40mm，在专用的电极车床上，加工成各种规格的上下电极。

③ 配制 Si 和 Mg 的系列标样　分别准确称取 CaO 4.62g，MgO 0.166g，SiO_2 0.214g 和纯石墨粉 5.00g，置于洁净的玛瑙研钵中，混合研磨直至均匀，得到质量分数为 1.00% 的 Mg 和 Si 混合标样。然后再以纯石墨粉作稀释剂，从浓到稀配制含 Mg、Si 质量分数为 0.1%、0.01%、0.001% 等固体标样系列。注意在配制标样时，必须充分研磨均匀，然后分

别置于小广口瓶中，标上标样名称、质量分数、配制日期等，备用。

④ 称取等量的未知试样和石墨粉，置于洁净的玛瑙研钵中，充分研磨至均匀，置于小广口瓶中，贴好标签，备用。

⑤ 将以上配制的标准系列试样置于下电极的凹孔内并依次插在试样盘上，待用。

⑥ 在暗室安装感光板于暗盒内，然后将暗盒固定在摄谱仪上，将暗盒调整到适当位置后，抽出暗盒的挡板。

⑦ 安装电极。在安装电极前必须检查"电弧开关"是否处于"关"的位置，否则将引起严重的触电事故！必须在"电弧开关"为关的情况下，才允许安装电极。将电极（铁电极和碳电极）夹在上下电极架上，开对光灯调整电极位置，使电极头的投影处于遮光板指定位置内，并调整好上下两电极间的距离。

⑧ 将哈特曼光阑上的"258"拉至摄谱仪狭缝前，这样可一次摄下三个不同位置的铁谱。然后分别在"1、3、4、6、7、9"处拍摄试样的光谱，并列表记录"1、3、4、6、7、9"处所拍摄的试样编号或名称及光栏号。

⑨ 根据交流电弧发生器操作规程，先将交流电弧发生器的输出电缆接于摄谱仪电极架的上下电极。接通电源后启动低压开关，黄色指示灯亮，根据实验要求的电流大小启动"电弧电流范围"开关，再启动高压开关，并同时按秒表计时，进行摄谱。在拍摄过程中，因曝光时间较长，烧弧时电极损耗，极距被拉大，可按操作步骤，随时调整上、下电极距离；在烧弧时，弧光游移不定，必须及时转动电极架，把弧光调整到光阑内，否则将影响曝光重现性。

⑩ 每次调换电极时，要切记不可打开"电弧开关"，必须在调换手续完成，挡上遮光板后，才可进行电弧激发。

⑪ 摄谱完毕后，切断交流电弧发生器电源，将暗盒上挡板推入，并取下暗盒，在暗室中冲洗感光板，先在 18~20℃ 显影液中显影，再于定影液中定影 10min，然后在流水下冲洗 10min。

⑫ 置谱片于干净的支架上自然晾干，然后将谱片置于光谱投影仪的工件台上查谱，进行定性和半定量分析，同时记录判断结果。

五、数据记录及结果处理

1. 记录实验条件
① 摄谱仪型号。
② 摄谱仪狭缝。
③ 电弧电流。
④ 电极距离。
⑤ 曝光时间。
⑥ 感光板规格。
⑦ 摄谱的试样名称及光阑号。
⑧ 显影时间及温度。
⑨ 定影时间及温度。

2. CaO 试样中杂质的定性分析
列出查谱结果，确定未知试样中的杂质元素，列入下表。

杂质元素名称	谱线波长及强度级别	杂质元素名称	谱线波长及强度级别

3. CaO 试样中 Si 和 Mg 含量的半定量分析

根据试样中 Si 和 Mg 的大致含量确定 Si 和 Mg 的分析线及质量分数的范围。

六、注意事项

1. 在暗房操作时，注意感光板不要装反，乳剂面应朝向入射光方向。如果感光板装反，玻璃吸收紫外光，将得不到完整的紫外发射光谱。

2. 摄谱时应按时开启摄谱仪快门。

3. 接通激发光源时，不要触摸电极架，以免触电。

4. 电弧辐射强紫外光，切勿直接观察，以免伤害眼睛。

七、思考题

1. 试样光谱旁为什么都要摄一条铁光谱？

2. 不同曝光时间的光谱有何区别？

3. 摄谱仪狭缝宽度对光谱定性分析有何影响？

实验 4-2　电感耦合等离子体发射光谱法测定饮用水中总硅含量

一、实验目的

1. 学习电感耦合等离子体发射光谱分析的基本原理及操作技术。

2. 了解电感耦合等离子体光源的工作原理。

3. 掌握用单元素分析程序测定微量元素。

4. 学习电感耦合等离子体发射光谱分析线的选择和扣除光谱背景的方法。

二、实验原理

电感耦合等离子体发射光谱仪主要由高频发生器、ICP 炬管、耦合线圈、进样系统、分光系统、检测系统及计算机控制和数据处理系统构成。ICP 光源具有激发能力强、稳定性好、基体效应小、检出限低等优点。由于 ICP 光源无自吸现象，标准曲线的直线范围很宽，可达几个数量级，因而，多数标准曲线是按 $b=1$ 绘制的，即 $I=AC$。当有显著的光谱背景时，标准曲线可以不通过原点，曲线方程为 $I=AC+D$，D 为直线的截距。可用标准曲线法、标准加入法及内标法进行光谱定量分析。

ICP 光源是原子发射光谱的重要高效光源，在 ICP-AES 中试液被雾化后形成气溶胶，由载气氩气携带进入等离子体焰炬，在焰炬的高温作用下，溶质的气溶胶经历多种物理化学过程而被迅速原子化，成为原子蒸气，并进而被激发，发射出元素特征光谱，经分光后进入摄谱仪而被记录下来，从而对待测元素进行定量分析。ICP 光源具有灵敏度高、操作简便及精确度高等特点，其中心通道温度高达 4000～6000K，可以使易形成难熔氧化物的元素原子化和激发。本实验所测定的元素 Si 就是用火焰光源难测定的元素。

三、仪器和试剂

仪器：ICP-AES。

试剂：钢瓶装纯氩气；标准硅储备液（1mg・mL^{-1}）；二次蒸馏水。

四、实验步骤

1. 将 1mg・mL^{-1} 的标准硅储备液稀释配制成 10μg・mL^{-1} 的标准溶液。稀释时用二次蒸馏水。

2. 启动等离子体光谱仪，点燃等离子体，预燃 20min。

3. 设定分析条件：选择 4 条硅谱线，它们分别是 Si 288.159nm，Si 251.611nm，Si 250.690nm 和 Si 212.412nm。积分时间为 5s，拍摄 Si 的谱线图，在谱线两侧选择适宜的扣除背景波长，并读出光谱背景强度。

4. 用单元素分析程序进行标准化过程：喷雾进样高浓度标准溶液（10μg・mL^{-1}）及低浓度标准溶液（用二次蒸馏水），绘制标准曲线，记录截距和斜率。积分时间为 1s。

5. 进饮用水试样进行样品测定，平行测定 5 次，记录测定值及精密度。

6. 熄灭等离子体，关闭计算机及主机电源。

五、数据记录及结果处理

1. 记录实验条件

① 摄谱仪型号。

② ICP 发生器功率、频率，等离子体焰炬观测高度。

③ 载气、冷却气、辅助气流量。

④ 试样提升量（进样量）。

⑤ 分析线波长。

⑥ 积分时间。

⑦ 扣背景波长。

2. 计算 Si 288.159nm、Si 251.611nm、Si 250.690nm 和 Si 212.412nm 四条硅线背景比，最后选用谱线强度及背景比均高的 Si 线作为分析线，并记录下该线的扣除光谱背景波长。

3. 绘制标准曲线，求出饮用水中硅浓度。

4. 计算平行测定 5 次的精密度。

六、注意事项

1. 为了节约工作氩气，需准备工作全部完成后才点燃等离子体。
2. 避免烧毁石英炬管，应先熄灭等离子体光源后，再关闭冷却氩气阀门。
3. 硅酸盐离子在酸性溶液中易形成不溶性的硅酸或胶体悬浮于水中，如出现此情况，将堵塞雾化器，故测定饮用水试样不能酸化。

七、思考题

1. 为何本实验采用两点标准化法绘制标准曲线？
2. 本实验为何不用内标元素？
3. 影响测定的主要仪器参数有哪些？

实验 4-3　电感耦合等离子发射光谱法测定人发中微量铜、锌和铅的含量

一、实验目的

1. 了解 ICP 光源的原理及与光电直读光谱仪联用进行定量分析的优越性。
2. 学习生化样品的处理方法。

二、实验原理

微量元素在人和其他动物体内具有重要功能，它们对生长发育、创伤愈合、免疫预防等都有重要作用。人发中锌含量多少，标志着人体中微量锌含量是否正常。因此，分析人发中微量元素含量具有重要意义。

用 ICP 光电直读光谱仪测定人发中微量元素。发样经洗涤、干燥处理后，将其微量元素以金属离子的状态转入溶液中，然后，按常规原子发射光谱法进行分析。可先将头发样品用浓 $HNO_3 + H_2O_2$ 消化处理，这种湿法处理样品，Pb 损失少。将处理好的样品，上机测试，2min 内即可得出结果。

三、仪器和试剂

仪器：电感耦合等离子光电直读光谱仪；石英坩埚；容量瓶 1000mL、100mL、25mL；吸量管 10mL，5mL 各 3 支；量筒；烧杯。

试剂：HNO_3（GR）；HCl（GR）；H_2O_2（GR）；

铜储备液（$1.000mg \cdot mL^{-1}$）：溶解 1.0000g 光谱纯铜于少量 $6mol \cdot L^{-1}$ HNO_3 溶液中，移入到 1000mL 容量瓶，用去离子水稀释至刻度线，摇匀；

铅储备液（$1.000mg \cdot mL^{-1}$）：称取光谱纯铅 1.0000g，溶于 20mL $6mol \cdot L^{-1}$ HNO_3 溶液中，移入到 1000mL 容量瓶，用去离子水稀释至刻度线，摇匀；

锌储备液（$1.000mg \cdot mL^{-1}$）：称取光谱纯锌 1.0000g，溶于 20mL $6mol \cdot L^{-1}$ 盐酸，移入到 1000mL 容量瓶，用去离子水稀释至刻度线，摇匀。

四、实验步骤

1. 配制标准溶液

铜标准溶液：用 10mL 吸量管取 $1.000mg \cdot mL^{-1}$ 铜储备液至 100mL 容量瓶中，用去离子水稀释至刻度线，摇匀，此溶液含铜 $100.0\mu g \cdot mL^{-1}$。

用上述相同方法，配制 $100.0\mu g \cdot mL^{-1}$ 的铅和锌标准溶液。

2. 配制 Cu^{2+}、Pb^{2+}、Zn^{2+} 混合标准溶液

取 2 只 25mL 容量瓶，一只分别加入 $100.0\mu g \cdot mL^{-1}$ Cu^{2+}、Pb^{2+}、Zn^{2+} 标准溶液 2.50mL，加 $6mol \cdot L^{-1}$ HNO_3 溶液 3mL，用去离子水稀释至刻度线，摇匀。此溶液含 Cu^{2+}、Pb^{2+}、Zn^{2+} 的浓度均为 $10.0\mu g \cdot mL^{-1}$。

取另一只 25mL 容量瓶，加入上述 Cu^{2+}、Pb^{2+}、Zn^{2+} 混合标准溶液 2.50mL，加 $6mol \cdot L^{-1}$ HNO_3 溶液 3mL，用去离子水稀释至刻度线，摇匀。此溶液含 Cu^{2+}、Pb^{2+}、Zn^{2+} 均为 $1.00\mu g \cdot mL^{-1}$。

3. 试样溶液的制备

用不锈钢剪刀从后颈部剪取头发试样，将其剪成长约 1cm 发段，用洗发水洗涤，再用自来水清洗多次，将其移入布氏漏斗中，用 1L 去离子水淋洗，于 110℃下烘干。称取试样 0.3g 左右，置于石英坩埚内，加 5mL 浓 HNO_3 和 0.5mL H_2O_2，放置数小时，在电热板上加热，稍冷后滴加 H_2O_2，加热至近干，再加少量浓 HNO_3 和 H_2O_2，加热，溶液澄清，浓缩至 1～2mL，加少许去离子水稀释，转移至 25mL 容量瓶中，用去离子水稀释至刻度线，摇匀，待测定。

4. 测定

① 启动等离子体光谱仪，点燃等离子体，预燃 20min。

② 设定分析条件：

分析线波长 Cu 324.754nm，Pb 216.999nm，Zn 213.856nm

入射功率 1kW

氩冷却气流量 $12L \cdot min^{-1}$

氩载气流量 $0.3L \cdot min^{-1}$

氩护套气流量 $0.2L \cdot min^{-1}$

试液提升量 $1.5mL \cdot min^{-1}$

光谱观测高度 感应线圈以上 10～15mm

积分时间 10s

③ 喷入配制好的 $1.00\mu g \cdot mL^{-1}$ 和 $10.0\mu g \cdot mL^{-1}$ Cu^{2+}、Pb^{2+}、Zn^{2+} 标准溶液和试样溶液，采集测试数据。根据试样数据，进行计算机自动在线结果处理。打印测定结果。

④ 按照关机程序，退出分析程序、进入主菜单、关蠕动泵及气路、关 ICP 电源及计算

机系统，最后关冷却水。

五、数据记录及结果处理

计算发样中铜、铅、锌含量（$\mu g \cdot g^{-1}$）。

六、注意事项

溶样过程中加 H_2O_2 时，要将试样稍冷，且要慢慢滴加，以免 H_2O_2 剧烈分解，将试样溅出。

七、思考题

1. 人发样品为何通常用湿法处理？若用干法处理，会有什么问题？
2. 通过实验，你体会到 ICP-AES 分析法有哪些优点？

第一节　概述

原子吸收光谱法（atomic absorption spectroscopy，AAS）又称原子吸收分光光度法。是基于物质所产生的基态原子蒸气对待测元素特征谱线的吸收作用来进行定量分析的一种方法。依据试样中待测元素转化为基态原子的方式不同，原子吸收法可分为火焰原子吸收光谱法和无火焰原子吸收（石墨炉原子吸收、氢化物原子吸收和冷原子吸收）光谱法。

火焰原子吸收光谱法是利用火焰的热能，使试样中待测元素转化为基态原子的方法。常用的火焰为空气-乙炔火焰，这种火焰稳定，温度高（最高温度约为 2300℃），背景低，噪声小，其绝对分析灵敏度可达 10^{-9} g，是用途最广的一种火焰，能用于测定 35 种元素。

无火焰原子吸收光谱法中使用最广的是石墨炉原子吸收光谱法，它是利用电能转变的热能，使试样中待测元素转化为基态原子的方法，原子化效率和灵敏度都比火焰原子化法高，其绝对分析灵敏度为 10^{-14} g，可用于难挥发元素及易形成耐熔氧化物的元素和复杂样品的分析。氢化物原子吸收光谱法是利用化学反应将待测元素转化为氢化物，并由惰性气体将其送入加热管中转化为基态原子的方法。常用的氢化物发生体系为 $NaBH_4/HCl$ 系统和氮气，其绝对分析灵敏度为 $10^{-9} \sim 10^{-10}$ g，可用于 As、Sb、Bi、Ge、Sn、Se、Te、Pb 的分析，但这些氢化物都有毒，分析中应注意安全。冷原子吸收光谱法是一种低温原子化技术，仅限于汞（包括无机汞和有机汞）的分析。

原子吸收光谱分析中测量的是峰值吸收，必须使用锐线光源，即光源发射的中心波长与吸收线的中心波长相一致，发射线的半宽度小于吸收线的半宽度，待测元素的空心阴极灯能满足要求。例如测定试液中钙含量时，可用钙元素空心阴极灯做光源，这种钙元素灯能发射出钙元素各种波长的特征谱线光（常选用其中的 Ca 422.7nm 共振线）。特征谱线被吸收的程度，可用光吸收定律表示：

$$A = \lg \frac{I_0}{I} = abN_0$$

式中，A 为吸光度；a 为吸收系数；b 为吸收层厚度，在实验中为定值；N_0 为待测元素的基态原子数，由于在实验条件下待测元素原子蒸气中的基态原子的分布占绝对优势，因此可用 N_0 代表在吸收层中的原子总数。当试液原子化效率一定时，待测元素在吸收层中的原子总数与试液中待测元素的浓度 C 成正比，因此上式可写作

$$A = K'C$$

式中，K' 在一定实验条件下是一常数，即在一定实验条件下，由峰值处测得的吸收值与被测元素的浓度成线性关系，这就是原子吸收光谱法定量分析基础。

第二节　原子吸收分光光度计的结构及使用

一、原子吸收分光光度计的基本组成

原子吸收分光光度计与普通紫外-可见分光光度计基本相同，只是用锐线光源代替了连续光源，用原子化器代替了吸收池，如图5-1所示。

图5-1　原子吸收分光光度计的基本组成示意图

1. 光源

（1）空心阴极灯构造（见图5-2）

阴极：钨棒做成圆筒形，筒内熔入被测元素；阳极：钨棒装有钛、锆、钽金属；管内充有低压惰性气体：氩气或氖气称为载气，极间加压300～500V。

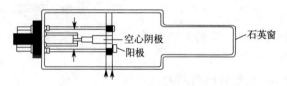

图5-2　空心阴极灯结构图

（2）工作原理

在高压电场下，阴极向正极高速飞溅放电，与载气原子碰撞，使之电离放出二次电子，使场内正离子和电子增加以维持电流。载气离子在电场中大大加速，获得足够的能量，轰击阴极表面时，可将被测元素原子从晶格中轰击出来，即溅射。溅射出的原子大量聚集在空心阴极内，与其他粒子碰撞而被激发，发射出相应元素的特征谱线——共振谱线。空心阴极灯发射的光谱主要是阴极元素的光谱，因此用不同的待测元素作阴极材料时，可制成各相应待测元素的空心阴极灯。

（3）操作参数

灯电流。空心阴极灯的光强度与灯的工作电流有关，增大灯的工作电流可以增加发射强度。但工作电流过大会导致灯本身发生自蚀现象，缩短使用寿命，阴极物质熔化，放电不正常，使灯光强度不稳定等。但如工作电流过低，又会使灯光强度减弱，导致稳定性、信噪比下降，因此使用空心阴极灯时必须选择适当的灯电流。最适宜的灯电流随阴极元素和灯的设计的不同而不同。

2. 原子化系统

（1）火焰原子化器

一般为预混合型。由喷雾器、雾化室和燃烧器组成，如图5-3所示。

当助燃气（空气或 N_2O）急速流过毛细管的喷嘴时形成负压，试液被吸入毛细管，并

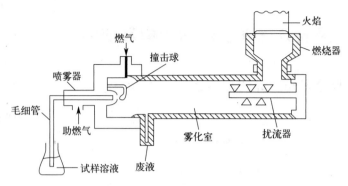

图 5-3 预混合型火焰原子化器结构图

迅速喷射出来，形成雾滴，雾滴随着气流撞击在喷嘴正前方的撞击球上，被分散成更小的雾滴（气溶胶），未被分散的便凝聚成液滴由废液口排出。气溶胶、助燃气和燃气三者在预混合室内混合均匀，一起进入燃烧器，试液在火焰中进行原子化。整个火焰原子化历程为：试液→喷雾→分散→蒸发→干燥→熔融→汽化→离解→基态原子，同时还伴随着电离、化合、激发等副反应。

（2）石墨炉电热原子化器

由石墨管、炉体、电源和外层冷却装置等组成，如图 5-4 所示。

在管炉中央开一个进样口，口的左右各有一个小孔，作为保护石墨管炉的氩气出入口。炉管长 50mm，内径 3~5mm，在炉管的两侧为石英玻璃窗，共振发射线由管炉的中央通过。炉管温度可高达 3000℃，在炉管的两端有水冷却装置，固体或液体试样都可直接进样，固体进样量为十到

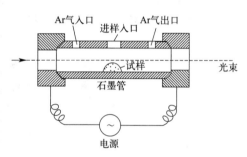

图 5-4 石墨炉电热原子化器结构

几十微克，液体进样量为 5~100μL。无火焰原子化历程，通常采用程序升温，一般有干燥、灰化、原子化、清除等程序。无火焰原子化法原子化效率高，并不被氩气稀释，所以灵敏度高，但基体效应、背景大，化学干扰多，重现性比火焰原子化法差。

3. 分光系统

分光系统有外光路系统（照明系统）和内光路系统（单色器）。外光路系统使锐线光源发出的共振线能正确地通过被测物质的原子蒸气，并投射到单色器上。内光路系统主要由色散元件（光栅或棱镜）反射镜、狭缝等组成，其作用是将待测元素的共振线与邻近线分开（注意不是用它获得单色光）。

影响分析测定结果的分光系统的性能指标是光谱通带，它可表示为：

$$W = DS$$

式中，W 为单色器的光谱通带，nm；D 为光栅的倒线色散率，nm·mm^{-1}；S 为狭缝宽度，mm。

4. 检测系统

主要包括检测器、放大器、对数变换器和显示装置等。由光电倍增管接收到的交变信号 I_s/I_r，经放大器放大后，输入到对数变换器进行变换。因为在参比光束 I_r 固定时，光电倍

增管接收到的光强度 I_s 与浓度的对数成线性关系，所以需经对数变换器变换后，才能在十进制的记录纸上记录信号与浓度的线性关系。

二、原子吸收分光光度计的使用

TAS-990 原子吸收光谱仪操作规程如下：

（1）开机

依次打开打印机、计算机、主机电源。

（2）仪器初始化

用鼠标双击桌面上"Aawin"图标，启动仪器分析测试程序，在运行模式下拉框中选择联机，点击确定按钮，仪器进入初始化。

（3）选择元素灯

当成功地进行完初始化，系统将出现元素灯选择窗口，在工作灯和预热灯下拉框中选择需要的元素灯和预热灯，然后按照提示进行下一步操作。

（4）火焰法测量参数设置

① 测量参数设置：在测量参数对话框内，根据实际需要进行设置。内容包括：工作灯电流、预热灯电流、光谱带宽、负高压值。单击下一步，进入波长设置页。在此页中，可以对选定元素灯的特征波长进行寻峰操作，在波长下拉框中选择元素的特征波长，单击"寻峰"按钮，系统会对选择的波长进行寻峰操作。寻峰结束后，点击完成按钮结束对元素灯的设置，关闭向导，然后按照提示进行下一步操作。

② 调整原子化器位置：在测量燃烧器参数设置对话框内，对燃气流量、燃烧器高度、燃烧器位置进行设置，设置完成后进入系统主菜单。

（5）石墨炉加热程序设置

① 单击"仪器"下"石墨炉加热程序"设置相应的干燥温度、灰化温度、原子化温度（原子化过程要求关闭内气流量）、净化温度和冷却时间。按"确定"退出。单击"仪器"下"原子化位置"反复调整使得光束充分通过石墨管。

② 单击"能量"选择自动平衡。

（6）进行样品设置

在系统主菜单中选择样品及试样设置向导：单击"样品向导"，按照提示设定校正方法、标准样品的个数、浓度、标准样品测定重复次数；未知样品的个数、未知样品测定重复次数一般为 1～3 次。间隔时间、采样延时等根据待测元素进行设置。

（7）测量

火焰法：打开空气压缩机调节出口压力为"0.2MPa"，打开乙炔气路，调节出口压力为"0.05MPa"，检查水封，保证废液管内有水，"点火"，待火焰稳定后开始测量。

石墨炉法：先不加入溶液，单击"测量"，待 Abs 值小于 0.02 后开始测量。

① 校零：加入空白溶液，按"校零"，石墨炉不需要加入空白溶液。

② 测量标准样品：依次加入相应的标准溶液，按"测量"完成。

③ 样品测定：标准曲线完成后，即可测量未知样品。

（8）数据保存及打印

测量完成后按"保存"或"打印"，依照提示可保存测量数据或打印相应的数据和曲线。

（9）结束测量

火焰测量结束后，关闭乙炔气路，继续喷空白溶液几分钟，以清洗雾化系统，然后关闭空压机。石墨炉测量完成后，关闭氧气气路、冷却水，清理好标样与样品，整理打印结果报告。

（10）关闭系统

退出"Aawin"操作系统后，依次关掉主机、计算机、打印机电源。

 ## 实验 5-1 自来水中钙和镁含量的测定

一、实验目的

1. 通过自来水中钙和镁含量的测定，掌握标准曲线法在实际样品分析中的应用。
2. 了解原子吸收分光光度计的使用。

二、实验原理

在使用锐线光源条件下，基态原子蒸气对共振线的吸收，符合朗伯-比耳定律：

$$A = \lg \frac{I_0}{I} = KLN_0$$

在试样原子化，火焰温度低于3000K时，对大多数元素来说，原子蒸气中基态原子的数目实际上接近原子总数。在固定的实验条件下，待测元素的原子总数是与该元素在试样中的浓度 C 成正比的。因此，上式可以表示为：

$$A = K'C$$

这就是进行原子吸收定量分析的依据。对组成简单的试样，用标准曲线法进行定量分析较方便。

三、仪器和试剂

仪器：原子吸收分光光度计；钙、镁空心阴极灯；乙炔钢瓶；空气压缩机；50mL 烧杯；100mL 容量瓶；2mL、5mL、10mL 吸量管。

试剂：MgO（GR）；$CaCO_3$（GR）；HCl（AR）；$0.00500mg \cdot mL^{-1}$ 镁标准溶液；$0.1000mg \cdot mL^{-1}$ 钙标准溶液。

四、实验步骤

1. 钙、镁系列标准溶液的配制

用 10mL 吸量管分别吸取 2.00mL、4.00mL、6.00mL、8.00mL、10.00mL $0.1000mg \cdot mL^{-1}$ Ca 标准溶液于 5 个 100mL 容量瓶中。再用 10mL 吸量管分别吸取 2.00mL、4.00mL、6.00mL、8.00mL、10.00mL $0.00500mg \cdot mL^{-1}$ Mg 标准溶液于上述 5 个 100mL 容量瓶中，用

蒸馏水稀释至刻度线，摇匀。此系列标准溶液 Ca 浓度为 $2.00\mu g \cdot mL^{-1}$、$4.00\mu g \cdot mL^{-1}$、$6.00\mu g \cdot mL^{-1}$、$8.00\mu g \cdot mL^{-1}$、$10.00\mu g \cdot mL^{-1}$；Mg 浓度为 $0.10\mu g \cdot mL^{-1}$、$0.20\mu g \cdot mL^{-1}$、$0.30\mu g \cdot mL^{-1}$、$0.40\mu g \cdot mL^{-1}$、$0.50\mu g \cdot mL^{-1}$。

2. 钙含量的测定

① 自来水样的制备用 10mL 吸量管吸取自来水样于 100mL 容量瓶中，用蒸馏水稀释至刻度线，摇匀。

② 测定条件分析线 422.7nm；灯电流 5mA；燃烧器高度 6mm；狭缝宽度 0.2mm。由稀至浓逐个测量系列标准溶液的吸光度，最后测量自来水样的吸光度。

3. 镁含量的测定

① 自来水样的制备用 2mL 吸量管吸取自来水样于 100mL 容量瓶中，用蒸馏水稀释至刻度线，摇匀。

② 根据测定条件，测定系列标准溶液和自来水样的吸光度。

五、数据记录及结果处理

绘制 Ca 和 Mg 的标准曲线，由未知试样的吸光度，求出自来水中 Ca、Mg 的含量。

六、注意事项

试样的吸光度应在标准曲线的中部，否则，可改变取样的体积。

七、思考题

1. 试述标准曲线法的特点及适用范围。
2. 如果试样成分比较复杂，应该怎样进行测定？

实验 5-2　原子吸收光谱法测定废水中铜的含量——标准加入法

一、实验目的

1. 掌握原子吸收光谱法的基本原理。
2. 熟悉原子吸收光谱仪的结构及操作方法。
3. 学习使用标准加入法进行定量分析。

二、实验原理

原子吸收光谱分析法，是根据物质产生的原子蒸气对特定波长光的吸收作用来进行定量分析的。元素的基态原子可以吸收与其发射波长相同的特征谱线。当光源发射的某一特征波长的光通过原子蒸气时，原子中的外层电子将选择性地吸收该元素所能发射的特征波长的谱线，这时，透过原子蒸气的入射光将减弱，其减弱的程度与蒸气中该元素的浓度成正比，吸光度符合吸收定律：

$$A = K'C$$

根据这一关系，可以用工作曲线法或标准加入法来测定未知溶液中某元素的含量。

本实验采用的方法为标准加入法，又称直线外推法，该方法适用于试样组成复杂，待测元素含量很低时的测定。测定时，在待测样品试液中，加入一系列已知浓度的标准溶液，在既定条件下，分别测得一系列不同铜含量的标准溶液的 A 值，以 A 为纵轴，标准溶液的质量浓度 C_S 为横轴绘制 A-C_S 工作曲线，延长工作曲线与浓度轴相交，交点为 C_x。换算求得待测废水中铜的质量浓度。

三、仪器和试剂

仪器：原子吸收分光光度计；铜空心阴极灯；乙炔钢瓶；空气压缩机；容量瓶；移液管；洗瓶。

试剂：金属铜（GR）；浓盐酸（GR）；浓硝酸（GR）；浓硫酸（GR）；二次蒸馏水；

铜标准储备液 $1000\mu g \cdot mL^{-1}$：准确称取 0.5000g 纯金属铜于 100mL 小烧杯中，盖上表面皿加入 10mL 浓硝酸溶解后，移入 500mL 容量瓶，用 $0.1mol \cdot L^{-1}$ 硝酸稀释至刻度线。摇匀备用；

铜标准溶液（$100\mu g \cdot mL^{-1}$）：用吸量管移取铜储备液 10mL 至 100mL 容量瓶中，用 $0.1mol \cdot L^{-1}$ 硝酸稀释至刻度线。摇匀备用；

待测水样（1～4 号）。

四、实验步骤

1. 按下列参数设置测量条件（工作站上完成）

① 分析线：328.4nm。

② 灯电流：10mA。

③ 狭缝宽度：0.2nm。

④ 燃烧器高度：5mm。

⑤ 乙炔气流量：$0.8L \cdot min^{-1}$。

⑥ 空气流量：$4.5L \cdot min^{-1}$。

⑦ 设置样品参数：标样个数及浓度、样品数、读数次数等。

2. 加标曲线的绘制

在 5 只 50mL 容量瓶中，各加入待测水样 5mL，然后从第二瓶起分别加入 $100\mu g \cdot mL^{-1}$ 铜标准溶液 1mL、2mL、3mL、4mL，以二次蒸馏水定容，摇匀，得到 $2\mu g \cdot mL^{-1}$，$4\mu g \cdot mL^{-1}$，$6\mu g \cdot mL^{-1}$，$8\mu g \cdot mL^{-1}$ 标准溶液。在测定之前，先用二次蒸馏水喷雾，调节读数至零点，然后按照浓度由低到高的顺序依次测定溶液吸光度值。

五、数据记录及结果处理

1. 记录实验条件：仪器型号、吸收线波长、狭缝宽度、乙炔流量、空气流量。

2. 记录实验结果于下表。

项目	试剂空白	加标 1	加标 2	加标 3	加标 4
$C_S/(\mu g \cdot mL^{-1})$	0	2	4	6	8
吸光度					

3. 作 A-C_S 曲线，反向延长求得试液中铜的含量。

4. 将试液中铜含量换算为原始样品中铜的浓度。

六、注意事项

1. 为了得到较为准确的外推结果，加标溶液应配制 4 份以上。

2. 绘制工作曲线的斜率不能太小，否则外推后将引起较大误差，为此，应使一次加入量 C_S 与未知量 C_x 尽量接近。

3. 本法可消除基体干扰，但不能消除背景干扰。

4. 待测元素的浓度与对应的吸光度应呈线性关系。

七、思考题

1. 简述原子吸收光谱的基本原理。

2. 简述标准曲线法和标准加入法不同的应用范围。

3. 空心阴极灯的组成有哪些？

4. 原子吸收分光光度计的主要结构是什么？主要功能是什么？

5. 从实验安全上考虑，在操作时应注意什么问题？

 实验 5-3　石墨炉原子吸收法测定水中的铅含量

一、实验目的

1. 了解石墨炉原子吸收光谱法的原理及特点。

2. 掌握火焰原子化和无火焰原子化的优缺点。

3. 学习石墨炉原子吸收光谱仪的使用和操作技术。

4. 熟悉石墨炉原子吸收光谱法的应用。

二、实验原理

石墨炉原子吸收光谱法是采用石墨炉使石墨管温度升至 2000℃ 以上，让管内试样中待测元素分解成气态的基态原子，由于气态的基态原子吸收其共振线，且吸收强度与含量成正比关系，故可进行定量分析。石墨炉原子吸收光谱法属于非火焰原子吸收光谱法。

石墨炉原子吸收光谱法具有试样用量小的特点，方法的绝对灵敏度较火焰法高几个数量级，可达 $10^{-14}g$，并可直接测定固体试样，但仪器较复杂、背景吸收干扰较大。工作步骤可分为干燥、灰化、原子化和除残四个阶段。

本实验采用标准曲线法来测定水中铅的含量。

三、仪器和试剂

仪器：石墨炉原子吸收分光光度计；石墨炉电源；铅空心阴极灯；乙炔钢瓶；氩气钢瓶；无油空气压缩机；微量注射器；容量瓶；吸量管。

试剂：硝酸铅（GR）；浓硝酸（GR）；铅标准储备液（$1\mu g \cdot mL^{-1}$）；稀 HNO_3（1%体积分数）；待测水样；二次蒸馏水。

四、实验步骤

① 按下列参数设置测量条件：

a. 分析线：283.3nm。

b. 灯电流：8mA。

c. 狭缝宽度：0.5nm。

d. 干燥温度：122℃；干燥时间：30s。

e. 灰化温度：400℃；灰化时间：20s。

f. 原子化温度：950℃；原子化时间：3s。

g. 清洗温度：2700℃；清洗时间：3s。

h. 氩气流量：$0.5L \cdot min^{-1}$。

② 铅标准溶液配制：取铅标准储备液用1% HNO_3 稀释至刻度线，摇匀，配制5.00ng·mL^{-1}，10.00ng·mL^{-1}，20.00ng·mL^{-1}，50.00ng·mL^{-1} 的铅标准溶液。

③ 配制浓度低于 50.00ng·mL^{-1} 的水样。

④ 用1%稀 HNO_3 配制空白溶液。

⑤ 按标准溶液由稀到浓的顺序分别用微量注射器注入 $20\mu L$ 标准铅溶液及试样溶液于石墨管中，并分别测出其吸光度。

五、数据记录及结果处理

1. 记录实验条件。

2. 数据记录。

3. 绘制工作曲线。以吸光度值为纵坐标，铅含量为横坐标制作标准曲线。从标准曲线中，用水样的吸光度查出对应的铅含量。

4. 计算水样中铅的质量浓度（$\mu g \cdot mL^{-1}$）。

六、注意事项

1. 实验前应仔细了解仪器的构造及操作方法。

2. 实验前应检查通风是否良好，确保实验中产生的废气排出室外。

3. 使用微量注射器时，要严格按照教师指导进行，防止损坏。

七、思考题

1. 非火焰原子吸收光谱法具有哪些特点？
2. 石墨炉原子吸收光谱法为何灵敏度高？
3. 石墨炉原子吸收光谱法的实验条件如何选择？

实验 5-4　原子吸收光谱法测定豆乳粉中铁、铜、钙的含量

一、实验目的

1. 掌握原子吸收光谱法测定食品中微量元素的方法。
2. 学习食品试样的处理方法。

二、实验原理

原子吸收光谱法是测定多种试样中金属元素的常用方法，它是根据物质产生的原子蒸气对特定波长光的吸收作用来进行定量分析的。元素的基态原子可以吸收与其发射波长相同的特征谱线。当光源发射的某一特征波长的光通过原子蒸气时，原子中的外层电子将选择性地吸收该元素所能发射的特征波长的谱线，这时，透过原子蒸气的入射光强度将减弱，其减弱的程度与蒸气中该元素的浓度成正比，浓度与吸光度符合吸收定律：

$$A = K'C$$

根据这一关系，可以用工作曲线法或标准加入法来测定未知溶液中某元素的含量。

测定食品中微量金属元素的含量，首先要处理试样，将其中的金属元素以可溶的状态存在。试样可以用湿法处理，即试样在酸中消解制成溶液；也可以用干法灰化处理，即将试样置于马弗炉中，在 $400\sim500℃$ 高温下灰化，再将灰分溶解在盐酸或硝酸中制成溶液。

本实验采用干法灰化处理样品，采用工作曲线法测定其中 Fe、Cu、Ca 等营养元素的含量。此法也可用于其他食品，如豆类、水果、蔬菜、牛奶中微量元素含量的测定。

三、仪器和试剂

仪器：原子吸收分光光度计；Fe、Cu、Ca 空心阴极灯；马弗炉；瓷坩埚；10mL 吸量管；1000mL、100mL、50mL 容量瓶；50mL 烧杯。

试剂：

铜储备液 $1.000mg \cdot mL^{-1}$：准确称取 1g 纯金属铜，溶于少量 $6mol \cdot L^{-1}$ 硝酸中，移入 1000mL 容量瓶，用 $0.1mol \cdot L^{-1}$ 硝酸稀释至刻度线；

铁储备液 $1.000mg \cdot mL^{-1}$：准确称取 1g 纯铁，溶于 50mL $6mol \cdot L^{-1}$ 盐酸中，移入 1000mL 容量瓶，用蒸馏水稀释至刻度线；

钙储备液 $1.000mg \cdot mL^{-1}$；

硝酸镧溶液 $50mg \cdot mL^{-1}$。

四、实验步骤

1. 试样的制备

准确称取 4g 试样，置于瓷坩埚中，放入马弗炉中，在 500℃灰化 2～3h，取出冷却，加 6mol·L^{-1} 盐酸 8mL，加热促使残渣完全溶解，移入 100mL 容量瓶，用蒸馏水稀释至刻度线，摇匀。

2. 铜和铁含量的测定

（1）100.0μg·mL^{-1} 铁标准溶液的配制

用吸量管移取铁储备液 10mL 至 100mL 容量瓶中，用蒸馏水稀释至刻度线。

（2）20.00μg·mL^{-1} 铜标准溶液的配制

用吸量管移取铜储备液 2mL 至 100mL 容量瓶中，用蒸馏水稀释至刻度线。

（3）铜、铁系列标准溶液的配制

在 5 只 100mL 容量瓶中，分别加入 100.0μg·mL^{-1}Fe 标准溶液 0.50mL、1.00mL、3.00mL、5.00mL、7.00mL 和 20.00μg·mL^{-1}Cu 标准溶液 0.50mL、2.50mL、5.00mL、7.50mL、10.00mL，再加入 8mL 6mol·L^{-1} 盐酸，用蒸馏水稀释至刻度线，摇匀。铁系列标准溶液的浓度为 0.50μg·mL^{-1}、1.00μg·mL^{-1}、3.00μg·mL^{-1}、5.00μg·mL^{-1}、7.00μg·mL^{-1}；铜系列标准溶液的浓度为 0.10μg·mL^{-1}、0.50μg·mL^{-1}、1.00μg·mL^{-1}、1.50μg·mL^{-1}、2.00μg·mL^{-1}。

（4）标准曲线

铜的分析线为 324.8nm，铁的分析线为 248.3nm。其他测定条件通过实验选择，分别测定系列铜标准溶液和铁标准溶液的吸光度。

（5）试样溶液的测定

与标准曲线同样条件，测定步骤（1）、（2）制备的试样溶液中 Cu 和 Fe 的吸光度。

3. 钙含量的测定

（1）系列标准溶液的配制

将钙的储备液稀释成 100.0μg·mL^{-1} Ca 的标准溶液。用 5mL 吸量管移取该标准溶液 0.5mL、1mL、2mL、3mL、5mL 于 5 只 100mL 容量瓶中，分别加入 8mL 6mol·L^{-1} 盐酸和 20mL 硝酸镧溶液，用蒸馏水稀释至刻度线，摇匀。钙系列标准溶液的浓度为 0.50μg·mL^{-1}、1.00μg·mL^{-1}、2.00μg·mL^{-1}、3.00μg·mL^{-1}、5.00μg·mL^{-1}。

（2）标准曲线

测定条件为分析线 422.7nm；灯电流 5mA；燃烧器高度 9mm；狭缝高度 0.2mm，逐个测定标准溶液的吸光度。

（3）试样溶液的分析

用 10mL 吸量管吸取步骤 1 制备的试样溶液到 50mL 容量瓶中，加入 4mL 6mol·L^{-1} 盐酸和 10mL 硝酸镧溶液，用蒸馏水稀释至刻度线，摇匀，测定其吸光度。

五、数据记录及结果处理

1. 分别绘制 Fe、Cu、Ca 的标准曲线。根据试样溶液吸光度，求出试样溶液中 Fe、Cu、

Ca 的浓度。

 2. 依据试样溶液中 Fe、Cu、Ca 的浓度，确定豆乳粉中 Fe、Cu、Ca 的含量（$mg \cdot g^{-1}$）。

六、注意事项

 1. 如果样品中这些元素的含量较低，可以适当增加取样量。

 2. 处理好的试样溶液若混浊，可用定量滤纸干过滤。

七、思考题

 1. 为什么稀释后的标准溶液只能放置较短的时间，而储备液则可以放置较长的时间？

 2. 测定钙含量时，为什么要加入硝酸镧溶液？

 ### 实验 5-5　巯基棉分离富集-原子吸收光谱法测定痕量镉

一、实验目的

 1. 掌握火焰原子吸收光谱仪的操作技术。

 2. 优化火焰原子吸收光谱法测定水中镉含量的分析火焰条件。

 3. 熟悉原子吸收光谱法的应用。

二、实验原理

1. 巯基棉的制备原理

硫代乙醇酸使脱脂棉纤维巯基化，其反应如下：

$$SH-CH_2-COOH+\text{纤维素} \xrightarrow[24h]{25℃} \begin{matrix} \text{纤维素} \\ | \\ CH_2-C-OH \\ | \quad \| \\ SH \quad O \end{matrix}$$

   （硫代乙醇酸）   （固体吸附剂）

2. 巯基棉纤维吸附金属离子的机理

$$\begin{matrix} \text{纤维素} \\ | \\ CH_2-C-OH \\ | \quad \| \\ SH \quad O \end{matrix} + 0.5Cd^{2+} \xrightarrow{pH=5\sim6} \begin{matrix} \text{纤维素} \\ | \\ CH_2-C-OH \\ | \quad \| \\ S \quad O \\ | \\ 0.5Cd \end{matrix} + H^+$$

3. 痕量元素被洗脱原理

$$\begin{matrix} \text{纤维素} \\ | \\ CH_2-C-OH \\ | \quad \| \\ S \quad O \\ | \\ 0.5Cd \end{matrix} + H^+ \Longrightarrow \begin{matrix} \text{纤维素} \\ | \\ CH_2-C-OH \\ | \quad \| \\ SH \quad O \end{matrix} + 0.5Cd^{2+}$$

三、仪器和试剂

仪器：原子吸收分光光度计；镉空心阴极灯。

试剂：$1.0g \cdot L^{-1}$ 镉标准储备溶液；$100mg \cdot L^{-1}$ 镉标准使用溶液；$0.02mol \cdot L^{-1}$ 盐酸溶液；硫代乙醇酸（AR）；乙酸酐（AR）；浓硫酸（AR）；脱脂棉；废水试样。

四、实验步骤

1. 巯基棉纤维的制备

取硫代乙醇酸 20mL，乙酸酐 14mL 于烧杯中，加浓硫酸 2 滴，冷却后倒入 250mL 的棕色广口瓶中，加 4g 脱脂棉，充分浸润，盖上盖子，于室温下放置 24~48h，使纤维充分巯基化。取出巯基棉用自来水冲洗，用蒸馏水冲洗至中性，挤干后，于暗处保存。

2. 巯基棉吸附装置

由 250mL 的分液漏斗下端接巯基棉管组成。巯基棉管 $\varphi6nm \times 50mm$，内装 0.1g 巯基棉纤维，以分液漏斗旋塞调节流速。

3. 工作条件的设置

① 吸收波长：Cd 228.8nm。

② 空心阴极灯灯电流：4mA。

③ 狭缝宽度：0.5nm。

④ 原子化器高度：8mm。

⑤ 空气流量：$4.5L \cdot min^{-1}$，乙炔气流量：$1.5L \cdot min^{-1}$。

4. 巯基棉分离富集镉

取 250mL 含痕量 Cd^{2+} 的废水，调节 $pH=5~6$，以 $5mL \cdot min^{-1}$ 的流量通过巯基棉吸附装置。用 $5mL\ 0.02mol \cdot L^{-1}$ 的 HCl 分 3 次洗脱 Cd^{2+}，将溶液全部转移到 25mL 的容量瓶中，用自来水定容、摇匀，备用。

5. 配制标准系列溶液

用 $100mg \cdot L^{-1}$ 镉标准使用溶液配制 $0.0mg \cdot L^{-1}$，$0.1mg \cdot L^{-1}$，$0.2mg \cdot L^{-1}$，$0.3mg \cdot L^{-1}$，$0.4mg \cdot L^{-1}$，$0.5mg \cdot L^{-1}$ 的 Cd^{2+} 标准系列溶液。

6. 测定吸光度

在最佳工作条件下，以蒸馏水为空白，测定 Cd^{2+} 标准系列溶液和富集后的 Cd^{2+} 溶液的吸光度。

7. 关机

实验结束后，按程序关机。

五、数据记录及结果处理

用计算机按一元线性回归计算程序，绘制 Cd^{2+} 的 *A-C* 标准曲线，由富集后 Cd^{2+} 的吸光度，求算废水中 Cd^{2+} 的含量。

六、注意事项

1. 注意控制废液通过巯基棉的速度，使 Cd^{2+} 能被完全吸附。
2. 巯基棉连续使用十余次，仍有定量吸附关系。

七、思考题

1. 当使用雾化器时，经常使用稀释硝酸作为溶剂，为什么硝酸是个较好的选择？（提示：硝酸盐的性质是什么？）
2. 火焰原子吸收光谱法具有哪些特点？
3. 从原理、仪器和应用三个方面比较可见分光光度法、紫外-可见分光光度法、红外光谱法和原子吸收分光光度法。

 # 实验 5-6　原子吸收光谱法测定头发中锌的含量

一、实验目的

1. 了解锌在人体新陈代谢中起的作用和目前人体缺锌的主要原因。
2. 了解现代分析技术中检测锌技术的优缺点。
3. 掌握原子吸收分光光度法测定人发中锌含量的基本原理和操作基础。
4. 熟悉原子吸收分光光度计的工作原理及火焰原子化法的操作。
5. 了解头发样品的预处理。

二、实验原理

原子吸收是基态原子受激发吸收跃迁的过程。当辐射通过自由原子蒸气，入射辐射的频率等于原子中外层电子由基态跃迁到较高能态所需的频率时，原子就产生共振吸收。原子吸收分光光度法就是根据物质产生的原子蒸气对特定波长光的吸收作用来进行定量分析的。每一种元素的原子不仅可以发射一系列特征谱线，还可以吸收与发射线波长相同的特征谱线。当光源发射的某一特征波长的光通过原子蒸气时，原子中的外层电子将选择性地吸收其同种元素所发射的特征谱线，使入射光强度减弱。根据原子吸收光谱法的原理，在使用锐线光源的条件下，基态原子蒸气对共振线的吸收符合朗伯-比尔定律：

$$A = \lg I_0 / I = KLN_0$$

在试样原子化时，火焰原子温度低于 3000K 时，对大多数元素来说，原子蒸气中基态原子的数目实际上接近原子总数。在固定的实验条件下，待测元素的原子总数与该元素在试样中的浓度成正比。因此，上式可以表示为 $A = CK'$，这就是原子吸收定量分析的依据。测定头发中的锌含量，首先要处理样品，使其中的金属元素以可溶的状态存在。本实验中的发样用湿法处理，即试样在混酸中消解制成溶液。

三、仪器和试剂

仪器：原子吸收分光光度计；乙炔钢瓶、无油空气压缩机或空气钢瓶；聚乙烯试剂瓶

（500mL）；高温电炉（干灰化法）或可调温电加热板（湿灰化法）；烧杯（250mL）；容量瓶（50mL、500mL）；吸量管（5mL）；干灰化法用瓷坩埚（30mL）；湿灰化法用锥形瓶（100mL）；曲颈小漏斗。

试剂：

$1.0mg \cdot mL^{-1}$ Zn 储备标准溶液：准确称取 0.1680g $Zn(Ac)_2 \cdot 2H_2O$，用少量去离子水溶解后移入 50mL 容量瓶中，用去离子水稀释至刻度线，摇匀；

$10\mu g \cdot mL^{-1}$ Zn 标准溶液：吸取 1.00mL Zn 储备标准液置于 100mL 容量瓶中，用去离子水定容。

四、实验步骤

1. 样品的采集与处理

用不锈钢剪刀取 1~2g 枕部距发根 1~3cm 处的发样，剪碎至 1cm 左右，于烧杯中用中性洗涤剂浸泡 2min，然后用自来水冲洗至无泡，这个过程一般需重复 2~3 次，以保证洗去头发样品上的污垢和油腻。最后，发样用蒸馏水冲洗 3 次，晾干，置于烘箱中 80℃干燥至恒重（约 6~8h）。

（1）湿法消解法

准确称取 0.3~0.4g 发样于 100mL 锥形瓶中，加入 5mL 4∶1 HNO_3-$HClO_4$ 溶液，上加弯颈小漏斗，于可控温电热板上加热消化，温度控制在 140~160℃，待约剩 0.5mL 清亮液体时，冷却，加 10mL 水微沸数分钟至近干，放冷，反复处理两次后用水定容至 50.0mL，待测。同时制作空白。

（2）干法消解法

称取发样 0.2g 左右，放在坩埚里，用电炉炭化至无烟后转移到马弗炉中，500℃灰化 3h 至白色。将灰分用硝酸（1+1）溶液溶解，冷却至室温后，用超纯水将其移入到 50mL 容量瓶中，稀释至刻度线，摇匀，待测。

2. 标准系列溶液的配制

在 6 只 50mL 容量瓶中，分别加入 0.00mL、1.00mL、2.00mL、3.00mL、4.00mL、5.00mL Zn 工作标准溶液，加水稀释至刻度线，摇匀，待测。

3. 测量

按原子吸收分光光度计的仪器操作步骤开动仪器，选定测定条件：波长、空心阴极灯的灯电流、狭缝宽度、空气流量、乙炔流量等。

安装 Zn 空心阴极灯，用蒸馏水调节仪器的吸光度为 0，按由稀到浓的次序测定标准系列溶液和未知试样的吸光度。

五、思考题

1. 原子吸收分光光度法中，吸光度 A 与样品浓度 C 之间具有什么样的关系？当浓度较高时一般会出现什么情况？

2. 测定头发中 Zn 的含量有什么实际意义？

3. 在实验过程中，哪些步骤容易引入杂质或是引起最后结果的误差？

第一节　概述

　　色谱分析法是一种分离分析方法，气相色谱法是采用气体作为流动相的一种色谱法。当流动相携带欲分离组分流经固定相时，由于试样中各组分的物理化学性质不同，各自在两相间的分配系数也不同，各组分沿着色谱柱运行的速度也就不同。当经过适当长度的色谱柱，这些物质在两相间进行反复多次分配，原来微小的分配差异产生了明显的分离效果，于先后顺序流出色谱柱，从而获得分离。如图 6-1 所示。

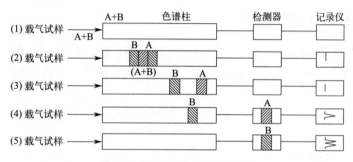

图 6-1　气相色谱分离过程示意图

　　A、B 两组分组成的混合物被载气携带进入色谱柱，刚进入柱内时，组分 A 和 B 是一条混合谱带。由于填充在色谱柱内的固定相对 A、B 两组分有不同的吸附能力或溶解能力，即A、B 两组分在固定相和流动相之间的分配系数不同，因此，当 A、B 两组分随载气沿色谱柱不断移动时，就会产生差速迁移从而逐渐分离。其中分配系数小的 A 组分先被载气带出色谱柱进入检测器，与检测器相连的记录仪先绘出 A 组分的色谱峰，此时分配系数较大的B 组分尚留在柱内。最后 B 组分也随着载气流出色谱柱进入检测器，并产生与 A 组分分离良好的色谱峰。

　　气相色谱中常用的载气主要有氮气、氢气等，载气自身不与试样组分发生化学反应，当试样组分随载气通过色谱柱而得以分离后，根据流出组分的物理或物理化学性质，可选用合适的检测器检测，得到电信号随时间变化的色谱流出曲线，即色谱图，如图 6-2 所示。

　　根据色谱组分峰的出峰时间（保留值），可进行色谱定性分析；而峰面积或峰高则与组分的含量有关，从而可以进行色谱定量分析。

　　色谱分析法是一种高效能、高选择性、分析速度快、灵敏度高、操作简便以及应用范围广泛的分离分析方法。只要在气相色谱选用的温度范围内，具有 $20\sim1300Pa$ 蒸气压或沸点在 $500℃$ 以下，且热稳定性好，分子量在 400 以下的物质，原则上均可采用气相色谱法进行分析。

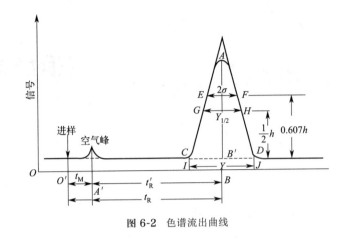

图 6-2　色谱流出曲线

第二节　气相色谱仪的结构及使用

一、气相色谱仪的基本组成

气相色谱分析流程如图 6-3 所示，它包括气路系统、进样系统、分离系统、检测记录系统及温控系统五部分。载气由高压钢瓶输出，经减压阀、净化干燥器、稳压阀、压力表、进样汽化室，然后进入色谱柱。进样后，载气携带汽化组分进入色谱柱进行分离，并依次进入检测器被检测。最后带有组分的载气被放空。检测的信号由色谱记录及处理系统记录处理。

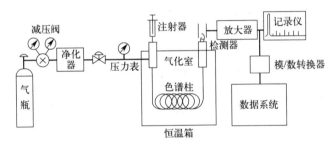

图 6-3　气相色谱分析流程图

1. 气路系统

气路系统是一个载气连续运行的密闭管路系统，通过该系统，可获得纯净、流速稳定的载气。包括气源、气体净化、气体流速控制和测量。气相色谱仪的气路系统一般由载气、氢气和空气三条气路组成，后两条供氢火焰离子化检测器使用。载气是气相色谱中的流动相，载气的性质、净化程度及流速对气相色谱分离效能、检测器的灵敏度、操作条件的稳定性有很大影响。

（1）气源

在气相色谱分析中，可作为载气的气体有很多，原则上没有腐蚀性且不与被分析组分发生化学反应的气体均可作为载气。载气种类的选择应考虑到载气对柱效的影响、检测器要求及载气性质。载气一般由高压钢瓶供给，常用的有氢气和氮气，其压力为 10000～

15000kPa。在实验教学中，为了安全，通常使用氮气作为载气。对充灌不同气体的钢瓶，涂有不同颜色的色带作为标志，以防意外事故的发生。

（2）气体净化

净化载气的目的是保证基线的稳定性及提高仪器的灵敏度。净化程度主要取决于使用的检测器及分析要求。对一般检测器，可用一根装有硅胶、分子筛的净化管，对载气进行净化，载气经过时可以除去微量水及油等。净化管使用一段时间后，硅胶、分子筛应进行活化，活化的方法是将硅胶和分子筛取出，分别在 105℃ 和 400℃ 烘干 2～3h，冷却后重新装管使用。

（3）流速控制

在气相色谱分析中对气体流速控制要求很高，主要是保证操作条件的稳定性。由稳压阀、针阀、稳流阀相互配合以完成流速的精确控制。

2. 进样系统

进样系统包括进样器和气化室，其作用是让液体试样在进入色谱柱前瞬间气化，快速而定量地加到色谱柱上端。进样量大小、进样速度和试样的气化速度都影响色谱的分离效率以及分析结果的准确度和精密度。

（1）进样器

液体样品，一般采用微量注射器或自动进样器进样；气体样品，常用六通阀进样；固体样品，一般溶解于适当溶剂后进样；高分子固体，可采用裂解进样。

（2）气化室

气化室由电加热的金属块制成，其作用是将液体样品瞬间气化，且不分解，并迅速进入柱头，以保证色谱峰有较小的宽度。

3. 分离系统

色谱柱是色谱仪的分离系统，试样各组分的分离在色谱柱中进行。色谱柱为色谱仪的心脏，色谱柱的选择是顺利完成分析的关键。

色谱柱可分为：

填充柱（packed column），不锈钢或玻璃材料制成，内装固定相，一般内径为 2～4mm，长 1～3m。填充柱的形状有 U 形和螺旋形两种。

毛细管柱（capillary column），将固定液均匀地涂在毛细管内壁，通常是内径 0.1～0.5mm，长 25～100m 的石英玻璃柱。

毛细管色谱柱渗透性好，传质阻力小，而柱子可以做到几十米长，与填充柱相比，其分离效率高（理论塔板数可达 10^6）、分析速度快、样品用量小，但柱容量低、要求检测器的灵敏度高，并且制备较难。

4. 温控系统

在气相色谱测定中，温度是重要的指标，它直接影响色谱柱的选择分离、检测器的灵敏度和稳定性，因而色谱分析过程中应严格控制温度。目前气相色谱仪多采用由微机控制的数字 PID 模式温度控制系统。

控制温度主要指对气化室、色谱柱炉、检测器三处的温度控制。

气化室的温度（T_i）：在保证试样不分解的情况下，适当提高气化温度，一般比柱温高 30～70℃。

色谱柱的温度（T_c）：不能高于固定液的最高使用温度，否则固定液将挥发流失。

柱温高，各组分挥发靠近，不利于分离，从分离的角度应采用较低的柱温。但柱温低，组分扩散速度减小，分配不利于迅速达平衡，峰型宽，柱效低，分析时间延长。柱温的选择原则是使难分离物质在分离的条件下，采用较低的柱温。色谱柱的温度控制方式有恒温和程序升温两种。对于沸点范围很宽的混合物，往往采用程序升温法进行分析。程序升温是指在一个分析周期内柱温随时间由低温向高温作线性或非线性变化，以达到用最短时间获得最佳分离效果的目的。

5. 检测记录系统

是指样品经色谱柱分离后，各成分按保留时间的不同，顺序地随载气进入检测器检测，检测器把进入的组分按时间及其浓度或质量的变化，转化成易于测量的电信号，经过必要的放大传递给记录仪或计算机，最后得到该混合样品的色谱流出曲线及定性和定量信息。应用最广泛的有热导检测器、氢火焰离子化检测器、电子捕获检测器和火焰光度检测器。

（1）热导检测器（thermal conductivity detector，TCD）

热导检测器是根据不同的物质具有不同的热导系数原理制成的。热导检测器由于结构简单，性能稳定，几乎对所有物质都有响应，通用性好，而且线性范围宽，价格便宜，因此是应用最广、最成熟的一种检测器。其主要缺点是灵敏度较低。

① 结构和工作原理

热导池由池体和热敏元件构成，可分为双臂和四臂热导池两种。由于四臂热导池热丝的阻值比双臂热导池增加一倍，故灵敏度也提高一倍。目前仪器都采用四根金属丝组成的四臂热导池，其中两个臂为参比臂，另两个臂为测量臂，将参比臂和测量臂接入惠斯通电桥，由恒定的电流加热组成热导池测量线路，如图 6-4 所示。

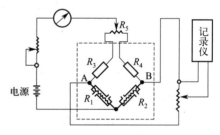

图 6-4　热导检测器工作原理图

利用一个孔道内的热敏元件作为参比臂 R_1，另外一个孔道内的热敏元件作为测量臂 R_2，在安装仪器时，挑选配对钨丝使 $R_1 = R_2$。参比臂接在色谱柱前，只有载气通过；测量臂接在色谱柱后，除有载气通过外，还有经色谱柱分离后的组分气体随载气通过。R_1、R_2 与两个阻值相等的固定电阻 R_3 和 R_4 构成惠斯通电桥。

调节电路电阻值可使电桥处于平衡，即

$$R_1 R_4 = R_2 R_3$$

通电后热敏元件温度发生改变，当热导池两臂只有载气通过时，两臂发热量和载气所带走的热量均相等，故两臂温度变化恒定，R_1 和 R_2 阻值的改变量 ΔR_1 与 ΔR_2 是相等的。因此在惠斯通电桥中

$$(R_1 + \Delta R_1) R_4 = (R_2 + \Delta R_2) R_3$$

电桥平衡，没有电流输出，因此没有信号产生，记录的是一条平直的基线。

当参比臂只通过载气，而测量臂有载气和样品通过时，参比臂和测量臂导热系数不同，测量臂温度及电阻发生改变，此时 ΔR_1 与 ΔR_2 不相等，则在惠斯通电桥中：

$$(R_1 + \Delta R_1) R_4 \neq (R_2 + \Delta R_2) R_3$$

电桥失去平衡，有电流输出，有信号产生，记录仪上出现色谱峰。

由此可见，热导池检测器的测量是根据被测组分和载气的导热系数不同进行的。当通过

热导池池体的气体组成及浓度发生变化时，引起热敏元件温度的改变，由此产生的电阻值变化通过惠斯通电桥检测，其信号大小和组分浓度成正比。

② 影响热导检测器灵敏度的因素

a. 桥电流　桥电流增加，使钨丝温度提高，钨丝和热导池池体的温差加大，气体就容易将热量传递出去，灵敏度就提高。响应值与工作电流的三次方成正比，所以，增大电流有利于提高灵敏度，但电流太大会影响钨丝寿命。一般桥电流控制在 $100\sim200mA$（N_2 作载气时为 $100\sim150mA$，H_2 作载气时 $150\sim200mA$ 为宜）。

b. 池体温度　池体温度降低，可使池体和钨丝温差加大，有利于提高灵敏度。但池体温度过低，被测试样会冷凝在检测器中。所以，池体温度一般不应低于柱温。

c. 载气种类　载气与试样的热导系数相差愈大，则灵敏度愈高。故选择热导系数大的氢气或氦气作为载气有利于提高灵敏度。如用氮气作载气时，有些试样（如甲烷）的热导系数比它大就会出现倒峰。

d. 热敏元件的阻值　阻值高、温度系数较大的热敏元件，灵敏度高。钨丝是一种广泛应用的热敏元件，它的阻值随温度升高而增大，其电阻温度系数为 $5.5\times10^{-3}cm\cdot\Omega^{-1}\cdot℃^{-1}$，电阻率为 $5.5\times10^{-6}\Omega\cdot cm$。为防止钨丝气化，可在表面镀金或镍。

③ 注意事项

a. 使用热导池检测器时，开机前，应先通载气，并保持一定流量后，再接通电源，否则将导致钨丝或其他热敏元件烧毁。

b. 仪器要注意防震，以免受震造成钨丝折断或脱落，触及池体发生短路。

（2）氢火焰离子化检测器（flame ionization detector，FID）

氢火焰离子化检测器是以氢气和空气燃烧的火焰作为能源，利用含碳有机物在火焰中燃烧产生离子，在外加电场作用下，使离子形成离子流，根据离子流产生的电信号强度，检测被色谱柱分离出的组分。图 6-5 为典型的氢火焰离子化检测器结构，它主要由阴极（发射极兼点火极）和阳极（收集极）、喷嘴、不锈钢罩和基座等组成。不锈钢罩内为离子室，氢焰点燃前应先将其加热到100℃以上，以防止氢气与氧气燃烧后生成的水凝结在不锈钢罩上，造成绝缘性能下降，影响实验正常进行。喷嘴由不锈钢管制成，其内径为 $0.10\sim0.15mm$，喷嘴内径较粗时检测灵敏度将下降，但受流量波动的影响小，可使测量线性范围变宽。发射极是一个由铂丝烧制而成的圆环，固定在喷嘴附近，兼用作氢焰点火。收集极是用不锈钢加工制成的小圆筒，两个电极间距约 10mm，施加 $100\sim300V$ 极化电压。不锈钢罩起静电屏蔽作用和防止外界气流对氢火焰的扰动以及防止灰尘侵入。离子室内两个电极的结构、几何形状、极间距离以及它们相对于火焰的位置，都直接影响检测器的灵敏度，实验时必须引起重视。

经色谱柱分离后的有机物组分，由载气带入火焰中燃烧并被离子化，经一系列反应，形成带正负电荷的离子对，在直流电场的作用下，分别移向发射极（阴极）和收集极（阳极），形成 $10^{-6}\sim10^{-14}A$ 的微电流，经微电流放大器放大后，在数据采集装置上得到相应有机物组分的色谱峰。氢火焰离子化检测器产生的电信号与单位时间内进入火焰的有机物组分质量成正比，因此它是质量型检测器，其检测极限为 $10^{-2}g\cdot s^{-1}$。氢火焰离子化检测器具有结构简单、死体积小、响应快、灵敏度高、稳定性好以及线性范围宽等优点，其灵敏度比TCD高三个数量级。

（3）电子捕获检测器（electron capture detector，ECD）

是一种选择性很强的检测器，对具有电负性的物质（如含卤素、硫、磷、氰等）的检测有很高的灵敏度（检出限约 10^{-14} g·L^{-1}），是目前分析痕量电负性有机物最有效的检测器。

ECD 是一种放射性离子化检测器，与氢火焰离子化检测器结构相似，有一个能源和一个电场。能源用 ^{63}Ni 或 ^{3}H 放射源，其结构如图 6-6 所示。

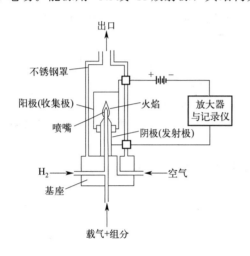

图 6-5 氢火焰离子化检测器结构图   图 6-6 电子捕获检测器结构图

检测器内腔有两个电极和筒状的 β 放射源。β 放射源贴在阴极壁上，以不锈钢棒作为正极，在两极施加直流或脉冲电压。放射源的 β 射线将载气（N_2 或 Ar）电离，产生次级电子和正离子，在电场作用下，电子向正极移动，形成恒定基流。当载气带有电负性溶质进入检测器时，电负性溶质就能捕获这些低能量的自由电子，形成稳定的负离子，负离子再与载气正离子复合成中性化合物，使基流降低而产生负信号——倒峰。

放射源 ^{63}Ni 的工作温度最高为 350℃，^{3}H 的工作温度最高为 200℃。操作时注意防止温度过高，使放射性物质漏失，造成环境污染及危害人身健康。

（4）火焰光度检测器（flame photometric detector，FPD）

又称硫、磷检测器，它是一种对含磷、硫有机化合物具有高选择性和高灵敏度的质量型检测器，检出限可达 10^{-12} g·s^{-1}（对 P）或 10^{-11} g·s^{-1}（对 S）。FPD 用于大气中痕量硫化物以及农副产品，水中的毫微克级有机磷和有机硫农药残留量的测定，其结构如图 6-7 所示。

FPD 是根据硫和磷化合物在富氢火焰中燃烧时，生成化学发光物质，发射出特征波长的光，S（$\lambda_{max}=394$nm），P（$\lambda_{max}=526$nm），这些光由光电倍增管转换成电信号，经放大后由记录仪记录，就能检测硫和磷的含量。

（5）数据记录和结果处理

常用的数据记录和结果处理装置有记录仪、积分仪和色谱工作站。其中记录仪只有记录色谱图的功能，色谱数据的测量需要手工进行，费时且测量误差大；积分仪有数据处理功能，但操作复杂，功能也较少。色谱工作站是以信号处理技术、微机技术为基础，用计算机软件实现的智能化色谱数据采集、处理装置。随着计算机的发展，色谱工作站的使用越来越普遍。

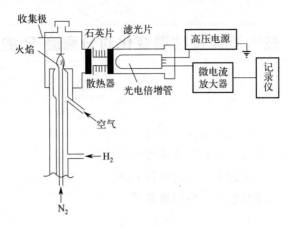

图 6-7　火焰光度检测器结构图

二、气相色谱仪的使用（仪器的操作方法）

GC-112A 气相色谱仪操作步骤：

1. 实验前的准备

根据实验需要，选择适合的色谱柱、检测器。

将色谱柱的进口接气化室，出口接选定的检测器，旋紧螺帽，打开载气检漏。

2. 仪器开机

① 打开载气钢瓶的总阀，等仪器上载气压力表有压力指示后（此时压力值在 0.1MPa 左右，不用太刻意去调整），调节两个载气稳流阀旋钮，将 A、B 两路载气流量调至所需值，接好电源插头，打开色谱仪主机电源。

② 在主机控制面板上设定柱箱温度、检测器温度、进样器温度，启动温控。选择所需检测器，其中 FID 的编号为 1；TCD 编号为 4。

3. 仪器设置

① FID 检测器温度升至大于 100℃，打开氢气和空气源，调节流设置为 0.1～0.2MPa，流量稳定后点火，进入色谱工作站，查看基线并对零点进行校正。

② TCD 检测器设置恒流电流到需要值，打开恒流源。

③ 待基线基本稳定后，可试进样，看出峰分离情况和检测器灵敏度，再细调流量、温度，使其处于分析的最佳工作状态后方可正式进样分析。

4. 关机

将全部温度设置为室温左右，待各温度降至设定值后即可关机（TCD 先关机，后关气；FID 先关氢气和空气，待火灭后关电源，最后关载气）。

5. 注意事项

① TCD 检测器工作时，必须遵守"先通载气，后升温度，再加电流"的规则，否则会损坏铼钨丝，甚至烧断。

② 柱箱加热前，必须接好两根填充柱，然后接入氢气，并经过仔细的检漏。否则，氢气进入柱箱遇到工作时的柱箱加热丝，可能会造成严重爆炸事故！

③ 当结束当天的 TCD 检测器工作时，务必先将 TCD 工作电流重新设置成零值，即 0mA。

实验 6-1　载气流速及柱温变化对分离度 R 的影响

一、实验目的

1. 了解气相色谱仪的组成及各部件的功能。
2. 理解柱温及载气流速的改变对组分保留行为的影响。
3. 理解分离度的概念，掌握分离度的计算方法。
4. 了解实验条件的选择对色谱分析的重要性。

二、实验原理

理论塔板数（n）或有效塔板数（n_{eff}）是衡量柱效的重要指标。从理论上来说，理论塔板数越多，柱效越高。但理论塔板数多到什么程度才能满足实际分离的要求，一般很难给出确切的定量指标。然而分离度（resolution，R）可以作为色谱柱总分离效能的量化指标，因为它从本质上反映了热力学和动力学两方面的因素。分离度是色谱图中相邻两峰分离程度的量度，定义为相邻两组分色谱峰保留值之差与两组分色谱峰峰宽平均值之比，即

$$R = \frac{t_{R_2} - t_{R_1}}{\frac{1}{2}(Y_1 + Y_2)}$$

或

$$R = \frac{t_{R_2} - t_{R_1}}{\frac{1}{2}[Y_{(1/2)1} - Y_{(1/2)2}]}$$

相邻两峰之间的保留时间差别越大越有利于分离，相邻两峰的宽度越窄越有利于分离。分离度 R 的定义并没有反映影响分离度的诸因素。实际上，分离度 R 作为柱的总分离效能指标，既受柱效（n）的影响，又受选择因子（α）和容量因子（k）的影响。从分离度的基本定义可以导出 R 与 n、α 及 k 的关系式：

$$R = \frac{1}{4}\sqrt{n}\ \frac{\alpha - 1}{\alpha} \times \frac{k}{1+k}$$

式中，$\dfrac{\alpha - 1}{\alpha}$ 为热力学因素；$\sqrt{n}$ 为动力学因素；$\dfrac{k}{1+k}$ 为容量因素。为了达到所需的分离度，可通过调整柱温，载气流速和气、液体积等因素来改变 n 或 α 或 k，从而达到改善分离度的目的。

三、仪器和试剂

仪器：气相色谱仪（TCD）；色谱柱 10% PEG-2000（80～100 目，$\varphi 4mm \times 2m$）；皂膜流量计；微量注射器 $1\mu L$ 和 $10\mu L$；载气 H_2。

试剂：乙醇（AR）；丙醇（AR）；丁醇（AR）；乙醇、丙醇、丁醇按一定比例配成醇混合样品。

四、实验步骤

1. 按仪器操作说明书使气相色谱仪正常运行，并调节至如下条件（应根据使用仪器种类及色谱柱条件作相应调整）：

柱温 100℃；检测器温度 120℃；气化室温度 150℃；热导池电流 100mA；载气 H_2 流速 $40mL \cdot min^{-1}$。

2. 打开色谱处理机（或工作站），输入样品测量参数。

3. 待仪器稳定后，注入 $2\mu L$ 醇混合样品，记录保留时间和半峰宽；再分别注入乙醇、丙醇、丁醇各 $0.5\mu L$，观察乙醇、丙醇、丁醇出峰次序，记录保留时间。

4. 注入空气样品，记录保留时间。

5. 分别改变柱温至 90℃、110℃、130℃，每改变一次柱温后，注入 $2\mu L$ 醇混合样品，观察分离情况，记录醇混合样品和空气的保留时间以及醇混合样品各峰的半峰宽。

6. 在合适的温度下，分别改变流速至 $20mL \cdot min^{-1}$、$60mL \cdot min^{-1}$、$80mL \cdot min^{-1}$、$100mL \cdot min^{-1}$，每改变一次流速后，注入 $2\mu L$ 醇混合样品，观察分离情况，记录醇混合样品和空气的保留时间以及醇混合样品各峰的半峰宽。

7. 实验结束后关闭电源，待柱温降至室温后关闭载气。

五、数据记录及结果处理

1. 记录实验条件
① 色谱柱的柱长和内径。
② 固定相及固定液。
③ 载气及流速。
④ 柱温。
⑤ 检测器及检测温度。
⑥ 桥电流。
⑦ 进样量。

2. 记录数据

将不同柱温（流速为 $40mL \cdot min^{-1}$）及不同流速（合适柱温）下所测得的空气保留时间（死时间）t_0 和未知样品的保留时间 t_R、$Y_{1/2}$ 数据列于下表中。

T_c/℃	t_0/min	t_R/min(醇混合样品)			$Y_{1/2}$/min(醇混合样品)		
	空气	乙醇	丙醇	丁醇	乙醇	丙醇	丁醇
90							
100							
110							
130							
F_0/mL·min^{-1}	t_0/min	t_R/min(醇混合样品)			$Y_{1/2}$/min(醇混合样品)		
	空气	乙醇	丙醇	丁醇	乙醇	丙醇	丁醇
20							
40							
60							
80							
100							

3. 在给定的柱温（100℃）和流速下（40mL·min^{-1}），分别计算丙醇和乙醇、丙醇和丁醇的分离度 R。

4. 计算改变柱温后丙醇和乙醇、丙醇和丁醇的分离度 R。

5. 计算改变流速后丙醇和乙醇、丙醇和丁醇的分离度 R。

6. 在给定条件下，如果使丙醇与相邻两峰的分离度 $R=1.5$，所需柱长是多少？（塔板高度 $H=12$mm）

六、注意事项

1. 改变柱温和流速后，待仪器稳定后再进样。

2. 当使用记录仪时，为了保证峰宽测量的准确性，应采用适当的记录纸速度。

3. 控制柱温的升温速度，切忌过快，以保持色谱柱的稳定性。

七、思考题

1. 由本实验测得的分离度可说明什么问题？

2. 分离度是否越高越好？为什么？

3. 影响分离度 R 的因素有哪些？提高分离度 R 的途径是什么？

4. 以微量注射器进样时应注意什么？

实验 6-2 气相色谱定性分析——纯物质对照法

一、实验目的

1. 学习利用保留值和相对保留值进行色谱对照的定性方法。

2. 熟悉气相色谱仪器操作。

二、实验原理

各物质在一定的色谱条件（一定的固定相与操作条件等）下有各自确定的保留值，因此保留值可作为一种定性指标。对于较简单的多组分混合物，若其中所有待测组分均已知，它们的色谱峰均能分开，则可将各个色谱峰的保留值与各相应的标准样品在同一条件下所得的保留值进行对照比较，就能确定各色谱峰所代表的物质，这就是纯物质对照法定性的原理。

该法是气相色谱分析中最常用的一种定性方法。以保留值作为定性指标，虽然简便，但由于保留值的测定受色谱操作条件的影响较大，而相对保留值仅与所用的固定相和温度有关，不受其他色谱操作条件的影响，因而更适合用于色谱定性分析。相对保留值 r_{is} 定义为：

$$r_{is} = \frac{t'_{Ri}}{t'_{Rs}} = \frac{t_{Ri} - t_0}{t_{Rs} - t_0}$$

式中，t_0、t'_{Ri}、t'_{Rs} 分别为死时间、被测组分 i 及标准物质 s 的调整保留时间。

本实验以邻二甲苯为标准物质，利用保留时间和相对保留值进行苯、甲苯、乙苯、1,2,3-三甲苯的定性分析。

三、仪器和试剂

仪器：气相色谱仪带 FID；氢气钢瓶；色谱柱 [102 白色担体：邻苯二甲酸二壬酯 = 100:15；填充柱（80～100 目，$\varphi3mm \times 2m$)]；$10\mu L$，1mL 微量进样器；10mL 容量瓶；10mL 吸量管。

试剂：苯（AR）；甲苯（AR）；乙苯（AR）；邻二甲苯（AR）；1,2,3-三甲苯（AR）。

四、实验步骤

1. 在 4 只 10mL 容量瓶中，按 1:100（体积比）比例分别配制：苯:邻二甲苯，甲苯:邻二甲苯，乙苯:邻二甲苯，1,2,3-三甲苯:邻二甲苯溶液，摇匀备用。

2. 按仪器操作说明书使色谱仪正常运行，并调节至如下条件（应根据使用仪器种类及色谱柱条件作相应调整）：

柱温 90℃；气化室温度 90℃；载气 H_2 流速 25mL·min^{-1}；燃气 H_2 流速 40mL·min^{-1}；空气流速 400mL·min^{-1}。

3. 启动点火装置并检查氢火焰是否已点燃。

4. 打开色谱处理机（或工作站）输入样品测定参数及程序，待仪器上的电路和气路系统达到平衡，记录仪上基线平直时，即可进样。

5. 分别吸取以上各种混合液 $2\mu L$，依次进样，记录色谱数据。重复进样 1 次。

6. 吸取 $2\mu L$ 已加入邻二甲苯的未知试样 [未知试样与邻二甲苯按 1:100（V/V）配制] 进样，记录色谱数据。重复进样一次。

7. 在相同实验条件下，取 0.3～0.5mL 空气进样，记录色谱数据，并重复进样两次。

五、数据记录及结果处理

1. 记录实验条件。

2. 记录各色谱图中各组分的保留时间 t_{Ri}、邻二甲苯的保留时间 t_{Rs}，空气保留时间 t_0 和计算各组分的调整保留时间及相对保留时间（以邻二甲苯作为标准物质），并把数据列于下表中。

测定次数			1			2			3			平均值
t_0/min(空气)												

时间	苯:邻二甲苯			甲苯:邻二甲苯			乙苯:邻二甲苯			1,2,3-三甲苯:邻二甲苯		
	1	2	平均值	1	2	平均值	1	2	平均值	1	2	平均值
t_{Ri}/min												
t_{Rs}/min												
t'_{Ri}/min												
t'_{Rs}/min												
r_{is}												

3. 测量未知试样中各组分的 t_R，并计算其 t_R' 和 r_{is} 值，然后与上表所列数据进行对照比较，确定未知试样中的各个组分。

六、注意事项

在用注射器进样时，因进样器内外有一定的压差，应注意安全使用注射器。

七、思考题

1. 为什么可以利用色谱峰的保留值进行色谱定性分析？
2. 在测绘空气的色谱图时，若不严格控制相同的实验条件，将对实验结果产生什么后果？

实验 6-3　乙醇、丙酮及水混合溶液的气相色谱分析——保留值定性、归一化法定量

一、实验目的

1. 熟悉色谱分析的原理及色谱工作站的使用方法。
2. 学习气相色谱中利用保留值定性和归一化法定量的分析方法和特点。
3. 学会校正因子的测定方法。

二、实验原理

在混合物样品得到分离后，利用已知物保留值对各色谱峰进行定性是色谱法中最常用的一种定性方法。它的依据是在相同的色谱操作条件下，同一种物质应具有相同的保留值，当用已知物的保留时间与未知物的保留时间进行对照时，若两者的保留时间 t_R 值完全相同，则认为它们可能是相同的化合物。这种方法是以各组分的色谱峰必须分离成单独峰为前提的，同时还需要有作为对照用的标准物质。

归一化法是常用的气相色谱定量方法之一，该方法要求试样中的各个组分都能够得到完全分离，当所有组分都能流出色谱柱并在色谱图上显示色谱峰时，则可利用归一化法定量计算样品中各组分的质量分数。计算式为：

$$w_i = \frac{m_i}{m_{\text{试}}} \times 100\%$$

由于 $m_i = f_i A_i$

$$w_i = \frac{f_i A_i}{f_1 A_1 + f_2 A_2 + \cdots + f_i A_i + \cdots + f_n A_n} \times 100\%$$

式中，w_i 为 i 组分的质量分数；A_1、A_2、$\cdots$、A_n 为各组分的峰面积；f_1、f_2、$\cdots$、f_i 为各组分的相对校正因子（或绝对校正因子）。

i 组分的绝对校正因子是单位峰面积所代表的组分的质量，即

$$f_i = m_i / A_i$$

f_i 主要受操作条件的影响，不易测准，因此在实际工作中常采用相对校正因子，即样品中某组分 i 的定量校正因子与标准物 s 的定量校正因子之比。此值不受实验条件的影响，只与检测器类型有关。

三、仪器和试剂

仪器：气相色谱仪，带 TCD 检测器；色谱柱，propark 填充柱（80～100 目，$\varphi 4mm \times 2m$）；$1\mu L$、$10\mu L$ 微量注射器；皂膜流量计。

试剂：乙醇、丙酮、水标准样品；一定浓度的乙醇、丙酮、水混合标准样品（用质量法配制）；乙醇、丙酮、水混合物未知样品；载气 H_2。

四、实验步骤

① 按仪器操作说明书使色谱仪正常运行，并调节至如下条件（应根据使用仪器种类及色谱柱条件作相应调整）：

柱温 100℃；气化室温度 150℃；检测器温度 120℃；载气流速约 $40mL \cdot min^{-1}$；桥电流 120mA。

② 打开色谱工作站，输入测定所需的各种参数及程序。

③ 待仪器稳定后，注入 $0.5\mu L$ 乙醇标样，待各处温度稳定后，调节载气流速，在 $10\sim80mL \cdot min^{-1}$ 之间选择 5～6 个不同的流速值，测定乙醇在相应流速下的保留时间 t_R 和半峰宽 $Y_{1/2}$ 及空气的保留时间 t_0。

④ 在选定的载气流速下，用微量注射器注入 $2\mu L$ 乙醇、丙酮、水混合物未知样品，然后采谱。

⑤ 分别注入 $0.5\mu L$ 乙醇、丙酮、水混合标准样品（目的是利用保留时间对未知峰进行指认），然后采谱。

⑥ 注入 $2\mu L$ 一定浓度的乙醇、丙酮、水混合标准样品，设置色谱工作站（或色谱处理机）的归一化计算程序（可自动给出绝对校正因子），然后采谱。

⑦ 注入 $2\mu L$ 乙醇、丙酮、水混合物未知样品，然后采谱。

⑧ 实验结束后，先关闭各部分电源开关，待柱温降至室温后，再关闭载气。

五、数据记录及结果处理

1. 记录实验条件。
2. 绘制 H-v 曲线（$v = L/t_0$）。
3. 列表整理定性、定量原始数据及计算结果。
4. 试用丙酮作为标准物质，求得相对校正因子，用归一化法计算乙醇和水的含量及测定误差。

六、注意事项

1. 先通载气，在确保载气通过 TCD 后，再打开热导桥流。

2. 当使用双气路气相色谱仪时，两路载气流速应保持一致。

3. 在改变载气流速时，需待仪器稳定后再进样测试。

4. 定量分析数据应重复测定 2～3 次。

七、思考题

1. 色谱归一化法定量有何特点？使用该方法应具备什么条件？
2. 为什么可以利用色谱峰的保留值进行色谱定性分析？
3. 实验条件不稳定对定性和定量结果会产生哪些影响？

实验 6-4　利用内标法定量分析正己烷中的环己烷含量

一、实验目的

1. 了解内标法的原理以及选择内标物的原则。
2. 学会用内标法进行定量分析的技术。
3. 熟悉氢火焰离子化检测器的特点和使用方法。

二、实验原理

内标法是常用的一种比较准确的定量方法，适用于样品中的所有组分因各种原因不能全部流出色谱柱，或检测器不能对各组分都有响应，或只需测定样品中某几个组分的情况。

其原理是：准确称取一定量样品，加入一定的内标物，过柱后，根据被测组分和内标物的峰面积及内标物质量计算待测组分质量分数的方法。

计算公式如下：

$$w_i = \frac{A_i f_i m_s}{A_s f_s m} \times 100\%$$

式中，w_i 是组分 i 的质量分数；m、m_s 分别是样品和内标物的质量；A_i、A_s 分别是被测组分和内标物的峰面积；f_i、f_s 分别是被测组分和内标物的重量校正因子。内标法要求选择一个适宜的内标物，它在样品中不存在，当加入内标物进行色谱分离时，在色谱图上它应与被测组分靠近并与其他组分完全分离，内标物的量也应与被测组分的量相当，以提高定量分析的准确度。

内标法定量结果准确，对于进样量及操作条件不需要严格控制，内标标准曲线法更适用于工厂的控制分析。

本实验选用甲苯作为内标物，测定正己烷中的环己烷含量。

三、仪器和试剂

仪器：气相色谱仪，带氢火焰离子化检测器；色谱柱，GDX-401（80～100 目，φ4mm×2m）。

试剂：氢气、氮气、压缩空气；正己烷（AR）；环己烷（AR）；甲苯（AR）内标物；未知样品。

四、实验步骤

① 按仪器操作说明书使色谱仪正常运行，并调节至如下条件（应根据使用仪器种类及色谱柱条件作相应调整）：

柱温98℃；气化室温度150℃；载气 N_2 流速30mL·min^{-1}；燃气 H_2 流速50mL·min^{-1}；空气流速500mL·min^{-1}。

② 启动点火装置并检查氢火焰是否已点燃。

③ 打开色谱处理机（或工作站）输入样品测定参数及程序。待仪器上的电路和气路系统达到平衡，记录仪上基线平直时，即可进样。

④ 用微量注射器注入未知样0.5μL，采谱，记录保留时间。

⑤ 将0.2μL环己烷和正己烷的标样分别注入色谱柱，采谱，记录各自的保留时间。

⑥ 注入1μL按质量法配置的已知浓度的正己烷、环己烷、甲苯混合物标样，采谱，记录保留时间和峰面积，此步骤重复3次（用于计算组分的校正因子）。

⑦ 称量未知物 m_x。

⑧ 称量内标物 m_s，将其加入上述未知物中，并混合均匀。

⑨ 取1μL含有内标物的未知样品注入色谱柱，记录保留时间和峰面积，此步骤重复3次。

⑩ 实验结束后关闭电源、氢气、压缩空气，待柱温降至室温后关闭载气。

五、数据记录及结果处理

1. 记录实验条件。
2. 列表整理保留值及峰面积的数据。
3. 计算校正因子（绝对校正因子和相对校正因子）。
4. 计算环己烷的含量。
5. 与外标法定量结果进行比较。

六、注意事项

1. 在点燃氢火焰离子化检测器时，可先通入氢气，以排除气路中的空气。然后，通入流速大于50mL·min^{-1}的氢气和小于500mL·min^{-1}的空气（这样容易点燃），点燃后，再调整工作流速 H_2 为50mL·min^{-1}，空气为500mL·min^{-1}。

2. 检测器的灵敏度范围设置要适当，以保持稳定的基线。

3. 切忌将大量氢气排入室内。

七、思考题

1. 选择内标物的原则是什么？
2. 内标法是如何进行定量分析的？

第七章
高效液相色谱法

第一节　概述

高效液相色谱法（high performance liquid chromatography，HPLC）是以液体作为流动相的一种色谱分析法，是在经典液相色谱法的基础上，随着现代科学技术的发展而发展起来的一种高效、高速、高灵敏度的现代化分离方法。由于固定相和流动相的多样性，分离机理也是多种多样的。从原理上讲，只要是能溶解在流动相中的物质都可以用高效液相色谱法来分离分析。

高效液相色谱法与气相色谱法的主要区别在于高效液相色谱法中的分离作用，依据的是样品分子与固定相和流动相三者之间的作用力差别，而气相色谱依据的是样品分子与固定相之间的作用力差别（流动相几乎不参与分离作用）。高效液相色谱分析的是液体样品，可以在常温下进行分离，而气相色谱分析的是气体样品或在高温下可以气化的样品，因此高效液相色谱法的应用范围非常广泛。在目前已知的有机化合物中，约有 80％的有机物可以用高效液相色谱法分析。

气相色谱中的基本概念及理论基础，如保留值、塔板理论、范第姆特的速率理论以及一些定性定量方法仍然适用于高效液相色谱。联用技术在高效液相色谱定性方面起着重要的作用，目前应用较普遍的有高效液相色谱-质谱（HPLC-MS）、高效液相色谱-激光拉曼光谱、高效液相色谱-原子吸收光谱等。

第二节　高效液相色谱仪的结构及使用

（一）高效液相色谱仪的基本组成

高效液相色谱仪现在多做成单元组件，然后根据分析要求将各所需单元组件组合起来，主要组件有高压泵、梯度洗脱装置、进样器、色谱柱、检测器和数据记录用处理装置等。目前国内外的高效液相色谱仪有多种型号，但基本流程如图 7-1 所示。

在贮液器中贮存有载液（流动相），高压泵将流动相以稳定的流速（或压力）输送至分析体系，在色谱柱之前通过进样器将样品导入，流动相将样品带入色谱柱，在色谱柱中各组分被分离，并依次随流动相流至检测器检测，产生的信号在记录仪上以色谱图的形式被记录，或由积分仪或色谱工作站记录、处理和保存。

1. 高压泵

高压泵的作用是将流动相以稳定的流速（或压力）输送到色谱系统，其稳定性直接关系

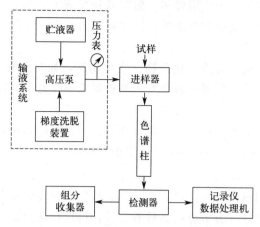

图 7-1　高效液相色谱仪结构和基本流程图

到分析结果的重现性、精密度和准确性，因此流量变化通常要求小于 0.5%。由于液相色谱固定相的粒径为 3～10μm，因此，流动相流过色谱柱时会产生很大的压力，高压泵通常要求能耐 40～60MPa 的高压。

2. 进样器

用于液相色谱的进样器有注射式进样器（与气相色谱类似）和高压六通阀进样器两种。最常用的是高压六通阀进样器，进样体积由定量管确定，通常有 5μL、10μL、20μL 等。操作时先将阀柄置于采样位置，这时进样口只与定量管接通，处于常压状态，用微量注射器（体积应大于定量管体积）注入样品溶液，样品停留在定量管中。将进样器阀柄转动 60°至进样位置时，流动相与定量管接通，样品被流动相带到色谱柱中。

3. 色谱柱

色谱柱是实现样品分离的核心部件，要求柱效高、柱容量大和性能稳定。一般采用长10～30cm、内径 3～5mm 内部抛光的不锈钢管，管内填充 3～10μm 粒径固定相。不同的物质在色谱柱中的保留时间不同，依次流出色谱柱进入检测器。

4. 检测器

高效液相色谱检测器有紫外检测器、示差折光检测器、荧光检测器、化学发光检测器等，常用的是紫外检测器、示差折光检测器。

（1）紫外检测器

有较高灵敏度和选择性，应用范围广。由于该检测器对环境温度、流速、流动相组成等的变化不是很敏感，所以适用于梯度洗脱。用该检测器时，为了得到高的灵敏度，常选用被测物质能产生最大吸收的波长作为检测波长，但为了选择性或其他目的，也可选择吸收稍弱的波长。另外，应尽可能选择在检测波长下没有背景吸收的流动相。

二极管阵列紫外检测器可以瞬间实现紫外光区的全波长扫描，同时得到时间-波长-吸收强度三维色谱图，它与色谱工作站联用，可获得样品纯度的信息。

（2）示差折光检测器

基于不同物质溶液对光具有不同的折射率，通过连续测定溶液中折射率的变化，便可得到各物质组分的含量变化。因而，凡是与流动相的折射率有差别的被测物都可以采用示差折光检测器检测。在多数情况下，被测物与流动相的折射率都有差别，所以示差折光检测器应用范围广，特别是在凝胶色谱中应用较多。但与其他检测方法相比，灵敏度要低 1~3 个数量级，因为折射率对温度的变化非常敏感，因此难以用于梯度洗脱。

（3）荧光、化学发光检测器

许多有机化合物，特别是芳香族化合物、生化物质，如有机胺、维生素、激素、酶等，被一定强度的紫外光照射后，发射出较激发光波长要长的荧光，荧光强度与激发光强度、量子效率和样品浓度成正比。有的有机化合物虽然本身不产生荧光，但可以与发荧光的物质反应，衍生化后检测。荧光检测的最大优点是有非常高的灵敏度和良好的选择性，灵敏度比紫外检测器高 2~3 个数量级，而且所需样品量很小，特别适合药物和生化样品的分析。

5. 工作站

工作站可以在线模拟显示分析过程，自动采集数据、处理和储存，并能实现分析过程中仪器的自动控制。如果设置好有关分析条件和参数，可以自动给出最终分析报告。

（二）高效液相色谱仪的使用

Agilent 1260 高效液相色谱仪操作规程：

1. 开机前准备

① 储液瓶中装入足够的流动相，超声脱气 20min，将吸滤器放入储液瓶中。

② 排液管的另一端已经放入废液瓶中。

2. 开机

① 启动计算机：打开计算机，登录 Windows 操作系统。

② 启动工作站：开启 Agilent 1260 各模块电源，待 Agilent 1260 各模块自检完成后（各模块右上角指示灯为黄色或者无色），点击 LC1260（联机）。

③ 开启工作站：进入工作站，点击"方法和运行控制"或者在"视图"中选择"方法和运行控制"。打开仪器控制视图：选择"视图→系统视图"，即可显示仪器控制视图。

④ 冲洗流动相管路：逆时针旋开泵模块上的溶液排空阀。右键单击泵视图的空白处，选择"方法"，设置"流速"为 $5mL \cdot min^{-1}$。对于 G1311X（四元泵）分别将 A、B、C、D 四个通道设置"溶剂"为 100%，冲洗至管线内无气泡为止；设置溶剂比例为初始比例，"流速"为 $1mL \cdot min^{-1}$，关闭 Purge 阀。

⑤ 开启模块：鼠标右键点击每个模块的空白处都会弹出提示框，选择"控制"即可在新的窗口中选择打开或者关闭各个模块，也可在仪器视图中选择"打开"。

⑥ 监视基线：点击"视图→在线信号"打开"在线图谱"。

⑦ 平衡色谱柱、进样分析：监视压力和信号基线平稳后，可以进样采集分析。

3. 数据采集方法编辑

① 方法编辑：在"方法和运行控制"状态下，单击"方法"菜单，选择菜单中"新建方法"，调用化学工作站的默认方法 DEF-LC.M，选择"方法"菜单下的"编辑完整方法"，设置好泵参数、进样方式、柱箱温度、波长、积分参数等，即可开始编辑一个完整的方法。

② 方法存储：在"方法和运行控制"状态下，单击"方法"菜单，选择菜单中"方法另存为"选项，方法以检测项目名存储。

4. 样品信息编辑

① 运行单个样品：在"方法和运行控制"状态下，单击"运行控制"菜单，选择"样

品信息"进行样品信息编辑。

② 运行序列：在"方法和运行控制"状态下，单击"序列"菜单，选择"新建序列模板"；命名"首选项"中的序列数据文件夹；编辑"序列参数"和"序列输出"；编辑"序列表"；保存序列。

5. 运行方法

① 把样品放在设置好的位置。

② 运行单个样品：在"方法和运行控制"状态下，单击"运行控制"菜单，选择"运行方法"选项。运行当前方法，开始数据采集；当所有色谱峰被洗脱出后，按红色"STOP"键停止。

③ 运行序列：在"方法和运行控制"状态下，单击"运行控制"菜单，选择"运行序列"选项，或按 F6 键运行序列，或从"序列表"中运行序列。

6. 关机

① 关闭检测器的灯。

② 冲洗系统：没有盐缓冲溶液的流动相，（反相系统）用 $85\% \sim 90\%$ 有机相$+10\% \sim 15\%$水相冲洗系统和反相色谱柱或者用适宜的流动相冲洗系统和反相色谱柱；有盐缓冲溶液的流动相，（反相系统）用 $85\% \sim 90\%$水相$+10\% \sim 15\%$有机相冲洗系统和反相色谱柱（反相系统），除去反相色谱柱与系统中的盐溶液。然后用 $85\% \sim 90\%$有机相$+10\% \sim 15\%$水相冲洗系统和反相色谱柱。

③ 关闭电脑：将泵流速逐步降至 $0 \text{mL} \cdot \text{min}^{-1}$，单击"关闭"按钮，关闭所有模块，退出化学工作站，关闭电脑。

④ 关闭模块：关闭所有模块电源开关。

⑤ 使用完毕，必须在《仪器使用记录本》上填写有关内容。

 实验 7-1　高效液相色谱柱效能的测定

一、实验目的

1. 学习高效液相色谱柱效能的测定方法。
2. 了解高效液相色谱仪基本结构和工作原理，初步掌握基本操作技能。

二、实验原理

色谱柱的柱效能是评价色谱柱性能的一项重要指标。混合物能否在色谱柱中得到分离，除取决于是否选择合适的固定相外，还与色谱操作条件及色谱柱的填充状况等因素有关。在一定的色谱操作条件下，色谱柱的柱效能可用理论塔板数或理论塔板高度来衡量。一般来说塔板数愈多，或塔板高度愈小，色谱柱的柱效能愈好。塔板数 n 与塔板高度 H 的计算公式为：

$$n = 5.54 \left(\frac{t_R}{Y_{1/2}}\right)^2 = 16 \left(\frac{t_R}{Y}\right)^2$$

$$H = \frac{L}{n}$$

色谱柱的塔板数与许多实验参数有关，范第姆特（Van Deemter）等在对色谱过程动力学研究的基础上提出速率理论方程式：

$$H = A + \frac{B}{v} + Cv$$

式中，A 为涡流扩散项；B/v 为分子扩散项；Cv 为传质阻力项；v 为流动相的线速度，即 $v = L/t_0$；A、B、C 均为常数，分别与固定相颗粒的平均直径、载气的分子量、组分在气相和液相中的扩散系数以及固定液液膜厚度等因素有关，但对已填充好的色谱柱来说，A、B、C 常数均已固定。

速率理论及范第姆特方程式对于研究影响高效液相色谱柱效的各种因素，同样具有指导意义。在高效液相色谱中，由于组分在液体中的扩散系数很小，分子扩散项（纵向扩散项 B/v）对色谱峰扩展的影响可以忽略，而传质阻力项（Cv）则成为影响柱效的主要因素，可见要提高高效液相色谱的柱效能，提高柱内填料装填的均匀性和减小粒度，以加快传质速率是非常重要的，而装填技术的优劣亦将直接影响色谱柱的分离效能。

除上述影响柱效的一些因素外，对于高效液相色谱还应考虑到一些柱外展宽的因素，其中包括进样器的死体积和进样技术等所引起的柱前展宽，以及由柱后连接管、检测器流通池体积所引致的柱后展宽。

常规分析型液相色谱柱的内径为 $2 \sim 7.5$mm，长度为 $10 \sim 30$cm，内填充粒度为 $3 \sim 10\mu$m 的微粒。本实验使用的色谱柱为 Econosphere C_{18}（3μm），100mm$\times$4.6mm。

三、仪器和试剂

仪器：高效液相色谱仪；紫外检测器；高压六通阀进样器；超声波清洗器，用于样品溶解，玻璃器皿清洗；25μL 微量注射器。

试剂：甲醇（AR），重蒸馏一次；甲苯（AR）；萘（AR）；联苯（AR）；正己烷（AR）；重蒸水。

标准储备液：配制含甲苯、萘、联苯各 1000μg · mL^{-1} 的甲醇（重蒸馏 1 次）溶液，备用。

标准溶液：用储备液分别配制含甲苯、萘、联苯各 10μg · mL^{-1} 的甲醇（重蒸馏 1 次）溶液，备用。

标准混合溶液：用储备液配制含甲苯、萘、联苯各 10μg · mL^{-1} 的甲醇（重蒸馏 1 次）标准混合溶液，备用。

四、实验步骤

① 将配制好的流动相于超声波清洗器上脱气 15min。

② 参照仪器说明书开机，并使仪器处于工作状态，并将实验条件调节如下：

柱温：室温；流动相：甲醇：水（88：12），流量 1.0mL · min^{-1}；检测器工作波长：254nm；进样量：10μL。

③ 在基线平直后，注入标准混合溶液 10μL，记录色谱图，再分别注入纯样对照。重复进样 1 次。

五、数据记录及结果处理

1. 记录实验条件
① 色谱柱与固定相。
② 流动相及其流量。
③ 检测器及其灵敏度。
④ 进样量。

2. 记录数据
确定组分的出峰顺序，测定各色谱图中甲苯、萘、联苯的保留时间 t_R 及相应色谱峰的半峰宽 $Y_{1/2}$，列于下表中，计算各对应的理论塔板数 n。

组分	次数	t_R/min	$Y_{1/2}$/min	n/块·m^{-1}
甲苯	1			
	2			
	平均			
萘	1			
	2			
	平均			
联苯	1			
	2			
	平均			

六、注意事项

1. 用微量注射器吸液时，要防止气泡吸入。首先将擦干净并用样品吸洗过的微量注射器插入样品液面后，反复提拉数次，驱除气泡，然后缓慢提升针芯到刻度线位置。

2. 室温较低时，为加速萘的溶解，可用红外灯稍稍加热。

七、思考题

1. 高效液相色谱柱一般可在室温下进行分离，而气相色谱柱则必须恒温，为什么？高效液相色谱柱有时也实行恒温，这又是为什么？

2. 高效液相色谱采用 $3\sim10\mu m$ 粒度的固定相有何优点，同时它又给实验带来什么问题，如何克服？

3. 紫外光度检测器是否可用于检测所有的有机化合物，为什么？

实验 7-2　果汁（苹果汁）中有机酸的分析

一、实验目的

1. 了解 HPLC 在食品分析中的应用。
2. 理解缓冲溶液在流动相中的作用。

3. 掌握内标法对组分进行定量分析的方法。

二、实验原理

在食品中，主要的有机酸是乙酸、乳酸、丁二酸、苹果酸、柠檬酸、酒石酸等。这些有机酸在水溶液中有较大的离解度。食品中有机酸的来源有三个：一是从原料中带来的；二是在生产过程中（如发酵）生成的；三是作为添加剂加入的。有机酸在波长 210nm 附近有较强的吸收。苹果汁中有机酸主要是苹果酸和柠檬酸。有机酸可以用反相 HPLC、离子交换色谱、离子排斥色谱等多种液相色谱方法分析。除液相色谱外，还可以用气相色谱和毛细管电泳等其他色谱方法分析。

本实验按反相 HPLC 设计。在酸性（如 pH＝2～5）流动相条件下，上述有机酸的离解得到抑制，利用分子状态的有机酸的疏水性，使其在十八烷基硅烷键合硅胶（ODS）固定相中保留。不同有机酸的疏水性不同，疏水性大的有机酸在固定相中保留时间长，较晚流出色谱柱，否则较早流出，从而使各组分得到分离。本实验选择酒石酸为内标物，对苹果汁中的苹果酸和柠檬酸进行定量测定。

三、仪器和试剂

仪器：高效液相色谱仪；紫外检测器；色谱柱，Zorbax ODS 150mm×4.6mm；超声波清洗器，用于样品溶解，玻璃器皿清洗；$20\mu L$ 微量注射器。

试剂：

苹果酸、柠檬酸和酒石酸标准溶液：准确称取一定量优级纯的苹果酸、柠檬酸和酒石酸，用重蒸水分别配制 $1000 mg \cdot L^{-1}$ 的溶液，使用时用蒸馏水或流动相稀释 5～10 倍。

苹果酸、柠檬酸和酒石酸混合标准溶液（各含 $100～200 mg \cdot L^{-1}$），用它们的浓溶液配制。

磷酸二氢铵溶液（$4 mmol \cdot L^{-1}$）：称取分析纯或优级纯磷酸二氢铵，用蒸馏水配制，然后用 $0.45\mu m$ 水相滤膜减压过滤。

样品：苹果汁（市售苹果汁用 $0.45\mu m$ 水相滤膜减压过滤后，置于冰箱中冷藏保存）。

四、实验步骤

① 参照说明书开机，并使仪器处于工作状态。参考条件如下：

Zorbax ODS 色谱柱（150mm×4.6mm）；$4 mmol \cdot L^{-1}$ 磷酸二氢铵溶液作为流动相，流速为 $1.0 mL \cdot min^{-1}$；柱温 30～40℃；紫外检测波长 210nm；进样量 $20\mu L$。

② 待基线稳定后，注入苹果酸、柠檬酸和酒石酸混合标准溶液，观察分离情况。

③ 调整流动相比例，使 3 种有机酸得到良好的分离。

④ 分别注入苹果酸、柠檬酸和酒石酸标准溶液，根据保留值进行定性。

⑤ 注入苹果酸、柠檬酸和酒石酸混合标准溶液（各含 $100～200 mg \cdot L^{-1}$），重复 3 次（峰面积误差＜3%），用于计算校正因子。

⑥ 注入待测苹果汁样品，重复 3 次（峰面积误差＜3%）。

⑦ 准确称量一定量的内标物酒石酸样品，加入准确称量的待测苹果汁样品中，记录各

自的称量值，摇匀待用。

⑧ 注入含有内标物的待测苹果汁样品，重复 3 次（峰面积误差＜3％）。

⑨ 按关机程序关机。

五、数据记录及结果处理

参照下表处理结果。

成分	保留时间/min	各次测定值/mg·L^{-1}	平均值/mg·L^{-1}
苹果酸			
柠檬酸			

六、注意事项

1. 各实验室的仪器设备不可能完全一样，操作时一定要参照仪器的操作规程。

2. 色谱柱的个体差异很大，即使是同一厂家的同型号色谱柱，性能也有差异。因此，色谱条件（主要是流动相配比）应根据所用色谱柱的实际情况作适当的调整。

七、思考题

1. 假设用 50％的甲醇或乙醇作流动相，你认为有机酸的保留值是变大，还是变小？分离效果会变好，还是变坏？说明理由。

2. 用酒石酸作内标物定量苹果酸和柠檬酸，对酒石酸有什么要求？

实验 7-3 可乐、咖啡、茶叶中咖啡因的高效液相色谱分析——外标法定量

一、实验目的

1. 理解反相化学键合相色谱法的原理和应用。

2. 掌握外标法定量。

二、实验原理

咖啡因又称咖啡碱，属黄嘌呤衍生物，化学名称为 1,3,7-三甲基黄嘌呤，是从茶叶或咖啡中提取而得的一种生物碱，它能兴奋大脑皮层，使人精神兴奋。咖啡中含咖啡因为 1.2％～1.8％，茶叶中含 2.0％～4.7％。可乐饮料、止痛药片等均含咖啡因，其分子式为 $C_8H_{10}O_2N_4$，结构式为：

咖啡因

在化学键合相色谱法中，对于亲水性的固定相常采用疏水性流动相，即流动相的极性小于固定相的极性，这种情况称为正相化学键合相色谱法。反之，若流动相的极性大于固定相的极性，则称为反相化学键合相色谱法，该方法应用非常广泛。本实验采用反相化学键合相色谱法。样品在碱性条件下，用氯仿定量提取，采用 Econosphere C_{18} 色谱柱进行分离，用紫外检测器进行检测，以咖啡因标准系列溶液的色谱峰面积对其浓度作工作曲线，再根据样品中的咖啡因峰面积，由工作曲线算出其浓度。

三、仪器和试剂

仪器：高效液相色谱仪；UV 检测器；流动相脱气装置；Econosphere C_{18}（$3\mu m$），100mm×4.6mm；平头微量注射器。

试剂：甲醇（色谱纯）；氯仿（AR）；咖啡因（AR）；NaCl（AR）；Na_2SO_4（AR）；1mol·L^{-1} NaOH；二次蒸馏水。

样品：可口可乐；雀巢咖啡；茶叶。

咖啡因标准储备溶液（1000mg·L^{-1}）：将咖啡因在 110℃ 下烘干 1h，准确称取 0.1000g 咖啡因，用氯仿溶解，定量转移至 100mL 容量瓶中，用氯仿稀释至刻度线。

四、实验步骤

① 按操作说明书使色谱仪正常工作 色谱条件如下。

柱温：室温

流动相：甲醇/水＝60/40

流动相流速：1.0mL·min^{-1}

检测波长：275nm

② 咖啡因标准系列溶液配制 分别用吸量管吸取 0.20mL、0.40mL、0.60mL、0.80mL、1.00mL、1.20mL、1.40mL 咖啡因标准储备液于 7 只 10mL 容量瓶中，用氯仿定容至刻度线，浓度分别为 20mg·L^{-1}、40mg·L^{-1}、60mg·L^{-1}、80mg·L^{-1}、100mg·L^{-1}、120mg·L^{-1}、140mg·L^{-1}。

③ 样品处理

a. 将约 100mL 可口可乐置于 250mL 洁净、干燥的烧杯中，剧烈搅拌 30min 或用超声波脱气 5min，以赶尽可乐中的二氧化碳。

b. 准确称取 0.25g 咖啡，用蒸馏水溶解，定量转移至 100mL 容量瓶中，定容至刻度线，摇匀。

c. 准确称取 0.30g 茶叶，用 30mL 蒸馏水煮沸 10min，冷却后，将上层清液转移至 100mL 容量瓶中，并按此步骤再重复 2 次，最后用蒸馏水定容至刻度线。

将上述三份样品溶液分别进行干过滤（即用干漏斗、干滤纸过滤），弃去前过滤液，取后面的过滤液备用。

分别吸取上述三份样品滤液 25.00mL 于 125mL 分液漏斗中，加入 1.0mL 饱和氯化钠溶液，1mL 1mol·L^{-1} NaOH 溶液，然后用 20mL 氯仿分三次萃取（10mL、5mL、5mL）。将氯仿提取液分离后经过装有无水硫酸钠的小漏斗中（在小漏斗的颈部放一团脱脂棉，上面铺一层无水硫酸钠）脱水，过滤于 25mL 容量瓶中，最后用少量氯仿多次洗涤无水硫酸钠小漏斗，将洗涤液合并至容量瓶中，定容至刻度线。

④ 绘制工作曲线　待液相色谱仪基线平直后，分别注入咖啡因标准系列溶液 $10\mu L$ 重复 2 次，要求 2 次所得的咖啡因色谱峰面积基本一致，否则，继续进样，直至每次进样色谱峰面积重复，记下峰面积和保留时间。

⑤ 样品测定　分别注入样品溶液 $10\mu L$，根据保留时间确定样品中咖啡因色谱峰的位置，再重复 2 次，记下咖啡因色谱峰面积。

⑥ 实验结束后，按要求关好仪器。

五、数据记录及结果处理

1. 根据咖啡因标准系列溶液的色谱图，绘制咖啡因峰面积与其浓度的关系曲线。

2. 根据样品中咖啡因色谱峰的峰面积，由工作曲线计算可口可乐、咖啡、茶叶中咖啡因含量（分别用 $mg \cdot L^{-1}$、$mg \cdot g^{-1}$ 和 $mg \cdot g^{-1}$ 表示）。

六、注意事项

1. 测定咖啡因的传统方法是先经萃取，再用分光光度法测定。由于一些具有紫外吸收的杂质会同时被萃取，所以，测定结果具有一定误差。液相色谱法先经色谱柱高效分离后再检测分析，测定结果准确。实际样品成分往往比较复杂，如果不先萃取而直接进样，虽然操作简单，但会影响色谱柱寿命。

2. 不同品牌的茶叶、咖啡中咖啡因含量不大相同，称取的样品量可酌量增减。

3. 若样品和标准溶液需保存，应置于冰箱中。

4. 为获得良好结果，标样和样品的进样量要严格保持一致。

七、思考题

1. 用标准曲线法定量的优缺点是什么？

2. 根据化学结构式，咖啡因能用离子交换色谱法分析吗？为什么？

3. 若用咖啡因浓度对峰高作标准曲线图，能给出准确结果吗？与本实验的标准曲线相比，何者优越？为什么？

4. 在样品干过滤时，为什么要弃去前过滤液？这样做会不会影响实验结果？为什么？

实验 7-4　反相离子对色谱法测定紫金龙中异紫堇定碱和原阿片碱的含量

一、实验目的

1. 理解反相离子对色谱法的原理和应用。

2. 掌握用标准曲线法定量的方法。

二、实验原理

中药材紫金龙是罂粟科（papaveraceae）紫金龙属（dactylicapnos Wall）紫金龙（dactylicapnos scandens）（D. Don）Hutch. 植物的干燥根茎，有消炎、镇痛、止血、降血压之功效，治疗各种疼痛、高血压、血崩、内伤出血、跌打损伤等。紫金龙的主要化学成分是生物碱类，其中以异紫堇定碱（isocorydine）和原阿片碱（protopine）含量最高，紫堇定碱具有解痉、舒张血管、抗疟原虫、有抗宫颈癌 SiHa 细胞增殖和辐射敏感性的影响以及抗心律不齐等多种药理作用；原阿片碱具有解痉镇痛、抗血栓、抗炎、抗胆碱、抗组胺和抑制肝癌细胞生长等多种作用。

异紫堇定碱　　　　　原阿片碱

反相离子对色谱法（reversed-phase ion-pair chromatography，RPIPC）是一种高效液相色谱（HPLC）技术，它通过在流动相中添加离子对试剂来改善某些分析物的分离效果。这种方法特别适用于那些在传统反相色谱中分离效果不佳的极性或离子性化合物。

在 RPIPC 中，流动相包含一种与分析物形成离子对的试剂，通常是表面活性剂或有机酸/碱。这些离子对的形成增加了分析物在固定相中的保留时间，从而改善了分离效果。离子对的形成还有助于减少分析物与固定相的非特异性相互作用，这对于提高色谱峰的对称性和分辨率非常重要。RPIPC 在多个领域中都有应用，包括药物分析、环境监测、食品安全检测等。例如，在药物分析中，RPIPC 可用于分离和定量药物中的活性成分和杂质；在环境监测中，它可用于检测水体中的重金属离子；在食品安全检测中，RPIPC 可用于检测食品中的有害物质，如农药残留。

三、仪器和试剂

仪器：高效液相色谱仪；UV 检测器；C_{18}（$5\mu m$，$250mm \times 4.6mm$）色谱柱。

试剂：甲醇（色谱纯）；乙腈（色谱纯）；异紫堇定碱标准品（98%）；原阿片碱标准品（98%）；十二烷基硫酸钠（AR）；磷酸二氢钠（AR）。

样品：中药材紫金龙；经 $0.45\mu m$ 微孔滤膜过滤的蒸馏水。

四、实验步骤

① 按操作说明书使色谱仪正常工作，色谱条件如下。

流动相：以乙腈（A）和 $1.5mmol \cdot L^{-1}$ 十二烷基硫酸钠溶液-$5mmol \cdot L^{-1}$ 磷酸二氢钠溶液（pH=5.4）（B）为流动相进行梯度洗脱，$0 \sim 10min$，$35\% \sim 50\%$ A；$10 \sim 20min$，$50\% \sim 85\%$ A；$20 \sim 25min$，$85\% \sim 100\%$ A。

流动相流速：$1.0mL \cdot min^{-1}$

检测波长：280nm

② 标准系列溶液配制　分别配制 $0.05mg \cdot mL^{-1}$、$0.1mg \cdot mL^{-1}$、$0.2mg \cdot mL^{-1}$、

$0.5mg \cdot mL^{-1}$、$1mg \cdot mL^{-1}$、$1.5mg \cdot mL^{-1}$、$2mg \cdot mL^{-1}$ 异紫堇定碱和原阿片碱的标准溶液，备用。

③ 样品处理　准确称取样品紫金龙 2.00g，加入 20mL 0.5% 盐酸溶液，超声 30min，过滤，继续重复此操作两次，所有滤液倒入 100mL 容量瓶中，用蒸馏水定容到 100mL，放 4℃冰箱备用。

④ 绘制工作曲线　分别注入各浓度异紫堇定碱和原阿片碱标准系列溶液 10μL，重复三次，要求三次所得的色谱峰面积基本一致，否则，继续进样，直至每次进样色谱峰面积重复，记下峰面积和保留时间。

⑤ 样品测定　分别注入样品溶液 10μL，根据保留时间确定样品中异紫堇定碱和原阿片碱色谱峰的位置，再重复两次，记下异紫堇定碱和原阿片碱色谱峰面积。

⑥ 实验结束后，按要求关好仪器。

五、数据记录及结果处理

1. 根据异紫堇定碱和原阿片碱标准系列溶液的色谱图，绘制异紫堇定碱和原阿片碱峰面积与其进样质量的关系曲线。

2. 根据样品中异紫堇定碱和原阿片碱色谱峰的峰面积，由工作曲线计算异紫堇定碱和原阿片碱含量（分别用 $mg \cdot L^{-1}$ 和 $mg \cdot g^{-1}$ 表示）。

六、注意事项

1. 不同产地紫金龙中异紫堇定碱和原阿片碱的含量存在差异，称取的样品量可酌量增减。

2. 本次实验流动相中含有无机盐，实验结束后应采用 5% 甲醇-水低流速下冲洗高效液相色谱仪 24h 以上，然后用 95% 甲醇-水冲洗色谱柱 30min 保存备用。

3. 所有流动相和样品均要经 0.45μm 微孔滤膜过滤后方可使用。

七、思考题

1. 比较标准曲线法和外标法的优缺点。

2. 根据异紫堇定碱和原阿片碱的结构式，能否用常规反相液相色谱法？若能，两种方法的优缺点各是什么？

 实验 7-5　水杨酸钠注射液中水杨酸钠的含量的测定

一、实验目的

1. 了解注射液含量测定的方法与应用。

2. 了解弱酸、弱碱在液相色谱中的应用。

二、实验原理

水杨酸钠（sodium salicylate）又名邻羟基苯甲酸钠，为白色或微显淡红色的细微鳞片，或为白色粉末及球状颗粒，用于治疗风湿症等。水杨酸钠注射液是由水杨酸钠加适宜的抗氧化剂和金属络合物制成的灭菌水溶液。静脉注射用于马、牛、羊、猪、犬的风湿症，是一种解热镇痛药。

水杨酸钠

高效液相色谱法（HPLC）是一种广泛应用于化学分析中的技术，它利用不同组分在固定相和流动相之间的分配系数差异来实现分离。在 HPLC 中，弱酸和弱碱的应用尤为重要，因为它们可以调节流动相的 pH 值，从而影响分析物的电荷状态和保留行为。通过添加弱酸或弱碱，可以精确控制流动相的 pH 值，这对于分离某些对 pH 敏感的化合物至关重要。例如，一些药物分子可能在特定 pH 值下会发生质子化或去质子化，从而改变其在色谱柱上的保留时间。改变 pH 值可以改变分析物的电荷状态，进而影响其与固定相的相互作用。对于某些难以分离的同分异构体，通过调整 pH 值可以实现更好的分离效果。

三、仪器和试剂

仪器：高效液相色谱仪；UV 检测器；C_{18}（$5\mu m$，$250mm\times4.6mm$）色谱柱。
试剂：乙腈（色谱纯）；冰乙酸（色谱纯）；水杨酸钠对照品（98%）。
样品：水杨酸钠注射液；经 $0.45\mu m$ 微孔滤膜过滤的蒸馏水。

四、实验步骤

① 按操作说明书使色谱仪正常工作，色谱条件如下。
流动相：水-乙腈-冰乙酸（197:100:3）；
流动相流速：$1.0mL\cdot min^{-1}$；
检测波长：230nm。
② 标准溶液配制　精确称取水杨酸钠对照品 25mg，置于 100mL 容量瓶中，加流动相溶解并稀释至刻度线，摇匀，作为对照品储备液。分别精确量取储备液适量，用流动相分别稀释至浓度为 $25mg\cdot L^{-1}$、$50mg\cdot L^{-1}$、$100mg\cdot L^{-1}$、$250mg\cdot L^{-1}$、$500mg\cdot L^{-1}$ 的溶液。
③ 样品处理　精确量取水杨酸钠注射液 5mL，置于 100mL 容量瓶中，加流动相溶解并稀释至刻度线，摇匀；精确量取上述供试品溶液 5mL，置于 100mL 容量瓶中，加流动相溶解并稀释至刻度线，摇匀，作为对照品溶液。
④ 绘制工作曲线　分别注入水杨酸钠标准系列溶液 $10\mu L$，重复三次，要求三次所得的水杨酸钠色谱峰面积基本一致，否则，继续进样，直至每次进样色谱峰面积重复，记下峰面积和保留时间。
⑤ 样品测定　分别注入样品溶液 $10\mu L$，根据保留时间确定样品中水杨酸钠色谱峰的位

置，再重复两次，记下水杨酸钠色谱峰面积。

⑥ 实验结束后，按要求关好仪器。

五、数据记录及结果处理

1. 根据水杨酸钠标准系列溶液的色谱图，绘制水杨酸钠峰面积与其进样质量的关系曲线。

2. 根据样品中水杨酸钠色谱峰的峰面积，由工作曲线计算水杨酸钠含量（分别用 $mg \cdot L^{-1}$ 和 $mg \cdot g^{-1}$ 表示）。

六、注意事项

1. 水杨酸钠的保留时间受 pH 值影响较大，因此需要精确控制流动相的 pH 值，以确保水杨酸钠的保留时间和峰形的一致性。

2. 样品处理过程中避免降解和污染。注射液应适当稀释，以适应色谱系统的分析范围。

3. 所有流动相和样品均要经 $0.45\mu m$ 微孔滤膜过滤后方可使用。

七、思考题

1. 在 HPLC 测定水杨酸钠含量的实验中，可能存在哪些误差来源？如何减小这些误差？

2. 在 HPLC 实验中，应采取哪些安全措施以防止有机溶剂的危害和确保实验室的安全？

第一节　概述

根据物质在溶液中的电化学性质及其变化来进行分析的方法称为电分析化学法（electroanalytical chemistry），它是以电位、电导、电量和电流等电参量与被测物质之间的关系作为计量的基础。根据测量的电参量的不同，可分为电位分析法、电导分析法、电解分析法、库仑分析法以及伏安分析法和极谱分析法等。

（一）电位分析法

电位分析法是利用化学电池内电极电位与溶液中某种组分浓度的对应关系，实现定量测定的一种电化学分析法。电极电位是通过测定置于溶液中的指示电极和参比电极之间的电位差获得的。指示电极是指电位随溶液中待测离子活度（或浓度）的变化而变化，并能反映出待测离子活度（或浓度）的电极；参比电极则是电极电位恒定，不受溶液组成或电流方向变化影响的电极。

电位分析主要有两种方法，即直接电位法和电位滴定法。

将指示电极和参比电极浸入被测试液中，构成化学电池。测定过程中，参比电极的电位保持恒定，指示电极的电位随试液中某组分活度变化而变化。对于氧化还原体系，根据能斯特（Nernst）方程，电极电位 E 与溶液中离子活度之间的关系为：

$$E = E^{\ominus} + \frac{RT}{nF} \ln \frac{a_{Ox}}{a_{Red}}$$

在 25℃时，

$$E = E^{\ominus} + \frac{0.059}{n} \lg \frac{a_{Ox}}{a_{Red}}$$

直接电位法是在零电流条件下，测定指示电极与参比电极之间的电位差（即所构成原电池的电动势），进而求得被测组分的活度，在一定条件下亦可测得被测组分的浓度。应用包括用离子选择性电极测定溶液中离子浓度以及某些场合用选择性传感电极进行物质的在线监测。

电位滴定法是通过测定滴定过程中电池电动势的变化来确定滴定终点的滴定分析法。

电位分析中常用的离子选择性电极是 20 世纪 60 年代发展起来的一类新型电化学传感器，它是由特殊材料的固态或液态敏感膜构成，对待测溶液中特定离子有选择性响应的电极。在一定条件下，膜电位与溶液中待测离子活度的对数呈线性关系，即遵循 Nernst 方程。其响应机理是在相界面上发生了离子交换和扩散，而非电子转移，与由氧化反应而产生电位的金属电极有着本质的不同。此类电极具有灵敏度高、选择性好等优点，是电位分析法（直接电位法和电位滴定法）中应用最广的指示电极。

（二）电解分析法

各种不同的离子具有不同的还原电位，这是电解分析法分离各种元素的基础。实际分解电压通常比理论计算的分解电压大，一方面是因为电解质溶液有一定的电阻，电流通过时一部分电压用于克服整个电路中的电位降；另一方面，还有一部分电压用于克服因极化现象产生的阳极反应和阴极反应的过电位。因此，电解时为使反应能顺利进行，对阴极反应而言，必须使阴极电位比其平衡电位更负；对阳极反应而言，则必须使阳极电位比其平衡电位更正。电解过程中，在电极上析出物质的质量与通过电解池的电量之间的关系遵守法拉第（Faraday）定律：

$$W = MQ/nF$$

式中，W 为在电极上析出物质的质量，g；M 为分子的摩尔质量，$g \cdot mol^{-1}$；n 为电子计量系数；F 为 Faraday 常数，$96487C \cdot mol^{-1}$；Q 为电量，C。如果通过电解池的电流是恒定的，则

$$Q = it$$

因此有

$$W = itM/nF$$

如果电流不恒定，随时间不断变化，则

$$Q = \int_0^\infty i \, dt$$

根据 Faraday 定律，可用重量法、气体体积法或其他方法测得电极上析出物质的质量，再求出通过电解池的电量；相反，测定通过电解池的电量，则可求算出电极上析出物质的质量。

电重量分析法不要求电流效率为 100%，但要求副反应产物不沉积在电极上。库仑分析法则要求电流效率为 100%，即电极反应按化学计量进行，无副反应。在常规分析中，电流效率不低于 99.9%。

（三）极谱分析法和伏安分析法

极谱分析法和伏安分析法是特殊的电解分析方法，以小面积、易极化的电极作为工作电极，以大面积、不易极化的电极作为参比电极组成电解池，电解被分析物质的稀溶液，由所测得的电流-电压特性曲线来进行定性和定量分析的方法。当以滴汞电极（dropping mercury electrode）作为工作电极时的伏安分析法，称为极谱分析法（polarography），它是伏安分析法的特例。

1. 极谱分析法

极谱分析法是一种特殊的电解方法，与普通电解装置一样，由三部分组成。

它采用一个面积很大的饱和甘汞电极（saturated calomel electrode，SCE）作为阳极，阳极是不极化的可逆电极，其电位有固定值。一个面积很小的滴汞电极（dropping mercury electrode，DME，见图 8-1）作为阴极进行电解，如图 8-2 所示。通过连续改变加在工作电极和参比电极上的电压，并记录电流的变化——绘制 i-E 曲线，如图 8-3 所示。

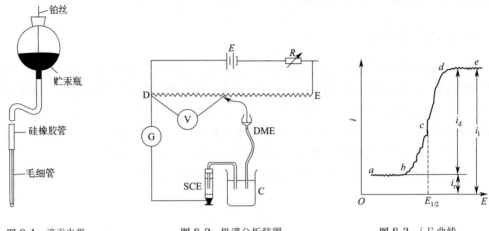

图 8-1 滴汞电极　　　　　　　图 8-2 极谱分析装置　　　　　　　图 8-3 i-E 曲线

曲线的 ab 段称为残余电流 i_r，是由溶液中微量杂质（尤其是溶液中未除尽的氧）被还原形成的电解电流和滴汞电极在成长和滴落过程中，滴汞面积不断改变所引起的充电电流两部分构成。当电压增加到金属离子的分解电压后（bd 段），电流随电压的增加而迅速增加，此时金属离子在阴极（滴汞电极）发生还原反应，生成金属，并有可能与汞生成汞齐：

$$M^{n+} + ne^- + Hg \Longrightarrow M(Hg)$$

在阳极发生氧化反应：

$$2Hg - 2e^- + 2Cl^- \Longrightarrow Hg_2Cl_2$$

由于 M^{2+} 在电极上的还原，滴汞电极表面的 M^{2+} 浓度 C_0 小于本体溶液中 M^{2+} 的浓度 C，产生了浓度差，于是 M^{2+} 就要从浓度较高的本体溶液向浓度较低的电极表面扩散，扩散到电极表面的 M^{2+} 立即在电极表面还原，产生持续不断的电解电流——扩散电流 i，该电流与 M^{2+} 的浓度梯度成正比：

$$i = K(C - C_0)$$

当电压继续增加超过 d 点后（de 段），滴汞电极的电位变得更负时，电极反应加快使得电极表面的 M^{2+} 浓度 C_0 趋近于零，这时到达极限扩散状态，即电流的大小取决于 M^{2+} 从溶液主体向电极表面的扩散速率，即使滴汞电极电位再向负的方向移动，电流也不再增加。所以在极限扩散状态下，电流与 M^{2+} 在主体溶液中的浓度成正比：

$$i_d = KC$$

式中，i_d 称为极限扩散电流；K 值与实验条件有关，在底液、温度、毛细管特性和汞压等不变的情况下，K 为常数。上式为极谱定量分析的基础；而对应于扩散电流一半处 c 点的电位称为半波电位 $E_{1/2}$，其数值与被还原离子的自身性质和所处的溶液体系有关，与被还原离子的浓度无关，因此半波电位 $E_{1/2}$ 是进行极谱定性分析的基础。但根据半波电位进行定性鉴定的实用意义不大，更多的是用半波电位来选择合适的底液，以避免共存组分对定量测定的干扰。

在极谱分析过程中，离子除了从溶液主体向电极表面的扩散以外，电极对待测离子的静电引力导致更多离子移向电极表面，并在电极上还原而产生电流，此电流称为迁移电流（migration current），它不是由于浓度梯度引起的扩散电流，与待测物浓度无定量关系，故应设法消除，通常是加入支持电解质（或称惰性电解质）——类似于缓冲液的方法加以消除。支持电解质在较宽的电位范围内不会发生电极反应，常用的支持电解质有 KCl、HCl、KNO_3、Na_2SO_4 等，加入支持电解质的浓度应为被测组分浓度的 50～100 倍。

2. 溶出伏安法

经典极谱法测定的灵敏度不够高，为了测定含量较低的组分，尤其是痕量组分，可采用溶出伏安法。这是一种将富集和测定相结合的方法，测定时先在恒电位下进行预电解，将待测组分沉积在静止电极上而得到富集，然后将电极电位由负电位向正电位快速扫描（或相反方向），使已富集的金属重新以离子状态溶入溶液中，这一过程称为"溶出"，实验中记录这一溶出阶段呈峰状的伏安曲线。在其他实验条件恒定时，曲线的峰高与溶液中金属离子的浓度成正比，由此可求算出待测金属的含量。由于经历了富集阶段，测定的灵敏度高于一般的极谱分析法。

3. 伏安滴定法

根据伏安曲线的原理，可以确定滴定反应的化学计量点。若在两电极间加一恒定的电压，通过观察电流随滴定百分数或加入滴定剂的体积变化，确定滴定的化学计量点，这种方法称为电流滴定；若保持电流恒定，通过观察电极电位在滴定过程中的变化情况来确定滴定化学计量点，则称为电位滴定。

第二节　电分析化学仪器的结构及使用

一、电位分析仪器的结构与使用

1. 直接电位法仪器

电位分析法对于所用仪器要求输入阻抗大、精密度高和稳定性好。仪器的输入阻抗应与电极内阻相匹配，前者应大于后者至少 1000 倍，才可使测定仪器测出的电压与电池的电动势充分接近而减少电位测定误差。仪器的精度高，可降低测定的相对误差。直接电位法常用 pH 计或离子计测定溶液的 pH 值或电位值。

（1）pHS-2 型酸度计及操作

pHS-2 型酸度计是比较精密且实验室广泛使用的酸度计，用于测定 pH 值时，可测 0～14 范围内的 pH 值，分成 7 挡量程，每挡 2 个 pH 值，精度为 ±0.02pH。该仪器也可用于测量电动势，测量范围为 0～±1400mV，也分 7 挡量程，每挡 200mV，最小分度为 2mV。该酸度计具有工作稳定、线性好、输入阻抗高、输出阻抗小等优点，为了补偿电极的不对称电位和接界电位，仪器设有定位调节器。pHS-2 型酸度计的面板功能如图 8-4 所示。

① 测量电动势的操作

a. 预热：接通电源，根据电极连接的情况，按下合适的"－mV"按键 13 或"＋mV"按键 14，指示灯 1 亮。为使零点稳定，需预热 30min 以上。

b. 零点调节：将量程选择开关 8 指向"0"，转动零点调节旋钮 12，使指针指在刻度中心"1"或"－1"。

c. 校正：将量程选择开关 8 指向"校正"，转动校正旋钮 9，使指针指在满标处"2.0"（＋mV）或"－2.0"（－mV）。

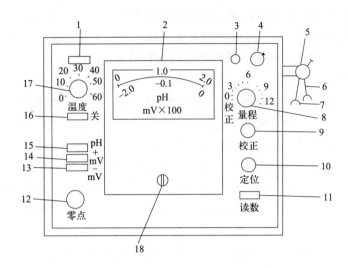

图 8-4 pHS-2 型酸度计的面板功能图

1—指示灯；2—读数电表；3—甘汞电极接线柱；4—离子电极插孔；5—电极夹固定螺钉；6—离子电极夹；

7—甘汞电极夹；8—量程选择开关；9—校正旋钮；10—定位旋钮；11—读数开关；12—零点调节旋钮；

13——mV 按键；14—+mV 按键；15—pH 按键；16—电源开关；17—温度补偿旋钮；18—电表调零螺丝

d. 重复操作上述步骤，至示值稳定为止。

e. 定位：将量程选择开关 8 指向 "0"，按下读数开关 11，转动定位旋钮 10，使指针指在刻度 "0" 处，松开读数开关 11。

f. 安装电极：将电极分别插入插孔 4，接于接线柱 3 上。

g. 测量：将电极浸入被测溶液中，按下读数开关 11，调节量程选择开关 8，至能读出指示值。如量程选择开关 8 指向 "2"，负刻度读数为 "0.25"，则溶液的 "−mV" 值为 $(2+0.25)\times100=225$。

注意：读数时应使眼睛、指针和镜中的影像三者在一直线上。

② 测量 pH 操作

a. 预热：接通电源，根据电极连接的情况，按下 pH 按键 15（见图 8-4），指示灯 1 亮。为使零点稳定，需预热 30min 以上。

b. 安装电极：玻璃电极插头插入离子电极插孔 4，甘汞电极引线接在接线柱 3 上。

c. 温度补偿：将温度补偿旋钮 17 旋至被测溶液的温度值处。

d. 零点调节：将量程选择开关 8 指向 "6"，转动零点调节旋钮 12，使指针指在刻度中心 "1"。

e. 校正：将量程选择开关 8 指向 "校正"，转动校正旋钮 9，使指针指在满标处 "2.0"。

f. 重复操作上述步骤，直至示值稳定为止。

g. 定位：在被测溶液与标准缓冲溶液温度相同的条件下，查出该温度下标准缓冲溶液的 pH 值。于小烧杯中加入标准缓冲溶液，放入搅拌子，浸入电极，开动搅拌器，将量程选择开关 8 旋至与已知 pH 值相应处，按下读数开关 11，转动定位旋钮 10，使指针稳定指在该 pH 值处（量程选择开关的指示值加上指针的指示值）。调好后，松开读数开关 11，撤去溶液，淋洗电极，再用滤纸吸干电极上附着的水分。

h. 测量：将电极浸入被测溶液中，按下读数开关 11，调节量程选择开关 8，至能读出指示值，量程选择开关的指示值加上指针的指示值即为被测溶液的 pH 值。

（2）pHS-3C 型酸度计及操作

pHS-3C 型酸度计是采用 LED 显示的数字式 pH 计，可使用复合电极或一般离子选择性电极，操作简单，广泛用于测定溶液的 pH 值和电极电位。其主机的前后面板功能如图 8-5 所示。

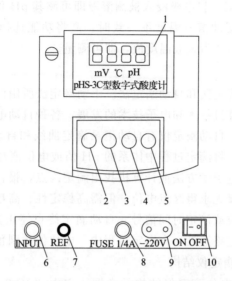

图 8-5　pHS-3C 型酸度计前面板和后面板功能示意图

1—显示窗口；2—定位调节器；3—斜率调节器；4—温度补偿调节器；5—功能选择开关；

6—输入电极插座；7—参比接线柱；8—保险丝座；9—电源插座；10—电源开关

pHS-3C 型酸度计操作：

① 使用前的准备　把仪器平放于桌面上，旋上升降杆，固定好电极夹；将已活化 24h 的测定电极，标准缓冲溶液准备就绪；接通电源，打开电源开关 10，仪器预热 10min 后可进行测定。

② 测量 mV 的操作

a. 将功能选择开关 5 置于"mV"挡。

b. 将短路插头旋入输入电极插座 6，并旋紧，用螺丝刀调节底面板上"调零"电位器，使仪器显示"000"（通常情况下不需要调）。

c. 旋下短路插头，将测量电极插头旋入输入电极插座 6，并旋紧，同时将参比电极接入参比接线柱 7（使用复合电极无须接入），并将两电极插入被测溶液中，待仪器稳定数分钟后，仪器显示值即为所测溶液的 mV 值。

③ 测量 pH 值的操作　在测量溶液 pH 值前，需先对仪器进行标定，通常采用两点定位标定法，操作如下：

a. 功能选择开关 5 置于"mV"挡，将短路插头旋入输入电极插座 6，并旋紧，用螺丝刀调节底面板上"调零"电位器，使仪器显示"000"；再将功能选择开关 5 置于"℃"挡，调节温度补偿调节器 4 使显示器显示被测溶液的温度。

b. 功能选择开关 5 置于"pH"挡，将活化后的测量电极旋于输入电极插座 6，并将其浸入 $pH_2 = 4.00$ 的标准 pH 缓冲溶液中，待仪器响应稳定后，调节定位调节器 2，使仪器显示为"4.00"pH值。

c. 取出电极，用去离子水冲洗，滤纸吸干，再插入$pH_2=9.18$的标准pH缓冲溶液中。待仪器响应稳定后，调节斜率调节器3，使仪器显示为$\Delta pH=pH_2-pH_1=5.19$，此后不要再动斜率调节器3，重新调节定位调节器2，使仪器显示$pH_2=9.18$。（以上所显示的pH值均为标准缓冲溶液在25℃情况下的显示值）

d. 至此，仪器标定结束，将电极浸入被测溶液即可测其pH值。

e. 若被测溶液与标准缓冲溶液温度不一致时，需将功能选择开关5置于"℃"挡，调节温度补偿调节器4使显示值为试液温度值，即可测量。

2. 电位滴定法仪器

电位滴定法分为手动滴定法和自动滴定法。手动滴定法所用仪器简单，为pH计或离子计，但操作不便。随着计算机技术和电子技术的发展，各种自动电位滴定仪相继出现，使滴定更加准确、快速和方便。自动滴定仪有自动记录滴定曲线和自动滴定终点停止两种方式。自动记录滴定曲线的方式是将滴定过程中体系的pH值或电位值对所加的滴定剂体积变化曲线自动记录下来，然后由电子学方法或计算机找出滴定终点，报告所消耗的滴定剂体积。它的特点是使用方便，不需事先求得终点电位，但需高稳定性、高精确度的输液体系，以使滴定剂的体积准确转变成电位或滴定时间信号。自动滴定终点停止方式需事先求得滴定终点，将仪器终点电位先置于预定终点处，在滴定过程中，电位值达到预定值时滴定自动停止。

（1）ZD-2型自动电位滴定仪结构

图8-6为ZD-2型自动电位滴定仪结构示意图，它由"ZD-2型电位滴定计"和"DZ-1型滴定装置"组成。

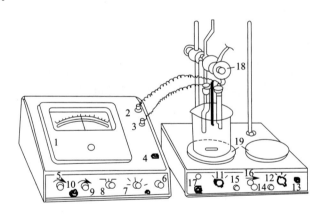

图8-6　ZD-2型自动电位滴定仪

1—指示电表；2—离子电极插孔（一）；3—甘汞电极插孔；4—读数开关；5—预控制调节器；6—校正器；
7—温度补偿旋钮；8—选择器；9—预定终点调节器；10—滴液开关；11—电磁阀选择开关；12—工作开关；
13—滴定开始按键；14—终点指示灯；15—滴定指示灯；16—搅拌转速调节器；17—搅拌开关及指示灯；
18—电磁阀；19—磁力搅拌器

（2）ZD-2型自动电位滴定仪操作

① 准备工作　把"ZD-2型电位滴定计"和"DZ-1型滴定装置"按图装配，仪器后面用双头插塞线连接。玻璃电极接插孔2，甘汞电极接仪器插孔3。滴定管内装入滴定剂，滴定管下端与电磁阀18的橡皮管上端连接，橡皮管的下端与玻璃毛细管连接。注意毛细管出口

应比指示电极（如玻璃电极）略高，使滴出液可从毛细管流出。

a. pH 滴定的校正：把 2 个电极浸入标准缓冲溶液中，将温度补偿旋钮置于实际温度位置，开动搅拌器，按下读数开关 4。调节校正器 6，使指针刚好指在校正温度下的标准缓冲溶液的 pH 值位置上，再次按读数开关 4，使之松开，指针应退回至 pH 值为 7 处。

b. 电位（mV）滴定的校正：松开玻璃电极插孔的电极，按下读数开关 4，根据测量范围 $-700 \sim +700\text{mV}$ 或 $-1400 \sim +1400\text{mV}$ 的不同要求，用校正器 6 调节电表指针在 $\pm 700\text{mV}$ 或 0mV 处。校正后，不得再旋转校正器 6。

② 手动滴定

a. 把烧杯放在左边电磁阀下，把电磁阀选择开关 11 扳向"1"。

b. 把工作开关 12 扳向手动位置。

c. 把选择器 8 转向"测量 mV"或"测量 pH"挡。按下读数开关 4，指针的位置表示被测溶液的起始电位或起始 pH 值。

d. 读取滴定剂起始体积数，按下读数开关 4，工作开关 12 指在"滴定"，按下滴定开始按键 13，终点指示灯 14 亮，滴定指示灯 15 亮或时亮时暗。放开滴定开始按键 13，则标准溶液停止流入试液中，两指示灯都熄灭。

e. 每加入一定体积的标准溶液，记录一次 $V\text{-mV}$ 或 $V\text{-pH}$，直到超过化学计量点为止。

③ 自动滴定

a. 把工作开关 12 指向"滴定"。

b. 把选择器 8 转向"终点"处，按下读数开关 4，转动预定终点调节器 9，使指针指在终点电位或终点 pH 上。

c. 将选择器 8 旋向"pH 滴定"或"mV 滴定"，指针所指的值即起始 pH 值或起始电位（mV）值。

d. 比较起始电位（或 pH 值）与终点电位（或 pH 值）的大小，若前者小于后者，滴液开关 10 指向"—"，否则，指向"+"。

e. 按下滴定开始按键 13 约 2s，终点指示灯 14 亮，滴定指示灯 15 时熄时亮，滴定自动进行。滴液速度可由预控制调节器 5 调节，向左旋动滴定速度快，向右旋动滴定速度慢。

f. 当电表指针到终点值时，滴定指示灯熄灭，滴定结束。

最后，先放开读数开关 4，把电极从溶液中取出。关闭全部电路开关，放松电磁阀的支头螺丝，实验完毕。

二、电解分析仪器的结构与使用

电解分析法有控制电流电解法（恒电流电解）和控制电位电解法。控制电流电解法是在电解过程中不断地调节外加电压，使通过电解池的电流恒定在 $0.5 \sim 5\text{A}$ 来进行电解的。其装置如图 8-7 所示。

控制电位电解法是在电解分析过程中为了使两种及两种以上金属离子定量分离，而把电位控制在一定范围内进行电解的方法。控制电位电解分析法包括控制阴极电位电解分析法和控制阳极电位电解分析法，其中主要是控制阴极电位电解分析法，其基本装置如图 8-8 所示，由甘汞电极、铂网电极和电位计组成控制阴极电位系统，电位计可显示相对于甘汞电极电位的阴极电位；由直流电源 E、可变电阻 R 及电解池组成电解装置，电解时，通过不断调节可变电阻 R 以调节外加电位的大小，进而调节阴极电位。显然，使用这种装置进行分析时，操作十分麻烦。

　　自动控制电位电解装置能大大简化操作手续。自动控制电位电解装置由恒电位电解装置、库仑测定仪和电解池组成。

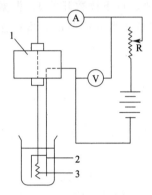

图 8-7　控制电流电解装置
1—搅拌马达；2—网状铂电极（阴极）；
3—螺旋状铂电极（阳极）

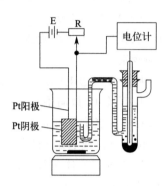

图 8-8　控制阴极电位电解装置

　　恒电位电解装置的功能是在电解过程中自动调节工作电极与对电极之间的电解电压而保持工作电极与参比电极之间的电位差为常数，并可在一定范围内设定，其结构有电机自动平衡式或全电子式。电机自动平衡式恒电位电解装置的结构原理如图 8-9 所示，可用于控制电位电解重量分析、控制电位库仑分析（需带库仑测定装置）。

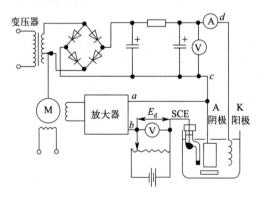

图 8-9　电机自动平衡式恒电位电解装置结构原理图

三、库仑分析法的仪器结构与使用

1. 控制电位库仑分析法的仪器结构与使用

　　控制工作电极电位的库仑分析法称为控制电位库仑分析法。在控制电位电解的线路中，串联一个库仑计，就构成了控制电位库仑分析装置，如图 8-10 所示。

　　进行库仑分析时，必须准确地测定通过电解池的电量。因而库仑仪是在电解时测定电量的仪器，电量测定的准确度是决定库仑分析准确度的重要因素之一。

2. 库仑滴定法的仪器结构与使用

库仑滴定法是建立在控制电流电解过程基础上的库仑分析法，其装置如图 8-11 所示。测定时恒定的电流通过电解池，由于工作电极上的电极反应产生一种"滴定剂"与被测物质进行定量反应，当被测物质反应完全后，终点指示系统发出终点信号，电解立即停止，从计时器获得电解所需时间。根据法拉第电解定律 $W = itm/nF$，由电流强度 i 和电解时间 t 即可计算被测物质的质量 W。

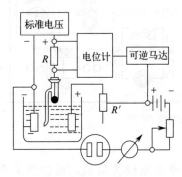
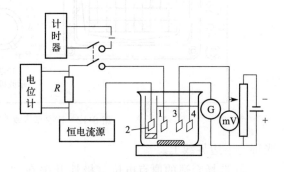

图 8-10 控制电位库仑分析装置   图 8-11 库仑滴定装置

1，3，4—工作电极；2—辅助电极

四、极谱和伏安分析的仪器结构与使用

1. 电化学分析仪简介

不同电化学分析原理产生相应的电化学测定技术，包括各种伏安法、电流法、库仑法、溶出法及电位法。除电位法外，现在一般电化学分析仪器都不再局限于单一功能。就仪器名称上，从极谱仪或伏安仪到功能伏安仪，再到综合电化学分析仪就是这种趋势的体现。

国内外有多家生产电化学分析仪的厂家，产品更新速度较快。仪器开发功能主要有：循环伏安法（CV）、线性扫描伏安法（LSV）、计时电流法（CA）、计时电量法（CC）、差分脉冲伏安法（DPV）、常规脉冲伏安法（NPV）、方波伏安法（SWV）及电流-时间曲线等。

一方面，电化学分析仪常有单通道和双通道恒电位仪之分，前者只能用于单通道的电化学测定，即只能用于一个工作电极的测定；而后者则是双通道的，可用于两个工作电极的测定。

另一方面，电化学分析仪也向小型、便携式方向发展。它不仅可作为独立的分析仪器，还可以作为液相色谱、流动注射或毛细管电泳等的检测器。

2. JP-2 型示波极谱仪

（1）板面功能

JP-2 型示波极谱仪的板面功能如图 8-12 所示。

（2）仪器操作步骤

① 检查仪器背面的电缆线及连接电解池的电缆线是否接好。

② 打开电源开关之前，不能将三个电极浸入电解池中，以免损坏毛细管。

③ 提高贮汞瓶至合适的高度。

④ 调节光亮度（不能太亮，否则会烧坏荧光屏），旋转上下调节旋钮，把光点调节在荧

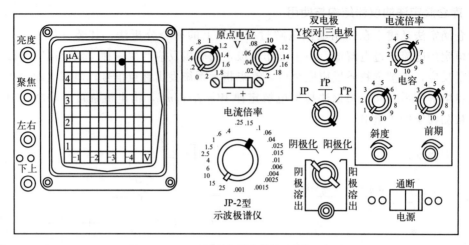

图 8-12 JP-2 型示波极谱仪的板面功能示意图

光屏左下边界线上。

⑤ 选择合适的原点电位（极性开关在"一"时，原点电位为负值，极性开关在"＋"时，原点电位为正值）和电流倍率，注意电流倍率一般低于 0.06。

⑥ 选择合适的导数开关，导数开关在常规 IP 为单扫描极谱的峰高，在 I'P 为一次导数，在 I''P 为二次导数。

⑦ 把电极开关从 Y 校对扳到三电极。

⑧ 把测定开关从阴极溶出扳到"阴极化"，此时测定的是还原波；"阳极化"时测定的是氧化波。若测定开关扳到"阳极溶出"或"阴极溶出"，此时，滴汞电极必须用悬汞电极或其他固体电极代替。

⑨ 如有需要，调节"电容补偿"旋钮，校准光点跳动；调节"斜度补偿"旋钮，校准基线平直。

⑩ 实验完毕后，移开电解池，用水冲洗电极，再用滤纸吸干，放低贮汞瓶，最后断开电源。

 实验 8-1 水样的 pH 值测定

一、实验目的

1. 学习酸度计的使用方法。
2. 了解电位法测定水 pH 值的原理和方法。

二、实验原理

在日常生活和工农业生产中，所用水的质量都有一定标准。在进行水质检验时，水的 pH 值是重要的检验项目之一，如生活饮用水 pH 值要求为 6.5～8.5；低压锅炉水要求 pH 值为 10～12；电子工业、实验试剂配制则需要中性的高纯水。

现在测定水的 pH 值比较精确的方法是电位法，该法是将玻璃电极（指示电极）、饱和甘汞电极（参比电极）与待测试液组成原电池，用酸度计测定其电势。原电池用下式表示：

$$\underset{\text{玻璃电极}}{\underline{Ag|AgCl(s)|HCl(0.1mol \cdot L^{-1})|玻璃膜}}\underset{\text{被测溶液}}{\underline{试液溶液(x\,mol \cdot L^{-1})}} \parallel \underset{\text{甘汞电极}}{\underline{KCl(饱和)|Hg_2Cl_2(s)|Hg}}$$

玻璃电极为负极，饱和甘汞电极为正极。在一定条件下，电池的电动势 E 与 pH 值呈直线函数关系。

$$E_{电池} = K' + \frac{2.303RT}{F}pH_{试}$$

由上式看出，求出 $E_{电池}$ 和 K'，即可知道试液的 pH 值。$E_{电池}$ 可通过测定求得，而 K' 是由内外参比电极及难于计算的不对称电位和液接电位所决定的常数，很难求得。在实际测定时，选用和待测试液 pH 值相近的，已知 pH 值的标准缓冲溶液在 pH 计上进行校正（这个过程叫定位），通过以上步骤，可在酸度计上直接读出试液的 pH 值。一支电极应使用两种不同 pH 值的标准 pH 缓冲溶液进行校正，两种缓冲溶液定位的 pH 值误差应在 0.05 之内。

三、仪器和试剂

仪器：酸度计；E-201-C9 型复合 pH 电极一支（或 231 型玻璃电极和 232 型饱和甘汞电极各一支）；50mL 烧杯。

试剂：

pH=4.00 标准缓冲溶液（20℃）：称取（115±5）℃下烘干 2～3h 的一级纯邻苯二甲酸氢钾（$KHC_8H_4O_4$）10.12g 溶于不含 CO_2 的蒸馏水中，在容量瓶中稀释至 1000mL，贮于塑料瓶中。

pH=6.88 标准缓冲溶液（20℃）：称取一级纯磷酸二氢钾（KH_2PO_4）3.39g 和磷酸氢二钠（Na_2HPO_4）3.53g，将它们溶于不含 CO_2 的蒸馏水中，在容量瓶中稀释至 1000mL，贮于塑料瓶中。

pH=9.23 标准缓冲溶液（20℃）：称取一级纯硼砂（$Na_2B_4O_7 \cdot 10H_2O$）3.80g，将它溶于不含 CO_2 的蒸馏水中，在容量瓶中稀释至 1000mL，贮于塑料瓶中。

以上标准溶液也可用市售袋装缓冲溶液试剂直接配制，它们能稳定两个月，其 pH 值随温度不同稍有差异，见表 8-1。

表 8-1　不同标准缓冲溶液在不同温度下的 pH 值

温度/℃	0	5	10	15	20	25	30	35	40
邻苯二甲酸氢钾/(0.05mol·L^{-1})	4.00	4.00	4.00	4.00	4.00	4.01	4.02	4.02	4.04
磷酸二氢钾/(0.025mol·L^{-1}) 磷酸氢二钠/(0.025mol·L^{-1})	6.98	6.95	6.92	6.90	6.88	6.86	6.85	6.84	6.84
硼砂/(0.01mol·L^{-1})	9.46	9.40	9.33	9.28	9.23	9.18	9.14	9.10	9.07

四、实验步骤

按酸度计使用说明书进行操作。

① 接通电源，清洗并安装电极，调节零点。

② 根据实验室温度，由表 8-1 所示的标准缓冲溶液的 pH 值，分别用不同 pH 值的标准缓冲溶液对仪器进行定位，定位的 pH 值误差应在 0.05pH 值之内。

③ 测定水样：分别测定 4 个不同水样的 pH 值，先用水样将电极和烧杯冲洗 3 次以上，然后测定，由仪器刻度表上读出 pH 值，每个水样应重复测定 3 次（注意，应根据水样的

pH 值，选择相应的标准 pH 缓冲溶液对仪器定位）。

④ 测定完毕后，打开测定开关，关上电源开关，拔掉电源，清洗电极。玻璃电极应使用蒸馏水浸泡，饱和甘汞电极应带上相应的橡皮套，防止 KCl 流失，下次备用。

五、数据记录及结果处理

记录数据，填入下表中。

水样	水样 1			水样 2			水样 3			水样 4		
测定次数	1	2	3	1	2	3	1	2	3	1	2	3
pH 值												
平均 pH 值												

六、注意事项

1. 酸度计是一种高输入阻抗仪器，因此要特别注意保持输入端电极插头、插孔内的清洁及干燥。在不测定时，应将接续器插入指示电极插孔内，以防止灰尘和湿气浸入。

2. 每次测定后都要用蒸馏水冲洗电极，用滤纸条小心吸干，再进行下一次测定。使用完毕后，将电极洗净并浸泡在蒸馏水中。

七、思考题

1. 电位法测定水样 pH 值的原理是什么？
2. 玻璃电极在使用前应如何处理？为什么？
3. 酸度计为什么要用已知 pH 值的标准缓冲溶液校正？校正时应注意哪些问题？
4. 什么是指示电极、参比电极？
5. 甘汞电极使用前应做哪几项检查？

实验 8-2   离子选择性电极测定饮用水中微量氟——标准曲线法

一、实验目的

1. 掌握直接电位法的测定原理及实验方法。
2. 掌握酸度计、氟离子选择性电极的正确使用方法。

二、实验原理

饮用水中氟含量的高低对人体健康有一定的影响，氟含量过低易得龋齿，过高则会发生氟中毒现象，适宜的含量为 $0.5mg \cdot mL^{-1}$ 左右。

目前，测定氟含量的方法有比色法和电位法。前者的测量范围较宽，但干扰因素多，往往要对试样进行预处理；后者的测量范围虽然不如前者宽，但一般能满足大多数水质分析的要求，而且操作简便，干扰少，样品一般不必进行预处理。因此，现在电位法测定氟离子含量已成为常规的分析方法。

本实验中用氟离子选择性电极、饱和甘汞电极（SCE）和待测试液组成原电池。测量的电池电动势 E 与氟离子活度符合能斯特方程：

$$E = K - \frac{2.303RT}{F} \lg \alpha_{F^-}$$

其中，K、R、F 均为常数，若在试液中加入适量的惰性电解质（如硝酸钠等），离子强度保持不变，若离子的活度系数为一常数，则上式中的氟离子活度可用浓度 $[F^-]$ 代替。25℃时上式可写作：

$$E = K' - 0.059 \lg [F^-]$$

可见，电动势 E 与 $\lg[F^-]$ 成线性关系。因此，只要作出 E 对 $\lg[F^-]$ 的标准曲线，即可由水样测得的 E，从标准曲线求得水样中的氟离子浓度。

此外，还可由格氏（Gran）连续标准加入法求得水样中的氟离子浓度（原理从略）。

三、仪器和试剂

仪器：pHS-2 型酸度计或其他型号；氟离子选择性电极；饱和甘汞电极；磁力搅拌器；1000mL、100mL 容量瓶 ；50mL、10mL、0.5mL 吸量管；100mL 聚乙烯烧杯。

试剂：

氟化钠标准溶液（0.100mol·L^{-1}）：称取于 120℃下干燥 2h 并经冷却的氟化钠（GR）4.1988g 于聚乙烯烧杯中，以去离子水溶解并稀释至 1L，摇匀，储于聚乙烯瓶中备用；

总离子强度调节缓冲液（TISAB）：取 29g 硝酸钠和 0.2g 二水合柠檬酸钠，溶于 50mL 1∶1（体积）的醋酸与 50mL 5mol·L^{-1} 的氢氧化钠缓冲溶液中，测量该溶液的 pH 值，若不在 5.0～5.5 内，可用 5mol·L^{-1} 的氢氧化钠和 5mol·L^{-1} 的盐酸溶液调节至所需范围。

四、实验步骤

1. 调整仪器

氟离子选择性电极接酸度计的负端，饱和甘汞电极接酸度计的正端，测量时应按下"-mV"键。按 pHS-2 型酸度计的使用方法校正仪器。

2. 标准曲线法

（1）系列标准溶液的配制

用吸量管量取 10mL 0.100mol·L^{-1} 氟化钠标准溶液和 10mL TISAB 溶液，在 100mL 容量瓶内用去离子水稀释至刻度线，摇匀，并用逐级稀释法配制成浓度为 10^{-2}mol·L^{-1}、10^{-3}mol·L^{-1}、10^{-4}mol·L^{-1}、10^{-5}mol·L^{-1}、10^{-6}mol·L^{-1} 的氟化钠系列标准溶液。逐级稀释时，只需加入 9mL TISAB 溶液。

（2）标准曲线的绘制

用滤纸吸去悬挂在电极上的水滴，然后用电极插入盛有浓度为 10^{-6}mol·L^{-1} 的氟化钠标准溶液的烧杯中，在磁力搅拌器上缓慢而稳定地搅拌。按下"读数"开关，读取电池电动势。

电动势的读数应考虑电极达到平衡电位所需的时间，溶液愈稀，响应时间愈长。在实际测定中，可在不断搅拌下作周期性测定，直至观察到稳定的电位值。

由稀到浓依次测定 10^{-6} mol·L^{-1}、10^{-5} mol·L^{-1}、10^{-4} mol·L^{-1}、10^{-3} mol·L^{-1}、10^{-2} mol·L^{-1} 的氟化钠系列标准溶液的电动势，测定过程中应经常检查仪器是否处于正常工作状态。

（3）饮用水样的测定

用移液管移取 50mL 饮用水样于 100mL 容量瓶中，加入 10mL TISAB 溶液，用去离子水稀释至刻度线，摇匀。

清洗氟离子选择性电极，使其在纯水中测得的电动势为 -260mV。

将清洗后的电极用滤纸吸去悬挂着的水滴，插入盛有上述未知水样的烧杯中，搅拌数分钟，读取稳定的电动势。

3. 连续标准加入法

（1）饮用水样的测定

在干燥洁净的烧杯内，用移液管移取 50mL 已制作好的饮用水样（内已含 5mL TISAB 溶液），按上述方法测定电动势。

在搅拌条件下，加入 0.50mL 1.00×10^{-3} mol·L^{-1} 的氟化钠标准溶液，测定其电动势。按同样方法，再连续三次加入 0.50mL 1.00×10^{-3} mol·L^{-1} 的氟化钠系列标准溶液，并分别读取相应的电动势。

（2）空白校正

取 10mL TISAB 溶液于 100mL 容量瓶中，用去离子水稀释至刻度线，摇匀，吸出 50mL 于干燥洁净的烧杯内，插入已清洗的氟离子选择性电极和参比电极，缓慢而稳定地搅拌。连续四次加入 0.50mL 1.00×10^{-3} mol·L^{-1} 的氟化钠系列标准溶液，读取每次相应的电动势。

五、数据记录及结果处理

记录氟化钠系列标准溶液所测得的电动势 E，并在坐标纸上作 E 对 lg [F^-] 的标准曲线。

记录未知试样溶液的电动势，并由标准曲线查得未知试样溶液中的氟离子浓度 [F^-]，由下式计算饮用水中的氟离子含量。

$$W_{F^-} = [F^-] \times \frac{100}{50.0} \times M_F \times 1000$$

式中，W_{F^-} 为每升饮用水样中氟离子的毫克数；M_F 为氟的原子量。

记录饮用水样及空白溶液的连续标准加入法所得到的电动势，将所测数据以 $(V_x + V_s) \times 10^{E/s}$ 对 V_s 作图，曲线外推至横轴，交点的数值依次为 V_x、V_s，由下式计算饮用水中的氟离子的浓度 [F^-]。

$$[F^-] = \frac{(V_x + V_s) \times 1.00 \times 10^{-3}}{50.0}$$

然后再计算每升饮用水中的氟离子含量。

比较两种方法测得水样中氟离子含量的结果，并加以简单讨论。

六、注意事项

1. 氟离子选择性电极在测定前需用电阻在 3MΩ 以上的去离子水中浸泡活化一小时以上，当测得其在纯水中的毫伏数小于 −260 时，便可用于测定。

2. 测定时，单晶薄膜上不可附有气泡，以免干扰读数。

3. 溶液的搅拌速度应缓慢、稳定。

七、思考题

1. 氟离子选择性电极使用时应注意哪些问题？

2. TISAB 溶液的组成是什么？它在测定中起的作用是什么？

3. 溶液的酸度对测定的结果影响如何？

 ## 实验 8-3　H_2SO_4 和 H_3PO_4 混合酸的电位滴定

一、实验目的

1. 学习电位滴定的基本原理和操作技术。

2. 运用 pH-V 曲线和（ΔpH/ΔV）-V 曲线与二阶微商法确定滴定终点。

二、实验原理

H_2SO_4 和 H_3PO_4 都为强酸，H_2SO_4 的 p$K_{a2}=1.99$，H_3PO_4 的 p$K_{a1}=2.12$，p$K_{a2}=7.20$，p$K_{a3}=12.36$，由 pK_a 可知，当用标准碱溶液滴定时，H_2SO_4 可全部被中和，且产生 pH 突跃，而在 H_3PO_4 的第二化学计量点时，仍有 pH 突跃出现，因此根据滴定过程中 pH 的变化情况，可以确定滴定终点，进而求得各组分的含量。

确定混合酸的滴定终点可用指示剂法，也可用玻璃电极作指示电极，饱和甘汞电极作参比电极，同试液组成工作电池：

$$Ag|AgCl(s)|HCl(0.1mol \cdot L^{-1})|玻璃膜|试液溶液(x\,mol \cdot L^{-1}) \parallel KCl(饱和)|Hg_2Cl_2(s)|Hg$$

在滴定过程中，通过测量工作电池的电动势，了解溶液 pH 随加入标准碱溶液体积 V 的变化情况，然后由 pH-V 曲线或（ΔpH/ΔV）-V 曲线求得滴定终点时所消耗标准碱溶液的体积 V_{ep}，也可用二阶微商法求出 $\Delta^2 pH/\Delta V^2=0$ 时，相应的标准碱溶液的体积 V_{ep}。根据标准碱溶液的浓度和体积 V_{ep}，求出试液中各组分的含量。

三、仪器和试剂

仪器：pHS-3C 型酸度计（或其他型号酸度计）；复合电极；100mL 容量瓶 ；10mL、5mL 吸量管 ；10mL 微量滴定管。

试剂：$1.000mol \cdot L^{-1}$ 草酸标准溶液；$0.1mol \cdot L^{-1}NaOH$ 标准溶液（浓度待标定）；H_2SO_4 和 H_3PO_4 混合试液（两种酸浓度之和低于 $0.5mol \cdot L^{-1}$）；$0.05mol \cdot L^{-1}$ 邻苯二甲酸氢钾溶液，$pH = 4.00$（20℃）；$0.05mol \cdot L^{-1}Na_2HPO_4 + 0.05mol \cdot L^{-1}KH_2PO_4$ 混合溶液，$pH = 6.88$（20℃）。

四、实验步骤

① 在 pHS-3C 型酸度计上安装好复合电极，注意检查复合电极中参比溶液饱和 KCl 的量，若饱和 KCl 溶液的量太少，可从上部的小口加入适量，然后拿掉电极头套，打开酸度计，按测定 pH 值的操作调好仪器，将电极浸入被测溶液即开始测定。

② 准确吸取草酸标准溶液 5.00mL，置于 100mL 容量瓶中，用水稀释至刻度线，摇匀。

③ 准确吸取稀释后的草酸标准溶液 5.00mL，置于 100mL 烧杯中，加水至约 30mL，放入搅拌子。

④ 将待标定的 NaOH 溶液装入微量滴定管中，调整液面在 0.00mL 处。

⑤ 开动搅拌器，调节至适当的搅拌速度，进行粗测，即测定在加入 NaOH 溶液 0mL，1mL，2mL，…，8mL，9mL，10mL 时各点的 pH 值。初步判断发生 pH 值突跃时所需的 NaOH 体积范围（ΔV_{ex}）。

⑥ 重复实验步骤③、④的操作，然后进行细测，即在测定的化学计量点附近取较小的等体积增量，增加测定点的密度，并在读取滴定管读数时，读准至小数点后第二位。如在粗测时 ΔV_{ex} 为 8～9mL，则在细定时以 0.10mL 为体积增量，测定加入 NaOH 溶液 8.00mL、8.10mL、8.20mL、…、8.90mL 和 9.00mL 时各点的 pH 值。

⑦ 准确吸取混合酸试液 5.00mL，置于 100mL 容量瓶中，用水稀释至刻度线，摇匀。

⑧ 准确吸取稀释后的混合酸试液 10.00mL，置于 100mL 烧杯中，加水至约 30mL，仿照标定 NaOH 溶液时的粗测和细测步骤，对混合酸进行滴定，注意混合酸有 2 个 pH 值突跃。

五、数据记录及结果处理

1. NaOH 溶液浓度的标定

① 实验数据及计算。

粗测

V/mL	0	1	2	3	4	5	6	7	8	9	10
pH 值											

细测

V/mL	
pH 值	
$\Delta pH/\Delta V$	
$\Delta^2 pH/\Delta V^2$	

根据实验数据，计算 $\Delta pH/\Delta V$ 和化学计量点附近的 $\Delta^2 pH/\Delta V^2$，填入表中。

② 于坐标纸上作 pH-V 和（$\Delta pH/\Delta V$）-V 曲线，找出终点体积 V_{ep}。

③ 用内插法求出 $\Delta^2 pH/\Delta V^2 = 0$ 处 NaOH 溶液的体积 V_{ep}。

④ 根据②、③所得的 V_{ep}，计算 NaOH 标准溶液的浓度。

2. 混合酸的测定

① 实验数据及计算。

粗测

V/mL	0	1	2	3	4	5	6	7	8	9	10
pH 值											

细测

V/mL	
pH 值	
$\Delta pH/\Delta V$	
$\Delta^2 pH/\Delta V^2$	

② 仿照上述 NaOH 溶液浓度标定和数据处理的方法，求出终点体积 V_{ep1} 和 V_{ep2}。

③ 计算原混合试液中 SO_3 和 P_2O_5 的含量，以 $g \cdot L^{-1}$ 表示。

六、注意事项

滴定液加入速度不宜过快，尤其是接近化学计量点时，否则体积不准。

七、思考题

1. 本实验用的酸度计，读数是否应事先进行校正？为什么？

2. 在标定 NaOH 溶液浓度和测定混合酸含量时，为什么都采用粗测和细测两个步骤？

3. 草酸是一个二元酸，在用它作基准物标定 NaOH 溶液浓度时，为什么只有一个滴定突跃？

实验 8-4　醋酸的电位滴定分析及其离解常数的测定

一、实验目的

1. 学习电位滴定的基本原理和操作技术。

2. 运用 pH-V 曲线和（$\Delta pH/\Delta V$）-V 曲线与二阶微商法确定滴定终点。

3. 学习测定弱酸离解常数的方法。

二、实验原理

醋酸 CH_3COOH（简写为 HAc）为一元弱酸，其 $pK_a = 4.74$，当以标准碱溶液滴定醋酸试液时，在化学计量点附近可以观察到 pH 值的突跃。

以玻璃电极与饱和甘汞电极插入试液即组成如下的工作电池：

$$Ag \mid AgCl(s) \mid HCl(0.1mol \cdot L^{-1}) \mid 玻璃膜 \mid 试液溶液(xmol \cdot L^{-1}) \parallel KCl(饱和) \mid Hg_2Cl_2(s) \mid Hg$$

该工作电池的电动势在酸度计上反映出来，并表示为滴定过程中的 pH 值，记录加入标准碱溶液的体积 V 和相应被滴定溶液的 pH 值，然后由 pH-V 曲线或 $(\Delta pH/\Delta V)$-V 曲线求得滴定终点时消耗的标准碱溶液的体积，也可用二阶微商法，于 $(\Delta^2 pH/\Delta V^2) = 0$ 处确定滴定终点。根据标准碱溶液的浓度、消耗的体积和试液的体积，即可求得试液中醋酸的浓度或含量。

根据醋酸的离解平衡

$$HAc \Longrightarrow H^+ + Ac^-$$

其离解常数 $K_a = \dfrac{[H^+][Ac^-]}{[HAc]}$

当滴定分数为 50% 时，$[Ac^-] = [HAc]$，此时 $K_a = [H^+]$

即 $pK_a = pH$

因此在滴定分数为 50% 处的 pH 值，即为醋酸的 pK_a 值。

三、仪器和试剂

仪器：ZD-2 型自动电位滴定计（酸度计）；玻璃电极；饱和甘汞电极；100mL 容量瓶；5mL、10mL 吸量管；10mL 微量滴定管。

试剂：$1.000mol \cdot L^{-1}$ 草酸标准溶液；$0.1mol \cdot L^{-1}$ NaOH 标准溶液（浓度待标定）；醋酸试液（浓度约 $1mol \cdot L^{-1}$）；$0.05mol \cdot L^{-1}$ 邻苯二甲酸氢钾溶液，pH = 4.00（20℃）；$0.05mol \cdot L^{-1} Na_2HPO_4 + 0.05mol \cdot L^{-1} KH_2PO_4$ 混合溶液，pH = 6.88（20℃）。

四、实验步骤

① 按 ZD-2 型自动电位滴定仪说明书调试仪器，将选择开关置于 pH 滴定档。摘去饱和甘汞电极的橡皮帽，并检查内电极是否浸入饱和 KCl 溶液中，如未浸入，应补充饱和 KCl 溶液。在电极架上安装好玻璃电极和饱和甘汞电极，并使饱和甘汞电极稍低于玻璃电极，以防止烧杯底碰坏玻璃电极薄膜。

② 将 pH = 4.00（20℃）的标准缓冲溶液置于 100mL 小烧杯中，放入搅拌子，并使两支电极浸入标准缓冲溶液中，开动搅拌器，进行酸度计定位，再以 pH = 6.88（20℃）的标准缓冲溶液校核，所得读数与测定温度下的缓冲溶液的标准值 pH_s 之差应在 ±0.05 单位之内。

③ 准确吸取草酸标准溶液 10.00mL，置于 100mL 容量瓶中，用水稀释至刻度线，混合均匀。

④ 准确吸取稀释后的草酸标准溶液 5.00mL，置于 100mL 烧杯中，加水至约 30mL，放入搅拌子。

⑤ 以待标定的 NaOH 溶液装入微量滴定管中，使液面在 0.00mL 处。

⑥ 开动搅拌器，调节至适当的搅拌速度，进行粗测，即测定在加入 NaOH 溶液 0mL、1mL、2mL、…、8mL、9mL、10mL 时各点的 pH 值。初步判断发生 pH 值突跃时所需的 NaOH 体积范围 (ΔV_{ex})。

⑦ 重复④、⑤操作，然后进行细测，即在化学计量点附近取较小的等体积增量，以增加测定点的密度，并在读取滴定管读数时，读准至小数点后第二位。如在粗测时 ΔV_{ex} 为 8～9mL，则在细测时以 0.10mL 为体积增量，测定加入 NaOH 溶液 8.00mL、8.10mL、8.20mL、…、8.90mL 和 9.00mL 各点的 pH 值。

⑧ 吸取醋酸试液 10.00mL，置于 100mL 容量瓶中，稀释至刻度线，摇匀。吸取稀释后的醋酸溶液 10.00mL，置于 100mL 烧杯中，加水至约 30mL。

⑨ 仿照标定 NaOH 溶液浓度时的粗测和细测步骤，对醋酸进行测定。

在细测时于 $\frac{1}{2}\Delta V_{ex}$ 处，也应适当增加测定点的密度，如 ΔV_{ex} 为 4～5mL，可测定加入 2.00mL、2.10mL、…、2.40mL 和 2.50mL NaOH 溶液时各点的 pH 值。

五、数据记录及结果处理

1. NaOH 溶液浓度的标定

记录标定 NaOH 溶液浓度时得到的数据，作 pH 值对 NaOH 溶液体积的滴定曲线，并分别采用滴定曲线法和二阶微商法确定滴定终点，计算 NaOH 溶液的浓度。

2. 醋酸浓度及离解常数 K_a 的测定

同样记录以 NaOH 溶液滴定 HAc 时得到的数据，作 pH 值对 NaOH 溶液体积的滴定曲线，用二阶微商法确定滴定终点 V_{ep}，计算原始试液中乙酸的浓度，以 $g \cdot L^{-1}$ 表示。在 pH-V 曲线上，查出体积相当于 $\frac{1}{2}\Delta V_{ep}$ 时的 pH 值，即为醋酸的 pK_a 值。

六、注意事项

1. 玻璃电极使用时必须小心，以防损坏。
2. 新的或长期未用的玻璃电极使用前应在蒸馏水或稀 HCl 中浸泡 24h。

七、思考题

1. 如果本次实验只要求测定 HAc 含量，不要求测定 pK_a 值，实验中哪些步骤可以省略？

2. 细测 K_a 值时，为什么在 $\frac{1}{2}\Delta V_{ex}$ 处增加测定密度？

3. 测得弱酸的 pK_a 值与文献值比较有何差异，如有，说明原因？

实验 8-5　自动电位滴定法测定水中 Cl⁻ 和 I⁻ 的含量

一、实验目的

1. 掌握电位滴定的基本原理和操作技术。

2. 学习自动电位滴定法测定物质浓度的方法。

二、实验原理

用银离子的溶液作滴定剂的电位滴定法广泛用于卤素离子含量的测定，可一次取样连续测定 Cl^-、Br^-、I^- 的含量。除卤素外，它还用于测定氰化物、硫化物、磷酸盐、砷酸盐、硫氰酸盐和硫醇等化合物的含量。

用 $AgNO_3$ 溶液滴定含有 Cl^-、Br^-、I^- 的混合溶液时，由于 K_{sp}（AgCl）＞K_{sp}（AgBr）＞K_{sp}（AgI），所以 AgI 先沉淀。滴入 $AgNO_3$ 溶液时，溶液中 $[I^-]$ 不断降低，$[Ag^+]$ 不断增加，当 $[Ag^+]$ 达到 $[Ag^+][Br^-] \geq K_{sp}$（AgBr）时，AgBr 开始沉淀。如果溶液中 $[Br^-]$ 不是很大，则 AgI 几乎沉淀完全时，AgBr 才开始沉淀。同样，当溶液中 $[Cl^-]$ 不是很大，则 AgBr 几乎沉淀完全时，AgCl 才开始沉淀。这样即可在一次取样中连续分别测定 Cl^-、Br^-、I^- 的含量。若 Cl^-、Br^-、I^- 的浓度均为 $0.1mol \cdot L^{-1}$，理论上各离子的测量误差小于 0.5%。然而在实际滴定中，当进行 Cl^- 和 Br^- 混合滴定时，AgBr 沉淀往往引起 AgCl 共沉淀，所以 Br^- 含量的测定值偏高而 Cl^- 含量的测定值偏低，而 Cl^- 和 I^- 或 I^- 和 Br^- 混合滴定时可获得准确结果。

三、仪器和试剂

仪器：自动电位滴定仪；银电极；双液接参考电极；100mL 容量瓶；25mL 吸管；1mL 吸量管。

试剂：$0.1000mol \cdot L^{-1} AgNO_3$ 标准溶液；含 Cl^-、I^- 的未知试液。

四、实验步骤

1. 手动滴定求滴定终点电位

接通仪器电源，预热 20min。将 $AgNO_3$ 标准溶液装入滴定管中，滴定前调节至 0.00mL。移取含 Cl^- 和 I^- 的未知试液 25.00mL 于 100mL 小烧杯中，加入 10mL 去离子水。

插入电极，选择开关置于 mV 挡，工作开关置于手动位置，打开搅拌，调节速度。按下读数开关，用校正调节旋钮将读数指针调至 0mV 处，待指针稳定后开始滴定。按手动操作按钮，用 $AgNO_3$ 标准溶液进行滴定，每加入 2.00mL 溶液，记录一次电位值。当接近两个滴定突跃点时，每加入 0.05mL 记录一次电位值。将电位 E 对 $AgNO_3$ 滴加体积 V 作图，绘制滴定曲线，并求出两个终点电位 E_1 和 E_2 值。

2. 自动滴定测定 Cl^- 和 I^- 含量

将选择开关置于终点，接通读数开关，将预定终点设定调节至第一终点电位 E_1 处，再将选择开关置于 mV 挡。指针应在 0mV 处，工作开关置于滴定位置，滴液开关置于"－"位置。打开搅拌，按滴定开始按钮，自动滴定开始。待滴定结束，读取消耗 $AgNO_3$ 体积 V_1。

将预定终点设定调节至第二个终点电位 E_2 处，继续滴定至第二个终点，读取消耗 $AgNO_3$ 体积 V_2。

重复上述操作三次。

五、数据记录及结果处理

由消耗 $AgNO_3$ 标准溶液体积 V_1 计算未知液中 I^- 的含量；由 V_2 计算未知液中 Cl^- 的含量（$mg \cdot L^{-1}$）。计算 I^- 和 Cl^- 含量的平均值与标准偏差。

六、注意事项

银电极表面易氧化而使性能下降，用细砂纸打磨后，露出光滑新鲜表面即可恢复活性。

七、思考题

1. 与化学分析法中的容量分析法相比，电位滴定法有何特点？
2. 用 Ag^+ 标准溶液滴定 A^-、B^- 混合溶液。若 Ag^+ 标准溶液的浓度为 $[Ag^+]$，A^-、B^- 原始浓度分别为 $[A^-]$ 和 $[B^-]$。已知 AgA 和 AgB 的溶度积分别为 $K_{sp}(AgA)$、$K_{sp}(AgB)$，且 $K_{sp}(AgA) > K_{sp}(AgB)$。若要求滴定终点突跃（指从 99.9% 被滴定至 100.1%，被滴定溶液的 pAg 的差）不小于 1 个 pAg 单位，求滴定误差在 0.1% 以内能够分别滴定的条件（不考虑活度系数）。

实验 8-6　库仑滴定法测定微量砷

一、实验目的

1. 学习库仑滴定法的基本原理与操作方法。
2. 掌握用恒电流电解产生滴定剂，用库仑滴定法测定样品中微量 As（Ⅲ）含量的方法。

二、实验原理

库仑滴定法是在试液中加入大量的辅助电解质，以恒定的电流使辅助电解质电解，其产物作为滴定剂与被测组分发生定量化学反应。因此库仑滴定法所利用的反应与通常的化学滴定分析所利用的反应相同，要求反应速率快，反应完全，而且无副反应发生。只是库仑滴定法通过电解产生滴定剂，只要电流效率为 100%，电流稳定性高，可通过电量准确测定，就可以进行精确的定量计算。

库仑滴定可选用安培法、电位法、电导法、比色法或指示剂法指示反应的滴定终点。

本实验是在 $NaHCO_3$ 溶液中（$pH \approx 8$），电解 KI 产生 I_2，库仑滴定未知样品中的 AsO_3^{3-}。工作电极上以恒电流电解，发生下列化学反应：

阳极　　　　　　　　　　$2I^- \rightleftharpoons I_2 + 2e^-$

阴极　　　　　　　　　　$2H^+ + 2e^- \rightleftharpoons H_2$

工作阴极置于隔离室内，隔离室底部有一微孔玻璃砂，以保持隔离室内外电路通畅同时可避免阴极产生的氢气返回阳极而干扰 I_2 的生成。阳极产生的 I_2 立即与未知样品中的

AsO_3^{3-} 发生滴定反应：

$$I_3^- + H_3AsO_3 + H_2O \Longrightarrow 3I^- + H_3AsO_4 + 2H^+$$

滴定反应用双铂永停法指示滴定终点。根据指示电路中电流突然出现，表示滴定终点到达，停止滴定，记录滴定时间。

三、仪器和试剂

仪器：库仑滴定装置；电磁搅拌器；铂电极（1cm×2cm）；铂丝阴极；恒电流库仑计。

试剂：3%淀粉溶液；KI＋Na_2CO_3 缓冲溶液，240g KI，41g $NaHCO_3$，加水配至1000mL；$0.005mol \cdot L^{-1}$ AsO_3^{3-} 储备液；含砷未知样品（约$1.5mmol \cdot L^{-1}$）；高纯 N_2。

四、实验步骤

① 清洗铂电极。用热浓 HNO_3 浸泡铂电极几分钟，然后用蒸馏水清洗。将发生电极大铂片接入库仑计正极，铂丝电极接入负极，并接入指示双铂电极。

② 移取 KI-Na_2CO_3 溶液 75mL 于 150mL 烧杯中，搅拌并通入 N_2 4min，然后加入 4～8 滴 3%淀粉指示剂。

③ 向电解池中加入数滴 AsO_3^{3-} 储备液，调节电解池电流为 30mA，同时打开电解池开关及库仑计数器开关，计数器开始运行。

④ 到达滴定终点后，关闭电解池开关，并将库仑计数器读数置"0"。

⑤ 用吸量管加入 5.00mL 含砷未知样品，搅拌并通 N_2 4min，将电解池和库仑计数器开关同时打开，进行库仑滴定。

⑥ 达到滴定终点时，记录库仑计读数。若电解电流过大，电解时间过短，则误差较大，可以调小电流后再重复滴定。

⑦ 重复上述滴定 3 次，每次不必更换电解液，同时也不需清洗电极与容器。

⑧ 最后将含 AsO_3^{3-} 的废液回收于废液瓶中，计算未知样品中砷的含量。

五、数据记录及结果处理

根据滴定所选电流的大小，计算电量 Q 及 AsO_3^{3-} 的含量，以 $mmol \cdot L^{-1}$ 表示。

六、注意事项

1. 砷是毒性极大的物质，实验中应注意安全。
2. 废液必须回收于废液瓶中。

七、思考题

1. 以本实验为例，说明库仑滴定的原理，并与化学分析中的滴定分析比较异同点。
2. 本实验以双铂永停法确定滴定终点，滴定曲线形状如何？为什么？
3. 为什么工作阳极要选面积大的铂片？
4. 电解液为什么可反复使用？

实验 8-7 极谱法测定扩散系数和半波电位

一、实验目的

1. 掌握电解条件的特殊性。
2. 了解氧波、汞柱高度对极谱波高以及汞柱高度和外加电压对汞滴滴落时间的影响。
3. 掌握测定扩散系数 D、$E_{\frac{1}{2}}$、n 的方法。
4. 学会直流极谱仪的使用。

二、实验原理

极谱分析是一种特殊的电解过程，试液中必须加入支持电解质和动物胶，通 N_2 除去 O_2，并保持溶液在静止的条件下进行测定。被测物质在滴汞电极上还原产生的扩散电流：

$$\overline{i}_d = 607 \cdot nD^{\frac{1}{2}} q_m^{\frac{2}{3}} t^{\frac{1}{6}} C$$

根据该方程式可计算在支持电解质溶液中金属离子的扩散系数 D。

滴汞电极电位 E_{de} 与电流 i 间关系：

$$E_{de} = E_{\frac{1}{2}} + \frac{0.0592}{n} \lg \frac{i_d - i}{i}$$

将 E_{de} 对 $\lg \frac{i}{i_d - i}$ 作图，可得一直线，据此可用作图法求得 $E_{\frac{1}{2}}$ 和 n 值。

三、仪器和试剂

仪器：极谱仪一套；停表。

试剂：$0.10 \text{mol} \cdot \text{L}^{-1}$ KCl；$0.0100 \text{mol} \cdot \text{L}^{-1}$ PbCl$_2$；0.5% 动物胶；固体 KNO$_3$（AR）。

四、实验步骤

1. 氧的极谱波以及残余电流的观察

在电解池中放入约 10mL $0.1 \text{mol} \cdot \text{L}^{-1}$ KCl 和 5 滴 0.5% 动物胶。将滴汞电极接仪器的"—"极，大面积的饱和甘汞电极接"＋"极。升高贮汞瓶至一定高度，使汞滴约 4s 下滴 1 滴。从 $0 \sim -1.8$V 扫描记录氧的极谱图（如氧波不明显，可向试液鼓气泡）。通 N_2 约 10min（溶液连续冒小气泡），再记录极谱图。

2. 支持电解质的作用

量取 10mL $0.0100 \text{mol} \cdot \text{L}^{-1}$ Pb^{2+} 于电解池中，加入 5 滴 0.5% 动物胶，通 N_2 10min，除去 O_2，从 $-0.3 \sim 1.2$V 扫描记录极谱图。

在电解池中加入约 0.5g 固体 KNO$_3$，通 N_2 5min，再记录极谱图。

3. 汞柱高度对极谱波的影响

① 紧接"2"的实验，改变汞柱高度（贮汞瓶内汞面到毛细管尖端的距离）两次，分别

记录极谱图。

② 在不加电压的条件下，取两个不同的汞柱高度，用停表记录汞滴滴落的时间，观察汞柱高度对汞滴滴下时间（取约 15 滴汞的总时间除以滴数）的影响。

③ 在同一汞柱高度，观察外加电压对汞滴滴落时间的影响，第一次电极上不加电压，第二次加 $-1.0V$，第三次加 $-2.0V$。

4. 测定 Pb^{2+} 的扩散系数 D、$E_{\frac{1}{2}}$ 和 n

准确移取 10mL $0.0100mol \cdot L^{-1}$ Pb^{2+} 溶液于 100mL 容量瓶中，加入 5 滴 0.5% 动物胶，10mL $1mol \cdot L^{-1}$ KNO_3（或固体 KNO_3）稀释至刻度线。从 $-0.3 \sim -1.2V$ 记录极谱图。

5. 汞滴滴落时间的测定

在极谱波扩散电流的某一固定电位处，用停表测定 10 滴汞滴落的时间。

6. 毛细管中汞流速的测定

用小骨勺盛接毛细管下滴落的汞 2min，收集的汞用丙酮洗涤，吹干并称重。

五、数据记录及结果处理

1. 根据尤科维奇方程计算支持电解质 KNO_3 溶液中 Pb^{2+} 的扩散系数。

2. 用对数作图法求 n 和 $E_{\frac{1}{2}}$。

六、注意事项

1. 汞蒸气有毒，实验时必须小心，防止汞滴溅落在实验桌上或地上。如果发生汞滴散落，应报告老师并及时处理。

2. 电解池中废液应倒入废液缸中，严禁倒入水槽。

3. 实验结束后，用蒸馏水清洗电极并擦干，再让汞滴在空电解池中滴落数滴，然后放下贮汞瓶。

七、思考题

1. 金属离子的 $E_{\frac{1}{2}}$ 与它的浓度是否有关？

2. 解释汞柱高度和外加电压对极谱波高的影响。

实验 8-8 单扫描示波极谱法测定痕量镉

一、实验目的

1. 掌握单扫描示波极谱法的原理。

2. 掌握极谱分析的定量方法。

二、实验原理

镉是有毒元素，是水质监测的重点元素之一。地表水水质标准规定，一级水中 Cd^{2+} 含量不超过 $0.001mg \cdot L^{-1}$，工业废水中 Cd^{2+} 最高容许排放浓度为 $0.1mg \cdot L^{-1}$。本实验用单扫描示波极谱法测定水中微量 Cd^{2+}，测定在 $0.2mol \cdot L^{-1}$ NH_3-NH_4Cl（pH＝9）的底液中进行，加入少量动物胶可消除极谱极大，并加入少量 Na_2SO_3 消除溶解氧。

单扫描示波极谱法是在一个汞滴长成的后期，当汞滴的面积基本保持恒定时，把滴汞电极的电位从一个数值线性改变到另一个数值，同时用示波器观察电流随电位的变化情况，电流随电位变化的 i-E 曲线直接从示波管荧光屏上显示出来，如图 8-13 所示。

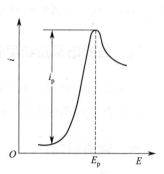

图 8-13　单扫描示波极谱曲线

由于单扫描示波极谱加在滴汞电极上的电压变化速度快（一般为 $0.25V \cdot s^{-1}$，而普通极谱一般为 $0.2V \cdot min^{-1}$），当达到待测物质的析出电位时，该物质迅速在电极上还原，产生很大的电流；在快速极化条件下，由于电极附近待测物的浓度急剧降低，扩散层厚度随之逐渐增大，溶液主体中的可还原物质来不及扩散到电极上，因此电流下降，这样极谱曲线出现了尖峰。对于可逆电极反应过程，可用峰电流方程式来表示：

$$i_p = Kn^{\frac{3}{2}} D^{\frac{1}{2}} q_m^{\frac{2}{3}} t^{\frac{2}{3}} v^{\frac{1}{2}} C$$

式中，v 为扫描速率，即电压变化率，$V \cdot s^{-1}$；t 为出现电流峰的时间，s；i_p 为峰电流，μA；K 为常数，其他与尤科维奇方程式相同。

在一定的实验条件下，峰电流 i_p 与被测物质的浓度 C 成正比，即

$$i_p = kC$$

即为单扫描示波极谱法定量测定的依据。

三、仪器和试剂

仪器：JP-2 型单扫描示波极谱仪（或电化学分析仪）；滴汞电极；饱和甘汞电极；铂电极三电极系统。

试剂：$1.00 \times 10^{-3} mol \cdot L^{-1}$ Cd^{2+} 标准储备液；$1mol \cdot L^{-1}$ NH_3-NH_4Cl（pH＝9）缓冲溶液；无水 Na_2SO_3（AR）；0.1% 动物胶；$1.00 \times 10^{-4} mol \cdot L^{-1}$ Cd^{2+} 标准溶液，由 $1.00 \times 10^{-3} mol \cdot L^{-1}$ Cd^{2+} 标准储备液稀释得到；待测水样。

四、实验步骤

1. 标准溶液的配制、绘制其单扫描极谱波

在 8 只 10mL 容量瓶中分别加入 NH_3-NH_4Cl（pH＝9）缓冲溶液 2.00mL，1.00×10^{-4} $mol \cdot L^{-1}$ Cd^{2+} 标准溶液 0.00mL、0.50mL、1.00mL、2.00mL、3.00mL、4.00mL、5.00mL、6.00mL，动物胶一滴，无水 Na_2SO_3 数粒，用蒸馏水稀释至刻度线，摇匀待用。

用蒸馏水清洗电极，并用吸水纸吸干。将配制好的标准溶液转入洁净并干燥的 15mL 小烧杯中，在电位 $-0.4\sim-0.9\text{V}$ 范围内作极谱图，从图上读取对应标准溶液极谱波的波高。绘制 Cd^{2+} 离子浓度与极谱波高的标准曲线。

2. 样品测定

在 10mL 容量瓶中加入 NH_3-NH_4Cl 缓冲溶液 2.00mL，待测水样 5.00mL，动物胶一滴，无水 Na_2SO_3 数粒，用蒸馏水稀释至刻度线，摇匀。同样在电位 $-0.4\sim-0.9\text{V}$ 范围内作极谱图。从图上读取待测水样极谱波的波高，平行测定 3 次。

五、数据记录及结果处理

1. 根据实验步骤 1 中所得数据，绘制 Cd^{2+} 离子浓度与极谱波高的标准曲线。
2. 计算待测水样 Cd^{2+} 含量的平均值和标准偏差。

六、注意事项

1. 测定前必须熟悉单扫描示波极谱仪的结构及操作。
2. 电极放入样品之后，轻轻转动烧杯使溶液搅拌均匀，静置片刻后再测定。

七、思考题

1. 比较单扫描示波极谱法与经典极谱法的异同点。
2. 极谱中电容电流、极谱极大、迁移电流、残余电流是如何产生的？怎样消除？
3. 单扫描示波极谱图为什么出现了尖峰状？

实验 8-9 阳极溶出伏安法测定水样中铜、镉的含量

一、实验目的

1. 掌握阳极溶出伏安法的基本原理。
2. 学习溶出伏安仪的使用或电化学分析仪的溶出伏安功能。

二、实验原理

溶出伏安法包括阳极溶出伏安法和阴极溶出伏安法。阳极溶出伏安法是一种将富集和测定结合在一起的电化学方法。此法是先将工作电位控制在一定电位下进行电解，将待测离子先电解富集于工作电极上，然后改变工作电极电位（电位由低到高），使富集在该电极上的物质重新溶出，并记录溶出时的伏安曲线，如图 8-14 所示，

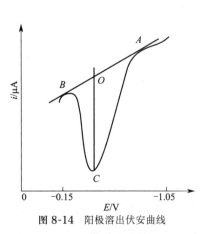

图 8-14 阳极溶出伏安曲线

根据伏安曲线的峰高（图 8-14 中 *CO* 长度为峰高），即溶出电流的大小来确定待测离子的浓度。在一定的条件下，峰电流与溶液中金属离子的浓度成正比，这是阳极溶出伏安法的定量依据。由于不同的金属离子在同一底液中具有不同的峰电位，因此可根据峰电位进行定性分析。

通常汞膜电极作为工作电极，采用非化学计量的富集法，即无须使溶液中全部待测离子都富集在工作电极上，这样可以缩短富集时间，加快分析速度。由于待测组分经过预先的富集，溶出量迅速氧化，使检测信号（溶出峰电流）显著增加，因此溶出伏安法有较高的灵敏度。为使富集部分的量与溶液中的总量之间维持恒定的比例关系，实验中富集电位、富集时间、静止时间、扫描速率、电极的位置和搅拌状况等，都应保持严格相同。

商品化的溶出伏安仪均采用自动控制阴极（或阳极）电位的三电极体系，即在常用电解池中除了阳极和阴极外，还增加一个参比电极，组成三电极体系。

用标准曲线法和标准加入法均可进行定量测定。标准加入法的计算公式为：

$$C_x = \frac{C_s V_s h_x}{H(V_x + V_s) - h_x V_x}$$

式中，C_x、V_x、h_x 分别为试样的浓度、体积和溶出峰的峰高；C_s、V_s 分别为加入的标准溶液的浓度和体积；H 为加入标准溶液后，测得的溶出峰的峰高。

由于加入的标准溶液的体积 V_s 非常小，上式可以简化为下式计算浓度：

$$C_x = \frac{C_s V_s h_x}{(H - h_x)V_x}$$

本实验以 HAc-NaAc 为支持电解质，用标准加入法测定水样中 Cu^{2+}、Cd^{2+} 的含量。

三、仪器和试剂

仪器：电化学分析仪；玻碳电极作为工作电极，甘汞电极作为参比电极及铂辅助电极组成三电极系统。

试剂：$1.0 \times 10^{-3}\,mol \cdot L^{-1}$ 镉离子标准溶液；$6\,mol \cdot L^{-1}$ HCl；0.02% 抗坏血酸溶液；$5.0 \times 10^{-3}\,mol \cdot L^{-1}$ 硝酸汞溶液。

四、实验步骤

① 预处理工作电极。

② 玻碳工作电极预处理　将玻碳工作电极用纳米氧化铝粉末擦拭光亮，淋洗干净后用超声波清洗 1min。

③ 配制试液　取两份 25.0mL 水样分别置于两只 50mL 容量瓶中，分别加入 $6\,mol \cdot L^{-1}$ HCl 1.5mL，$5 \times 10^{-3}\,mol \cdot L^{-1}$ 硝酸汞 1.0mL，0.02% 抗坏血酸溶液 1mL。在其中一只容量瓶中加入 $1.0 \times 10^{-3}\,mol \cdot L^{-1}$ 的镉离子标准溶液 1.0mL。均用蒸馏水稀释至刻度线，摇匀。

④ 测定　将未添加 Cd^{2+} 标准溶液的水样置于电解池中，放入清洁的搅拌磁子，插入电极系统。将工作电极电位恒于 $-0.1V$ 处 2min。启动搅拌器（电流-时间），调工作电极电位至 $-1.0V$，搅拌，准确计时，富集 3min，静置 30s（电流-时间），以扫描速度 $150\,mV \cdot s^{-1}$ 反向从 $-1.0V$ 至 $-0.1V$ 阳极化扫描（差分脉冲伏安法 DPV），记录伏安图。

将电极在-0.1V电位处停留，启动搅拌器1min，去掉电极上的残留物（镉），如上述步骤重复测定一次。

按上述操作步骤，测定加入Cd^{2+}标准溶液的水样（调工作电极电位至-1.0V，搅拌，准确计时，富集3min，静置30s，以扫描速度$150mV \cdot s^{-1}$反向从-1.0V至-0.1V阳极化扫描。），记录伏安图。

将电极在-0.1V电位处停留，启动搅拌器1min，去掉电极上的残留物（镉），如上述步骤重复测定一次。

测定完成后，置工作电极电位在+0.1V处，开动电磁搅拌器清洗电极3min，以除掉电极上的汞。随后，取下电极清洗干净。

五、思考题

1. 结合本实验说明阳极溶出伏安法的原理。
2. 阳极溶出伏安法为什么有较高的灵敏度？
3. 为了获得再现的溶出峰，实验时应注意什么？

附录1　常用基准物质及其干燥条件与应用

基准物质	化学式	干燥条件(至恒重)	标定对象
无水碳酸钠	Na_2CO_3	270～300℃	酸
硼砂	$Na_2B_4O_7 \cdot 10H_2O$	放在含NaCl和蔗糖饱和溶液的干燥器中	酸
邻苯二甲酸氢钾	$KHC_8H_4O_4$	105～110℃	碱
草酸	$H_2C_2O_4 \cdot 2H_2O$	室温空气干燥	碱
重铬酸钾	$K_2Cr_2O_7$	140℃	还原剂
溴酸钾	$KBrO_3$	130℃	还原剂
碘酸钾	KIO_3	130℃	还原剂
铜	Cu	室温干燥器中保存	还原剂
三氧化二砷	As_2O_3	室温干燥器中保存	还原剂
草酸钠	$Na_2C_2O_4$	105～110℃	$KMnO_4$
碳酸钙	$CaCO_3$	110℃	EDTA
锌	Zn	室温干燥器中保存	EDTA
氧化锌	ZnO	800℃	EDTA
氯化钠	NaCl	500～550℃	$AgNO_3$
硝酸银	$AgNO_3$	H_2SO_4干燥器	氯化物或硫氢酸盐

附录2　常用指示剂

(一)　酸碱指示剂

指示剂名称	变色pH值范围	颜色变化	配制方法
甲基紫(第一变色范围)	0.13～0.5	黄～绿	$1g \cdot L^{-1}$或$0.5g \cdot L^{-1}$的水溶液
甲酚红(第一变色范围)	0.2～1.8	红～黄	0.04g指示剂溶于100mL 50%乙醇
甲基紫(第二变色范围)	1.0～1.5	绿～蓝	$1g \cdot L^{-1}$水溶液
百里酚蓝(麝香草酚蓝)(第一变色范围)	1.2～2.8	红～黄	1g指示剂溶于100mL 20%乙醇
甲基紫(第三变色范围)	2.0～3.0	蓝～紫	$1g \cdot L^{-1}$水溶液
甲基橙	3.1～4.4	红～黄	$1g \cdot L^{-1}$水溶液
溴酚蓝	3.0～4.6	黄～蓝	1g指示剂溶于100mL 20%乙醇
刚果红	3.0～5.2	蓝紫～红	$1g \cdot L^{-1}$水溶液
溴甲酚绿	3.8～5.4	黄～蓝	0.1g指示剂溶于100mL 20%乙醇
甲基红	4.4～6.2	红～黄	0.1g或0.2g指示剂溶于100mL 60%乙醇
溴酚红	5.0～6.8	黄～红	0.1g或0.04g指示剂溶于100mL 20%乙醇
溴百里酚蓝	6.0～7.6	黄～蓝	0.05g指示剂溶于100mL 20%乙醇
中性红	6.8～8.0	红～亮黄	0.1g指示剂溶于100mL 60%乙醇
酚红	6.8～8.0	黄～红	0.1g指示剂溶于100mL 20%乙醇

指示剂名称	变色pH值范围	颜色变化	配制方法
甲酚红	7.2～8.8	亮黄～紫红	0.1g指示剂溶于100mL 50%乙醇
百里酚蓝(麝香草酚蓝) (第二变色范围)	8.0～9.0	黄～蓝	1g指示剂溶于100mL 20%乙醇
酚酞	8.0～9.6	无色～紫红	0.1g指示剂溶于100mL 60%乙醇
百里酚酞	9.4～10.6	无色～蓝	0.1g指示剂溶于100mL 90%乙醇

(二) 酸碱混合指示剂

指示剂溶液的组成	变色点pH值	颜色		备注
		酸色	碱色	
三份1g·L⁻¹溴甲酚绿酒精溶液 一份2g·L⁻¹甲基红酒精溶液	5.1	酒红	绿	
一份2g·L⁻¹甲基红酒精溶液 一份1g·L⁻¹次甲基蓝酒精溶液	5.4	红紫	绿	pH=5.2红紫 pH=5.4暗蓝 pH=5.6绿
一份1g·L⁻¹溴甲酚绿钠盐水溶液 一份1g·L⁻¹氯酚红钠盐水溶液	6.1	黄绿	蓝紫	pH=5.4蓝绿 pH=5.8蓝 pH=6.2蓝紫
一份1g·L⁻¹中性红酒精溶液 一份1g·L⁻¹次甲基蓝酒精溶液	7.0	蓝紫	绿	pH=7.0蓝紫
一份1g·L⁻¹溴百里酚蓝钠盐水溶液 一份1g·L⁻¹酚红钠盐水溶液	7.5	黄	绿	pH=7.2暗绿 pH=7.4淡紫 pH=7.6深紫
一份1g·L⁻¹甲基红钠盐水溶液 一份1g·L⁻¹百里酚蓝钠盐水溶液	8.3	黄	紫	pH=8.2玫瑰色 pH=8.4紫色

(三) 金属指示剂

指示剂名称	离解平衡和颜色变化	溶液配制方法
铬黑T (EBT)	$H_2In^- \xrightarrow{pK_{a2}=6.3} HIn^{2-} \xrightarrow{pK_{a3}=11.5} In^{3-}$ 紫红　　　　　　蓝　　　　　　橙	5g·L⁻¹水溶液
二甲酚橙 (XO)	$H_3In^{4-} \xrightarrow{pK_a=6.3} H_2In^{3-}$ 黄　　　　　　红	2g·L⁻¹水溶液
K-B指示剂	$H_2In \xrightarrow{pK_{a1}=8} HIn^- \xrightarrow{pK_{a2}=13} In^{2-}$ 红　　　　　蓝　　　　　紫红 (酸性铬蓝K)	0.2g酸性铬蓝K与0.4g萘酚绿B溶于100mL水中
钙指示剂	$H_2In^{2-} \xrightarrow{pK_{a3}=9.4} HIn^{3-} \xrightarrow{pK_{a4}=13～14} In^{4-}$ 酒红　　　　　蓝　　　　　酒红	1g指示剂与100g NaCl研细混匀
Cu-PAN (CuY-PAN溶液)	CuY+PAN+M ⇌ MY+Cu-PAN 浅绿　无色　红色	0.05mol·L⁻¹Cu²⁺溶液10mL,加入pH=5～6的HAc缓冲溶液5mL,1滴PAN指示剂(1g·L⁻¹乙醇溶液),加热至60℃左右,用EDTA滴定至绿色,得到约0.025mol·L⁻¹的CuY溶液。使用时取2～3mL于试液中,再加入几滴PAN溶液

续表

指示剂名称	离解平衡和颜色变化	溶液配制方法
磺基水杨酸	$H_2In \xrightarrow{pK_{a1}=2.7} HIn^- \xrightarrow{pK_{a2}=13.1} In^{2-}$ 无色	$10g \cdot L^{-1}$ 水溶液
钙镁试剂 (calmagite)	$H_2In^- \xrightarrow{pK_{a2}=8.1} HIn^{2-} \xrightarrow{pK_{a3}=12.4} In^{3-}$ 红　　　　　蓝　　　　　红橙	$5g \cdot L^{-1}$ 水溶液

（四）氧化还原指示剂

指示剂名称	$\varphi^{\ominus\prime}/V$ $[H^+]=1mol \cdot L^{-1}$	颜色变化		溶液配制方法
		氧化态	还原态	
二苯胺	0.76	紫	无色	$10g \cdot L^{-1}$ 浓 H_2SO_4 溶液
二苯胺磺酸钠	0.85	紫红	无色	$5g \cdot L^{-1}$ 水溶液
N-邻苯氨基 苯甲酸	1.08	紫红	无色	0.1g 指示剂加 20mL $50g \cdot L^{-1}$ 的 Na_2CO_3 溶液,用水稀释至 100mL
邻二氮菲-Fe(Ⅱ)	1.06	浅蓝	红	1.485g 邻二氮菲和 0.965g $FeSO_4$ 加水溶解,稀释至 100mL($0.025mol \cdot L^{-1}$ 水溶液)
5-硝基邻二氮 菲-Fe(Ⅱ)	1.25	浅蓝	紫红	1.608g 5-硝基邻二氮菲和 0.695g $FeSO_4$ 加水溶解,稀释至 100mL($0.025mol \cdot L^{-1}$ 水溶液)

附录3　常用缓冲溶液的配制

缓冲溶液组成	pK_a	缓冲溶液 pH 值	缓冲溶液配制方法
氨基乙酸-HCl	2.35(pK_{a1})	2.3	取氨基乙酸 150g 溶于 500mL 水中,加浓 HCl 80mL,用水稀释至 1L
H_3PO_4-柠檬酸盐		2.5	取 $Na_2HPO_4 \cdot 12H_2O$ 113g 溶于 200mL 水中,加柠檬酸 387g,溶解,过滤,用水稀释至 1L
一氯乙酸-NaOH	2.86	2.8	取 200g 一氯乙酸溶于 200mL 水中,加 NaOH 40g,溶解后,用水稀释至 1L
邻苯二甲酸氢钾-HCl	2.95(pK_{a1})	2.9	取邻苯二甲酸氢钾 500g 溶于 500mL 水中,加浓 HCl 80mL,用水稀释至 1L
甲酸-NaOH	3.76	3.7	取 95g 甲酸和 NaOH 40g 于 500mL 水中,溶解,用水稀释至 1L
NaAc-HAc	4.74	4.7	取无水 NaAc 83g 溶于水中,加冰 HAc 60mL,用水稀释至 1L
六亚甲基四胺-HCl	5.15	5.4	取六亚甲基四胺 40g 溶于 200mL 水中,加浓 HCl 10mL,用水稀释至 1L
Tris-HCl[三羟甲基氨基甲烷 $CNH_2(HOCH_3)_3$]	8.21	8.2	取 25g Tris 试剂溶于水中,加浓 HCl 8mL,用水稀释至 1L
NH_3-NH_4Cl	9.26	9.2	取 54g NH_4Cl 溶于水中,加浓氨水 63mL,用水稀释至 1L

注:1. 缓冲溶液配制后可用 pH 试纸检查。如 pH 不对,可用共轭酸或共轭碱调节;pH 欲调节精确时,可用 pH 计调节。

2. 若需增加或减少缓冲溶液的缓冲容量时,可相应增加或减少共轭酸碱对的物质的量,再调节之。

附录 4 原子发射光谱法中元素的主要灵敏线

元素	分析线 λ/nm			元素	分析线 λ/nm		
Ag	328.068	338.289		Cd	228.802	326.106	340.365
Al	309.271	308.216	394.403	Ce	429.668	413.765	
As	228.812	234.984	278.020	Co	340.512	345.351	346.580
Au	242.795	267.595		Cr	425.435	427.480	428.972
B	249.678	249.773		Cs	455.536	459.318	852.111
Ba	455.404	493.409		Cu	324.754	327.396	
Be	234.861	313.042	313.107	Dy	313.537	389.854	
Bi	306.772	289.798		Er	326.479	337.271	
C	247.857			Eu	272.778	381.967	
Ca	393.367	396.847	422.673	Fe	248.327	259.940	302.364
Ga	294.364	287.424		Re	346.047	345.188	346.473
Gd	301.104	342.274	303.285	Rh	343.489	332.309	339.685
Ge	265.118	303.906	326.949	Ru	343.674	349.894	359.618
Hf	263.871	264.141	277.336	Sb	252.854	259.806	287.792
Hg	253.652	365.015		Sc	335.373	424.683	
Ho	342.535	345.600		Se	203.985	206.279	196.026
In	303.936	325.609		Si	251.612	288.158	
Ir	322.078	292.479		Sm	442.434	428.078	
K	404.414	404.720	766.490	Sn	283.999	286.333	317.502
La	333.749	433.374		Sr	407.771	421.552	460.733
Li	323.261	670.784		Ta	268.511	271.467	331.116
Lu	261.542	291.139		Tb	332.440	321.895	
Mg	285.213	279.553	280.270	Te	238.325	238.576	253.070
Mn	257.610	259.373	279.482	Th	283.231	283.730	287.041
Mo	313.259	317.035		Ti	208.803	334.904	337.280
Na	330.233	330.299	588.995	Tl	351.924	273.787	322.975
Nb	313.079	292.781	295.088	Tm	286.922	313.126	346.220
Nd	430.357	401.225	417.732	U	424.167	424.437	
Ni	305.028	341.477		V	318.341	318.898	318.540
Os	290.906	305.866		W	289.645	294.440	294.698
P	253.401	253.565	255.382	Y	324.228	437.494	
Pb	283.307	280.200		Yb	398.799	328.985	
Pd	340.485	342.124		Zn	330.259	330.294	334.502
Pr	422.298	422.533		Zr	327.305	339.198	343.823
Pt	265.945	306.471			349.621		
Rb	420.185	421.566					

附录 5 原子吸收光谱法中元素的主要吸收线

元素	λ/nm		元素	λ/nm	
Ag	328.07	338.29	Au	242.80	267.60
Al	309.27	308.22	B	249.68	249.77
As	193.70	197.20	Ba	553.55	455.40

元素	λ/nm		元素	λ/nm	
Be	234.86		Cr	357.87	359.35
Bi	223.06	222.83	Cs	852.11	455.54
Ca	422.67	239.86	Cu	324.75	327.40
Ga	287.42	294.42	Dy	421.17	404.60
Gd	368.41	407.87	Er	400.80	415.11
Ge	265.16	275.46	Eu	459.40	462.72
Hf	307.29	286.64	Fe	248.33	252.29
Hg	253.65		Re	346.05	346.47
Ho	410.38	405.39	Rh	343.49	339.69
In	303.94	325.61	Ru	349.89	372.80
Ir	209.26	208.88	Sb	217.58	206.83
K	766.49	769.90	Sc	391.18	402.04
La	550.13	418.73	Se	196.03	203.99
Li	670.78	323.26	Si	251.61	250.69
Lu	335.96	328.17	Sm	429.67	520.06
Mg	285.21	279.55	Sn	224.61	286.33
Mn	279.48	403.08	Sr	460.73	407.77
Mo	313.26	317.04	Ta	271.47	277.59
Na	598.00	330.30	Tb	432.65	431.89
Nb	334.37	358.03	Te	214.28	225.90
Nd	463.42	471.90	Th	371.90	380.30
Ni	232.00	341.48	Ti	364.27	337.15
Os	290.91	305.87	Tl	276.79	377.58
Pb	216.70	283.31	Tm	409.40	410.58
Pd	247.64	244.79	U	351.46	358.49
Pr	495.14	513.34	V	318.40	385.58
Pt	265.95	306.47	W	255.14	294.74
Rb	780.02	794.76	Y	410.24	412.83
Cd	228.80	326.11	Yb	398.80	346.44
Ce	520.00	369.70	Zn	213.86	307.59
Co	240.71	242.49	Zr	360.12	301.18

附录 6　常用化合物的分子量表

化合物	M_r	化合物	M_r
Ag_3AsO_4	462.52	$Al_2(SO_4)_3 \cdot 18H_2O$	666.41
$AgBr$	187.77	As_2O_3	197.84
$AgCl$	143.32	As_2S_3	246.02
$AgCN$	133.89	$BaCO_3$	197.34
AgI	234.77	BaC_2O_4	225.35
$AgSCN$	135.95	$BaCl_2$	208.24
Ag_2CrO_4	331.73	$BaCl_2 \cdot 2H_2O$	244.27
$AgNO_3$	169.87	$BaCrO_4$	253.32
$AlK(SO_4)_2 \cdot 12H_2O$	474.38	BaO	153.33
Al_2O_3	101.96	$Ba(OH)_2$	171.34
$Al(OH)_3$	78.00	$BaSO_4$	233.39
$Al_2(SO_4)_3$	342.15	$Bi(NO_3)_3 \cdot 5H_2O$	485.07

化合物	M_r	化合物	M_r
CO_3	44.01	$H_2C_2O_4 \cdot 2H_2O$	126.07
CaO	56.08	HCl	36.46
$CaCO_3$	100.09	HF	20.01
CaC_2O_4	128.10	HI	127.91
$CaCl_2$	110.99	HIO_3	175.91
$CaCl_2 \cdot 6H_2O$	219.08	$HClO_4$	100.46
$Ca(NO_3)_2 \cdot 4H_2O$	236.15	HNO_3	63.01
CdS	144.47	H_2O	18.02
$Ce(SO_4)_2$	332.24	H_2O_2	34.02
$Ce(SO_4)_2 \cdot 4H_2O$	404.30	H_3PO_4	98.00
$CoCl_2$	129.84	H_2SO_4	98.07
$CoCl_2 \cdot 6H_2O$	237.93	$Hg_2(NO)_2$	525.19
$Co(NO_3)_2$	132.94	$Hg_2(NO)_2 \cdot 2H_2O$	561.22
$Co(NO_3)_2 \cdot 6H_2O$	291.03	$Hg(NO)_2$	324.60
CoS	90.99	HgO	216.59
$CoSO_4$	154.99	HgS	232.65
$CoSO_4 \cdot 7H_2O$	281.10	$HgSO_4$	296.65
$Cr(NO_3)_3$	238.01	Hg_2SO_4	497.24
$CuCl_2$	134.45	$KAl(SO_4)_2 \cdot 12H_2O$	474.38
$CuCl_2 \cdot 2H_2O$	170.35	KBr	119.00
$CuSCN$	121.62	$KBrO_3$	167.00
CuI	190.45	KCl	74.55
$Cu(NO_3)_2$	187.56	$KClO_3$	122.55
CuO	79.545	$KClO_4$	138.55
Cu_2O	143.09	KCN	65.12
CuS	95.61	$KSCN$	97.18
$CuSO_4$	159.60	FeS	87.91
$CuSO_4 \cdot 5H_2O$	249.68	Fe_2S_3	207.87
$FeCl_2$	126.75	$FeSO_4$	151.90
$FeCl_2 \cdot 4H_2O$	198.81	$FeSO_4 \cdot 7H_2O$	278.01
$FeCl_3$	162.21	$Fe(NH_4)_2(SO_4)_2 \cdot 6H_2O$	392.13
$FeCl_3 \cdot 6H_2O$	270.30	$KFe(SO_4)_2 \cdot 12H_2O$	503.24
$FeNH_4(SO_4)_2 \cdot 12H_2O$	482.18	$KHC_2O_4 \cdot H_2C_2O_4 \cdot 2H_2O$	254.19
$Fe(NO_3)_3$	241.86	$KHSO_4$	136.16
FeO	71.85	KI	166.00
Fe_2O_3	159.69	KIO_3	214.00
Fe_3O_4	231.54	$KMnO_4$	158.03
$Fe(OH)_3$	106.87	KNO_3	101.10
$Ca(OH)_2$	74.09	KNO_2	85.10
$Ca_3(PO_4)_2$	310.18	K_2O	94.20
$CaSO_4$	136.14	KOH	56.11
$CdCO_3$	172.42	K_2SO_4	174.25
$CdCl_2$	183.32	$MgCO_3$	84.31
H_3AsO_3	125.94	$MgCl_2$	95.21
H_3AsO_4	141.94	$MgCl_2 \cdot 6H_2O$	203.30
H_3BO_3	61.83	MgC_2O_4	112.33
HBr	80.91	$Mg(NO_3)_2 \cdot 6H_2O$	256.41
HCN	27.03	MgO	40.30
H_2CO_3	62.02	$Mg(OH)_2$	58.32
$H_2C_2O_4$	90.04	$MgSO_4 \cdot 7H_2O$	246.47

化合物	M_r	化合物	M_r
$MnCO_3$	114.95	$PbCO_3$	267.20
$MnCl_2 \cdot 4H_2O$	197.91	PbC_2O_4	295.22
MnO	70.94	$PbCl_2$	278.10
MnO_2	86.94	PbI_2	461.00
$MnSO_4$	151.00	$Pb(NO_3)_2$	331.20
$MnSO_4 \cdot 4H_2O$	223.06	PbO	223.20
NO	30.01	PbO_2	239.20
NO_2	46.01	$Na_3B_4O_7 \cdot 10H_2O$	381.37
NH_3	17.03	$NaBiO_3$	279.97
NH_4Cl	53.49	$NaCN$	49.01
$(NH_4)_2CO_3$	96.09	$NaSCN$	81.07
NH_4NO_3	80.04	CH_3COONa	82.03
$(NH_4)_2SO_4$	132.13	$Pb_3(PO_4)_2$	811.54
$Na_3B_4O_7$	201.22	PbS	239.30
K_2CO_3	148.21	$PbSO_4$	303.30
K_2CrO_4	194.19	SO_3	80.06
$K_2Cr_2O_7$	294.18	SO_2	64.06
$K_3Fe(CN)_6$	329.25	$SbCl_3$	228.11
$K_4Fe(CN)_6$	368.35	$SbCl_5$	299.02
$Na_2C_2O_4$	134.00	Sb_2O_3	291.50
Na_2CO_3	105.99	SiO_2	60.08
$NaCl$	58.44	$SnCl_2$	189.62
$NaClO$	74.44	$SnCl_2 \cdot 2H_2O$	225.65
$NaHCO_3$	84.01	$SnCl_4$	260.52
Na_2HPO_4	141.96	$SnCl_4 \cdot 5H_2O$	350.60
$Na_2HPO_4 \cdot 12H_2O$	358.14	SnS	150.78
$NaHSO_4$	120.06	$TiCl_3$	154.24
$NaNO_2$	68.995	TiO_2	79.88
$NaNO_3$	85.00	$ZnCO_3$	125.39
Na_2O	61.98	ZnC_2O_4	153.40
Na_2O_2	77.98	$ZnCl_2$	136.29
$NaOH$	40.00	$Zn(CH_3COO)_2$	183.47
Na_3PO_4	163.94	$Zn(CH_3COO)_2 \cdot 2H_2O$	219.50
Na_2S	78.04	$Zn(NO_3)_2$	189.39
$Na_2S \cdot 9H_2O$	240.18	$Zn(NO_3)_2 \cdot 6H_2O$	297.48
Na_2SO_3	126.04	ZnO	81.38
Na_2SO_4	142.04	ZnS	97.44
$Na_2S_2O_3$	158.10	$ZnSO_4$	161.44
$Na_2S_2O_3 \cdot 5H_2O$	248.17	$ZnSO_4 \cdot 7H_2O$	287.54
P_2O_5	141.94		

参考文献

［1］ 华中师范大学，陕西师范大学，东北师范大学，等．分析化学［M］．4 版．北京：高等教育出版社，2011．

［2］ 华中师范大学，陕西师范大学，东北师范大学，等．分析化学实验［M］．5 版．北京：高等教育出版社，2024．

［3］ 武汉大学．分析化学（上册）［M］．6 版．北京：高等教育出版社，2016．

［4］ 武汉大学．分析化学（下册）［M］．6 版．北京：高等教育出版社，2018．

［5］ 武汉大学．分析化学实验［M］．6 版．北京：高等教育出版社，2021．

［6］ 刘霞．分析化学实验［M］．北京：科学出版社，2020．

［7］ 季桂娟，齐菊锐，郑克岩．分析化学实验［M］．北京：高等教育出版社，2017．

［8］ 邸欣．分析化学实验指导［M］．北京：人民卫生出版社，2016．

［9］ 赵晓娟，黄桂颖．食品分析实验指导［M］．北京：中国轻工业出版社，2016．

［10］ 刘淑娟，张燮．工业分析化学实验［M］．北京：化学工业出版社，2018．

［11］ 吴曼莉．环境分析化学实验［M］．西安：西安交通大学出版社，2018．

［12］ 分析化学实验教材编写组．分析化学实验［M］．北京：科学出版社，2023．